국제법학자, 그 사람 백충현

국제법학자, 그 사람 백충현

1판 1쇄 발행 2017. 4. 14.
1판 2쇄 발행 2017. 5. 27.

지은이 이충렬
발행인 김강유
편집 김상영 | 디자인 홍세연
발행처 김영사
등록 1979년 5월 17일(제406-2003-036호)
주소 경기도 파주시 문발로 197(문발동) 우편번호 10881
전화 마케팅부 031)955-3100, 편집부 031)955-3250
팩스 031)955-3111

저작권자 ⓒ 이충렬, 2017
이 책은 저작권법에 의해 보호를 받는 저작물이므로
저자와 출판사의 허락 없이 내용의 일부를 인용하거나 발췌하는 것을 금합니다.

값은 뒤표지에 있습니다. ISBN 978-89-349-7772-8 03990

독자 의견 전화 031)955-3200
홈페이지 www.gimmyoung.com   카페 cafe.naver.com/gimmyoung
페이스북 facebook.com/gybooks 이메일 bestbook@gimmyoung.com

좋은 독자가 좋은 책을 만듭니다.
김영사는 독자 여러분의 의견에 항상 귀 기울이고 있습니다.

이 도서의 국립중앙도서관 출판시도서목록(CIP)은 서지정보유통지원시스템 홈페이지
(http://seoji.nl.go.kr)와 국가자료공동목록시스템(http://www.nl.go.kr/kolisnet)에서
이용하실 수 있습니다. (CIP제어번호 : CIP2017007075)

국제법학자,
그 사람
백충현.

독도와
외규장각 의궤를
지켜낸
법학자의 삶

이충렬 지음

김영사

학문으로 국가의 자존심을 지킨
국제법 학자

전기는 사회와 역사에 의미 있는 성취를 남긴 인물의 삶을 복원하는 작업이다. 한 인물을 통해 지난 시대를 바라보는 일은 이 시대를 살아가는 이들의 시야를 넓히면서 사고의 깊이를 깊게 하는 계기가 된다. 그래서 전기는 과거를 바라보는 창문인 동시에 현재와 연결되는 역사의 통로 역할을 한다. 전기의 대상은 정치인, 사회인, 문화 예술인, 학자, 전문직 종사자 등 다양하지만, 우리나라에서는 전기 작업이 활발하게 이루어지지 않고 있다. 특히 근현대 인물에 대한 전기는 매우 적다. 일제 강점과 분단, 한국전쟁, 민주화 투쟁이라는 역사의 소용돌이 속에서 끝까지 중심을 잡은 인물이 많지 않기 때문이다. 그러나 역사의 주체는 인간이기에 각 시대, 각 분야에서 중요한 역할을 한 인물에 대한 발굴과 조명은 필요하다. 그동안 간송 전형필, 혜곡 최순우, 수화 김환기 등 문화 발전에 공헌한 3인과 우리 사회의 민주화와 정의를 위해 노력하고 약자에 대한 관심을 불러일으킨 김수환 추기경의 전기를 쓴 이유다.

이번에는 학문을 통해 민족과 국가의 자존심을 지키는 데 공헌한 국제법 학자 백충현 교수의 삶을 조명했다. 그는 국제법이라는 일반인들에게는 다소 생소한 학문을 통해 우리나라 외교력 향상에 공헌했다. 그는 국제법은 국익과 직결된 학문이라고 판단했다. 외국과의 협상이나 조약에서 불이익을 당하지 않으려면 국제법에 근거해야 하고 그래야 우리나라의 국제적 지위도 올라갈 수 있다고 생각했다. 그가 독도 영유권의 공고화를 위해 관련 국제법 근거를 연구 제시하고, 강화도 외규장각에 있던 조선 왕실 의궤를 약탈한 당시 프랑스 해군의 행위가 왜 국제법 위반에 해당되는지를 끈질기게 지적했던 이유다. 백충현 교수의 학문적 가치관은 단순한 학문적 성취가 아니라, 학문이 국가와 민족을 위해 어떤 공헌을 할 수 있는지에 있었다. 그래서 그는 국익을 극대화할 수 있는 '한국적 국제법'의 정립을 위해 매진했다.

백충현 교수는 국민학교 시절 분단과 전쟁을 경험했다. 전쟁이 끝난 후에도 한국의 정치는 혼란의 연속이었고 경제적으로도 가난했다. 국제사회에서의 위치도 초라했다. 유엔 가입은 이뤄지지 않았고 외교적으로 제대로 된 목소리를 내지 못했다. 그런 시대에 서울대학교 법과 대학에 입학한 그는 입신양명의 길로 여겼던 사법고시 대신 국제법 학자의 길을 택했다. 당시 몇 안 되던 국제법

학자 중 한 명인 이한기 교수의 영향이었다.

그는 33세 때 하버드 로스쿨에서 석사 학위를 마치고 1년 동안 같은 대학 동아시아연구소에서 연구원 생활을 하다 귀국했다. 1972년이었다. 그때부터 자신의 집에서 외무 고시에 합격해 외무부에서 근무하는 후배들과 함께 국제법 연구 모임을 했다. 동아시아연구소에서 연구원 생활을 하면서 우리나라 국제법이 개발도상국 수준에서 벗어나지 못하고 있음을 절실히 느꼈기 때문이다. 자료가 절대적으로 부족한 시대였기에 미국에서 구해온 국제법 책과 자료를 공유했고, 외무부 후배들에게는 공개가 가능한 국제조약이나 국제사법재판소 판례 자료를 부탁했다. 관학 협업(통섭)의 좋은 예다.

백충현 교수는 외무부에서 국제법이 연관된 사안이 발생할 때마다 이론적 대응책을 조언했다. 그는 국제 무대에서 외교력을 키우기 위해서는 국제법 연구 수준을 선진국 수준으로 끌어올릴 필요성을 절감했다. 자신의 집에서 하던 국제법 연구 모임을 보다 체계적으로 발전시키기 위해 1984년 서울국제법연구원을 설립했다. 장소도 당시 외무부가 있는 광화문에서 가까운 종로구 사직동을 택했다. 자신이 꾸준하게 구했던 국제법 관련 서적과 자료들을 기증했지만 급변하는 세계정세 속에서 발생하는 국제법 현안들에 대해 빠르고 정확하게 대처하기에는 부족했다. 그는 사재를 털어 주요 국가에서 발행하는 국제법 관련 정기간행물을 정기 구독 신청했고, 국제법 학자들에게 필수적인 자료집과 신간 도서를 계속

국제법 학자, 그 사람 백충현

구입했다. 그 결과 서울국제법연구원의 장서와 자료는 국내 최고의 수준이 되었고, 많은 외교관과 국제법 석박사 논문을 준비하는 학생들이 그곳에서 밤을 새웠다.

그는 학자로서의 양심과 책무를 중요시했다. 일본군 위안부 문제에 대한 일본의 책임은 1965년의 한일 회담에 의해 소멸된 것이 아니라며 그와 관련된 국제법적 근거를 제시하면서 목소리를 높였다. 공무원인 국립대학 교수 신분으로 국가가 한일 협정을 체결할 때 제대로 처리하지 못해 발생한 문제에 대해 문제 제기를 하는 것이 쉬운 일은 아니었다. 그러나 그는 국제법상 무엇이 정의이고 부정의인지를 알리는 것이 국제법 학자로서의 책무이고 존재 의미라고 생각했다. 국사편찬위원장을 역임한 이태진 교수와의 학문 간 공동 연구를 통해 을사늑약과 한일합병의 국제법적 불법성을 세계에 알린 것도 같은 이유에서다.

백충현 교수는 일본이 점점 극우 보수화의 길로 치달으며 독도에 대한 영유권 분쟁을 일으키는 현실을 바라만 보고 있지 않았다. 그는 독도가 일본의 영토가 아니라는 국제법적 증거가 많아질수록 국제 여론전에서 우리나라가 유리하다고 판단했다. 독도가 한국의 고유 영토임을 증명할 수 있는 국제법적 자료를 찾는 데 많은 시간을 할애했다. 특히 독도가 일본 영토가 아니라는 사실이 표기된 일본의 고지도, 그중에서도 국가에서 발행한 관찬 지도의 발굴에 많은 노력을 기울였다. 이런 과정에서 일본의 유명한 지도학자인 이노우 다다타가伊能忠敬(1745~1818)가 1800년부터 1817년까지 17년 동안 일본 전체를 실측해서 1870년에 발행한 〈관판실측일본지도官板實測日本地圖〉에 독도가 일본 영토로 표기되지 않았다는 사실을 알게 되었다. 총 4권으로 제작된 〈관판실측일본지도〉는 '일본 지도 제작의 모본母本'이라고 불릴 정도로 일본에서 가장 권위를 인정받는 관찬 지도였다. 그러나 〈관판실측일본지도〉는 일본에서 공개를 꺼리는 지도였다. 소장하고 있는 대학 도서관에서도 촬영을 허락하지 않았다. 그때부터 그는 〈관판실측일본지도〉를 구하기 위해 도쿄의 간다에 있는 지도 전문 서점을 드나들었다. 그러기를 수년, 1998년 백충현 교수는 〈관판실측일본지도〉를 만났고 거액의 사재를 들여 구입해서 한국으로 갖고 왔다.

그는 귀국 후 그 사실을 기자들에게 알리지 않았다. 당시 한일 양국 간에는 '신한일어업협정'과 '중간수역'에 대한 논의가 진행되면서 독도 영유권에 대해 당분간 외교적 마찰을 피하자는 '신사협정'이 묵시적으로 이루어고 있는 상황이었다. 만약 그가 〈관판실측일본지도〉를 공개하면서 독도가 우리 땅이라는 '결정적 증거'라고 발표할 경우, 독도 영유권 문제는 다시 두 나라 사이의 현안으로 떠오를 가능성이 컸다. 그럴 경우 오랜 협의 끝에 타결을 눈앞에 둔 '신한일어업협정'이 수포로 돌아갈 가능성이 높았다. 그는 개인의 영예보다는 국익을 택했다. 그 후에도 한동안 〈관판실측일본지도〉와 관련된 논문 발표를 미루다가 지병이 악화되었다. 그래서 이 책에서 소개하는 〈관판실측일본지도〉 이미지는 아직 공개된 적이 없는 자료다. 앞으로 독도 영유권 확립에 활용될 수 있기를 기대한다.

10년 전 세상을 떠난 국제법 학자 백충현 교수의 삶은 길지 않았다. 그러나 그가 남긴 업적은 많고 생전에 보여준 학자적 자세는 후대들에게 귀감이 된다.

김영사에서 여섯 번째 책이다. 인물 전기에 관심을 갖고 이번에도 흔쾌히 출판을 허락해주신 김강유 대표께 감사드린다. 거친 원고를 좋은 책으로 만들기 위해 지난 몇 달 동안 수고하신 김상영 편집부장과 디자인부 여러분들께도 감사를 드린다.

국제사회의 불확실성이 커지면서 세계 각국의 외교 통상 경쟁도 치열해지고 있다. 이 책이 국제법의 중요성과 필요성을 알리는 데 조금이라도 도움이 되기를 바라는 마음 간절하다.

2017년 3월

이충렬

차례

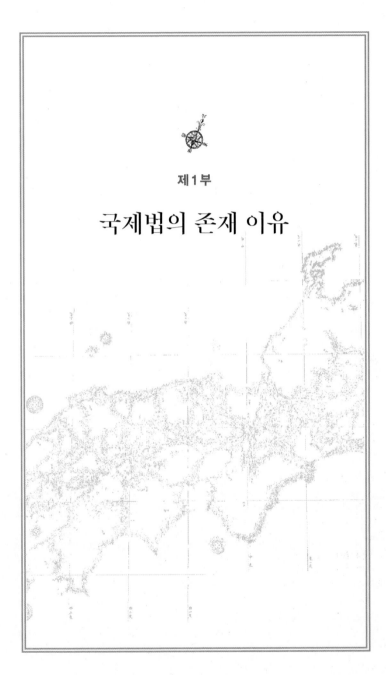

제 1 부

국제법의 존재 이유

국가 간의 분쟁은 외교의 있으로 해결된다고 믿기쉽다.
그러나, 외교의 있는 강성 법적 이론이 뒷받침될 때
비로소 현실적 방법으로 범위주된 수 있다.   백충현

1

외교력이 향상되어야
국민의 삶도 좋아질 수 있다

2010년 10월 22일 오후 6시 30분, 김성환 외교통상부 장관이 검은색 서류 폴더를 손에 들고 한남동 공관 응접실로 들어왔다. 그는 미리 도착해 있던 고故 백충현 교수의 유족을 향해 고개를 숙여 인사한 후 마이크가 놓여 있는 탁자 옆 의자에 앉았다.

"지금부터 고 백충현 교수 훈장 추서식을 거행하겠습니다."

사회를 맡은 서기관의 말에 김성환 장관이 탁자 앞으로 나와 자세를 가다듬었고, 옥색 한복을 입은 미망인 이명숙이 앞으로 나왔다. 김성환 장관이 서류 폴더를 펼쳤다.

"훈장증, 전 서울대학교 교수 고 백충현, 위는 영유권 공고화를 통해 국가 사회 발전에 이바지한 공로가 크므로 대한민국 헌법에 따라 다음 훈장을 추서합니다. 국민훈장 동백장, 2010년 10월 22일 대통령 이명박."

낭독이 끝나자 김 장관이 훈장증을 이명숙에게 정중하게 건네고 노란색 줄에 달린 붉은 훈장을 목에 걸어준 후 고개를 숙였다. 훈장증을 바라보는 이명숙의 눈가가 파르르 떨렸다. 독도 영유권 수호 유공자로는 처음 수여되는 훈장이었다. 그러나 일본과의 관계 때문에 훈장증에 '독도'라는 단어를 넣지 않았고, 행사도 비공개로 조촐하게 진행했다. 그렇더라도 정부 주관의 공식 행사였다.

"한 말씀 하시지요."

김 장관이 이명숙에게 답사를 부탁했다. 이명숙은 잠시 마음을 가다듬은 후 마이크 앞에 섰다.

"백 교수님께서 떠나신 지 3년 반이 지났습니다. 오늘 이 자리에 함께하시지 못함을 죄송스럽게 생각합니다. 백 교수님께서는 국제법을 전공한 학자로서 외교통상부에서 국제법 관련 사안들에 대해 자문을 요청받으면 밤새워 자료를 탐독한 후 검토 의견을 전달하거나 직접 만나 머리를 맞대고 토의하면서 관학 협업을 실천하셨습니다. 백 교수님은 1978년부터 독도 연구를 시작해 우리나라의 독도 영유가 정당하다는 국제법적 논리를 확립하고 근거 자료가 될 수 있는 고지도 수집에 열과 성을 다하셨습니다. 1991년부터는 병인양요 때 프랑스가 약탈해간 외규장각 도서가 조건 없이 반환되어야 한다는 국제법적 근거를 정부 관련 부처에 제공하면서 반환 운동에도 앞장서셨습니다. 이에 오늘 국민훈장 동백장을 받게 되었음을 감사하게 생각합니다."

답사를 끝낸 이명숙이 다시 자리에 앉자 김성환 장관은 '흥국진
충興國盡忠(충성을 다해 나라를 일으키다)'이라고 쓴 붓글씨가 담긴 커다란
액자를 유족에게 증정했다.

다음 날 아침 이명숙은 두 아들 가족과 함께 경기도 포천에 있는
백 교수 묘역으로 향했다. 흰 국화꽃과 훈장증 그리고 훈장을 나란
히 놓고 절을 했다. 무덤 위의 잔디를 몇 번 쓰다듬은 이명숙은 묘
역 아래 펼쳐진 산자락을 바라보았다. 서교동 조그만 단독주택에
서 외교관이 된 후배, 국제법을 전공하는 제자들과 연구하고 토론
하던 젊은 시절 남편의 모습이 떠올랐다. 벌써 40년 전 일이다.

백충현 교수 부부가 1969년 결혼해 당인리발전소로 연결되는
철길 옆 마포구 서교동 346번지에 둥지를 튼 때는 1972년 가을이
었다. 33세의 백 교수는 하버드 로스쿨에서 석사 학위를 마치고
동아시아연구소에서 연구원 생활을 하다가 귀국했고, 이명숙은
미국 치과 교정학의 선구자이던 시카고대학교 치과 대학의 조지
프 재러백Joseph R. Jarabak 박사 문하에서 교정 전문의 과정을 수료한
후 귀국한 지 1년 후였다. 그는 다시 서울대학교 법대에서 국제법
을 강의했고 이명숙은 연세대에 새로 생긴 치과 대학에서 교수로
근무했다. 두 사람은 당시 집값이 비싸지 않은 서교동에 집을 마련
했다. 아침 일찍 출근해야 했던 이명숙은 홀몸이 된 이모를 모셔와
두 살 반이 된 장남 영재와 6개월 전에 태어난 차남 영진을 보살펴
달라고 부탁했다.

젊은 시절 백충현 교수의 모습. ⓒ 〈중앙일보〉

백 교수는 동아시아연구소에서 연구원 생활을 하면서 우리나라 국제법이 개발도상국 수준에서 벗어나지 못하고 있음을 절실하게 느꼈다. 국제법만큼 국가 이익과 직결되는 학문 분야가 없지만 국내에서는 학계도, 법조계도 국제법에 대한 인식이 부족하여 그 중요성을 알지 못했다. 법대에 입학한 대부분의 학생들도 국내 사법고시를 통해 판검사로 입신양명하는 데에만 관심을 가졌다. 따라서 국제법을 전공하려는 학생은 적었고, 국제법 학자도 손가락으로 꼽을 정도였다. 그런 실정이었으므로 국내에서 발행된 국제법 관련 서적은 전무하다시피 했고, 대학에서는 국제법 전공자가 적어 외국의 국제법 관련 도서 구입 예산도 배정하지 않았다. 그나마 외무부에는 해외 공관에서 자료를 보내왔지만 그곳 역시 국제사회에서 매일 일어나는 문제를 다룰 자료는 절대적으로 부족했다. 국제법 자료의 부족은 외교 현장에서 취약점이 될 수밖에 없었다. 그러자 서교동으로 이사하면서 번듯한 서재를 갖게 된 백 교수가 한 가지 묘안을 생각해냈다.

'국제법에 관심 있는 사람들과 연구 모임을 가지면 좋겠군.'

백 교수는 즉각 후배들의 의견을 물었다. 외무부에 근무하는 권병현, 김석우, 신각수, 정태익 서기관 등이었다. 여럿이 모여 함께 공부하고 토론하면 다루는 주제도 넓어지고 현안에 대한 연구도 더 깊게 할 수 있겠다는 생각에서였다. 함께 토론하고 연구한 국제법에 대한 지식을 외교관들이 외교 현장에서 적극 활용하면 국익에 큰 도움이 될 수 있을 것이다. 외국과의 협상이나 조약에서 국익을 확보해야 국력이 향상되고 국민들의 삶도 좋아질 수 있다. 백 교수의 제안에 갓 외무부에 들어가 패기와 열정이 가득했던 신참 외교관들은 이구동성으로 좋은 의견이라며 찬성했다.

그는 연구 모임을 일주일에 한 번 진행했다. 외무부 후배들에게 공개가 가능한 국제법 관련 새로운 자료와 국제사법재판소 판례를 파악할 수 있는 자료를 부탁했고, 자신도 미국에서 구해온 국제법 관련 책과 자료를 공유했다. 그는 이런 연구 모임이 관학 협업(통섭)의 출발점이 되기를 기대하며 밤이 늦도록 토론을 이끌어 갔다.

"국제법이라는 학문은 강제규범이라기보다는 각국이 추구하는 이익과 국력의 차이에 영향을 받는 것이 국제사회의 현실입니다. 그렇기 때문에 우리나라도 다른 나라와 조약을 맺거나 협상을 할 때 우리의 관점에서 국제법을 해석하는 것이 무엇보다 중요합니다. 우리나라는 지금 개발도상국에 머물러 있고, 유엔에 가입조차 못했잖아요? 어느 나라도 한국을 알아주지 않는 게 현실이에요. 국제 무대에서 외교력을 키우기 위해서는 우리나라 국제법 연구 수준을 선진국 수준으로 끌어올려야 합니다. 그런 소명을 가지고 우리 열심히 공부합시다."

백 교수는 연구 모임이 자리를 잡아가자 외교관을 꿈꾸며 외무고시를 준비하는 제자들도 참관할 수 있게 했다. 국제법이 외교에서 얼마나 중요한지를 외교관 선배들의 연구와 토론을 통해 직접 느껴보라는 의미였다. 일종의 동기부여인 셈이었다.

처음에 학연상의 유대로 시작된 연구회는 시간이 지나면서 토론이 깊어지고 전문성을 갖추기 시작했다. 국제법 자료와 판례의 부족으로 주변국과의 외교에서 답답함을 느끼던 외교관들은 새로이 얻는 국제법 관련 지식에 재미를 붙이며 우리나라 외교 발전에 이바지할 수 있다는 자부심을 가지게 되었다.

연구회 모임이 있는 날 저녁이면 백 교수의 집은 외교관과 대학원 학생들로 북적였다. 시간이 흐를수록 모인 인원이 한방에 다 들어갈 수 없을 정도로 많아 마루 건너에 있는 다른 방을 사용하면서 양쪽 방문을 열어놓고 통방을 해야 했다. 외교부 직원 사이에서 국제법 공부 분위기가 확산되자 백 교수와 연구회 모임은 외무부 고위직에까지 알려졌다. 이때부터 외교적 사안이 발생하면 담당 서기관과 이사관들이 백 교수의 서교동 집으로 찾아와 국제법에 대한 자문을 구하기 시작했다.[1]

2
국제법으로
일본의 책임을 추궁하다

　1974년 8월 15일 오전 10시 23분, 광복절 기념식이 진행 중이던 서울 장충동 국립극장에서 총성이 울렸다. 권총을 소지한 청년이 연단에서 광복절 기념사를 읽어 내려가던 박정희 대통령을 향해 여러 발의 총알을 발사했다. 박정희 대통령은 연설대 뒤로 몸을 피했지만 그 옆에 앉아 있던 영부인 육영수 여사가 총탄에 쓰러졌다. 급히 서울대학교 의과 대학 부속병원으로 이송되어 5시간 이상의 응급수술을 받았으나 오후 7시 향년 50세로 사망했다.

　범인은 재일 동포 문세광(당시 23세)으로 밝혀졌다. 한일 양국은 곧바로 수사에 들어갔지만 수사의 방향과 배후에 대한 양국의 입장 차이는 컸다.

　8월 19일, 다나카 가쿠에이田中角榮 일본 총리가 육영수 여사 장

1974년 육영수 여사 피격 사건 사진. 〈조선일보〉 임희순 촬영.

례식에 조문 사절로 참석했지만 사과나 유감을 표명하지 않아 한
일 관계는 급속도로 악화되었다. 한국은 일본에서 활동하는 조총
련에 포섭된 문세광이 북한 공작원으로부터 박 대통령을 암살하
라는 지령을 받고 일본인으로 가장해 입국한 뒤 범행을 저질렀다
면서, 문세광이 사용한 권총이 일본의 한 파출소에서 분실한 것이
라는 사실과 함께, 문세광이 소지했던 위조 여권을 발급하고 그의
공범 중에 일본인이 끼어 있는 것 등은 일본 정부에 책임이 있으
니 납득할 만한 조치를 취하라고 요구했다.

그러나 일본은 재일 조선인 문세광이 한국 내에서 혁명을 일으
키기 위해 박 대통령 암살을 결의하고 범행을 계획, 실행했다고 주
장했다. 문세광이 유서를 통해 "김대중 납치 사건 등을 계기로 1인

독재를 타도하는 것이 한국 혁명에 가장 중요한 일이다. 나는 죽음이냐 승리냐의 혁명전쟁에 나선다"고 밝혔다며 "그 자신이 혁명의 기폭제 역할을 꿈꾸었다"고 범행의 성격을 밝혔다. 일본의 결론은 문세광의 저격은 '과실 살인過失殺人'이라는 것이다. '과실 살인'이란 범행을 국가기관의 행위로 볼 수 없으므로 국가의 책임이 성립되지 않으며, 특히 일본인 공범의 행위는 개인의 행위로 '일본 정부의 부작위不作爲(일본 정부의 요구된 행위가 아닌)'에 의한 범행이므로 책임이 없다는 논리였다.[2] 수많은 외교문서가 오갔지만 일본은 국제법상으로 책임이 없다는 입장을 유지했다.

8월 26일 오전, 국회는 외무, 법사, 내무 3개 상임위를 소집했다. 의원들은 김동조 외무 장관에게 "일본 정부가 한국 정부에 공식 사과를 했느냐"고 물었고, 김 장관은 "일본 정부는 외교 경로를 통해 공식적인 사과를 한 일이 없다"고 밝혔다. 그러자 의원들은 "일본은 이번 사건에 대해 국제법상 국가적 책임이 있는 것 아니냐"고 물었다. 김 장관은 "일본 정부는 이번 사건과 관련, 정치적, 도의적 책임이 있다"고 정부의 견해를 밝혔다. 질문의 핵심이었던 국제법상 책임에 대한 부분은 답변을 못하자 의원들의 질타가 이어졌다. 의원들은 김 장관의 답변이 끝나자마자 책상을 치며 "국제법도 모르면서 어떻게 외교를 하느냐"고 호통을 쳤다.[3]

일본의 무성의를 규탄하는 시민 궐기대회가 도심 곳곳에서 열렸고 국회에서는 8월 29일에도 외무부 장관을 불러 "국제법상의 책임을 추궁하라"며 호통을 쳤다. 그러나 김동조 장관의 답변은 일본의 수사 진척 상황을 설명하는 정도에 그쳤다. 언론에서는 국회 외무위 의원들의 강경한 요구가 어떻게 구체화될지 주목한다는 논설과 칼럼을 내보냈다.

8월 30일, 백충현 교수의 대학 후배인 외무부 조약과 김석우 서기관이 서교동 집으로 찾아왔다.[4] 김 서기관은 대학원에서 백 교수와 함께 공부했던 해양법 연구를 토대로 1969년 여름 우리나라 대륙붕 제7광구의 외연을 오키나와해구에 이르기까지 넓힌 실력 있고 패기만만한 외교관이었다. 당시 이는 우리 외교사에서 '국제법을 통한 국익 확보'의 대표적 사례로 언급되었다.[5]

백 교수도 매 학기 국제법 첫 강의 시간에 국제법이 무엇인지를 설명하면서, 국제법이 국가 간에 어떤 역할을 하는지 그리고 국가 이익과 얼마나 결부되었는지에 대한 예로 대륙붕 제7광구 사례와 김석우 서기관의 이름을 언급하며 학생들에게 국제법에 대한 동기부여를 했다.

"선배님, 급히 상의드릴 일이 있어 찾아왔습니다."

"김 서기관, 뭔지 말해봐."

백 교수는 서두르는 성격이 아니었다. 그래서 그가 왜 찾아왔는지 짐작이 되었지만 그의 대답을 기다렸다.

"선배님도 짐작하시겠지만, 요즘 문세광 사건으로 외무부가 눈코 뜰 사이 없이 바쁩니다. 그런데 일본이 자신들은 이번 사건에 대해 도의적으로는 물론이고 국제법적으로도 아무 책임이 없다는 입장만 되풀이하고 있습니다. 장관께서 3일 동안 국회에 출석하셨는데, 선배님도 이미 뉴스와 신문을 통해 아시겠지만 외무부 입장이 여간 난처한 게 아닙니다. 국제법 대응 논리가 절실한데, 우리가 이런 사건에 대한 경험이 없어 선배님을 찾아왔습니다."

"일본에서 주장하는 논리가 문세광의 범죄는 '일본 정부의 부작위' 행위이기 때문에 책임이 없다고 주장한다는 보도는 사실인가?"

"그렇습니다. 그래서 법적 책임뿐 아니라 도의적 책임도 없다고 해서 현재 양국의 외교 관계가 상당히 심각하고, 대통령께서는 외교적으로 취할 수 있는 모든 강경한 방침을 찾아보라는 지시를 하셨습니다."

김석우 서기관은 일본의 입장을 정리한 문건을 백충현에게 건넸다.

당시 박정희 대통령의 분노는 하늘을 찌를 듯했다. 그래서 이날 박 대통령은 우시로쿠 도라오後宮虎郎 주한 일본 대사를 청와대로 직접 불렀다. 외교에서 대통령의 대사 면담은 극히 예외적인 일이었다. 그만큼 박 대통령의 감정이 격해져 있었다. 박 대통령은 우시로쿠 대사에게 "문세광 사건을 대하는 일본 측의 태도로 우방국 여하를 판단하겠으며 일본 측이 성실한 자세를 보이지 않는다면 한일 간 기본 조약도 재고할 수 있다"면서 일본과의 국교단절을 암시했다.[6]

"박 대통령 심정은 충분히 이해되지. 그래도 파국을 막으려면 국제법적으로 일본에 국가책임이 있음을 추궁해 사과를 받아야지. 그러나 일본에 국가적 책임이 있다는 국제법 논리나 판례를 제시하려면 상당히 많은 자료를 찾아봐야 할 것 같아. 마침 내일이 토요일이고 모레가 일요일이니까, 이번 주말에 열심히 뒤져보겠네. 그러나 나만 믿지 말고 다른 국제법 학자들께도 말씀드려봐."

"알겠습니다. 그런데 사안이 워낙 위중하고 급하니까 월요일 전에라도 뭔가 대응 논리가 나오면 외무부로 연락주세요. 저희는 요즘 주말도 없이 철야 근무를 하고 있습니다."

"그래, 수고 많이 해."

백충현은 문 앞에서 철길 건너 버스 정류장으로 향하는 김석우 서기관의 뒷모습을 한참 동안 바라보다 자신의 서재로 돌아왔다. 그는 책상 앞에 앉아 김 서기관이 주고 간 서류를 살펴보았다. 일본 정부가 주장하는 국제법적 논리에 대응하려면 '부작위' 행위에 대해서도 국가책임이 있다는 국제법 논리나 선례 혹은 국제사법재판소 판례를 찾아야 했다.

백충현 교수는 밤을 새가며 자료를 찾았는데, 아침에 다시 외무부에서 다급하게 연락이 왔다.

"사안이 워낙 급박하게 돌아가서 아무래도 대응 팀을 꾸려야 할 것 같습니다. 도와주십시오."

백충현 교수는 잠도 못 잔 상태였지만 흔쾌히 응했다. 전문가들이 머리를 맞대고 토론하고 연구하면 답이 쉽게 나올 수도 있다. 외무부에서는 김석우 서기관과 동북아 2과장이자 백 교수 1년 후배인 권병현 서기관이, 외부 전문가로는 백충현 교수와 배재식 교수가 참가해 국제법 대응 팀이 꾸려졌다. 대응 팀은 광화문 정부청사 인근 내자호텔에서 철야 작업에 들어갔다. 김석우, 권병현 서기관은 외무부에 있는 관련 자료들을 내자호텔로 가져왔고, 백 교수와 배 교수도 학교와 집에 있던 국제법 관련 자료와 책을 가져왔다.

문세광 사건은 범죄 행위를 준비한 행위지行爲地와 범죄 행위가 종결된 행위지가 서로 다른 사건이다. 그러나 한국에서 범죄를 저지르기 위해 일본에서 준비했고, 일본 여권을 빌려주고 위조해준 일본인이 있기 때문에 일본에서도 범죄 행위가 이루어진 사건이기도 했다. 백충현 교수는 국제법상 모든 국가는 자국의 영토 안에서 외국을 향한 정치적 테러를 방지해야 할 의무가 있기 때문에 결국 일본 정부는 문세광과 일본인 공범들의 일본에서의 범죄 준비 행위에 대해 적절한 조치를 취하지 못한 것에 대해 '국가책임'이 있다고 보았다. 유엔 국제법위원회에서도 국제법상 국가책임의 유무를 따지는 '국가 책임법International Wrongful Act of a State'을 1955년부터 준비했지만 각 나라의 이해관계가 첨예하게 얽혀 큰 진전을 못 보고 있는 상태였다. 국제법은 기본적으로 자국의 입장에 유리하도록 해석하는 것이 각국의 입장이다. 그러므로 좀 더 명징한 논리가 필요했다.

8월 31일 오후, 김영선 주일 대사는 일본의 기무라 도시오木村俊夫 외상을 방문했다. 기무라 외상은 "일본 국내법 범위 내에서 어디까지 한국 측의 수사 요청에 응할 것인지에 대해 법무 경찰청과 협의 결정하여 대책을 세우겠다"고 문제의 초점을 수사 협조에 맞추면서, "일본이 도의적 책임이 없다는 말은 와전된 것"이라며 한 걸음 물러섰다. 그러나 김 대사는 일본의 국제법적 국가책임에 대해서는 언급하지 못했다.

그 과정에서 백 교수는 타국의 권리에 반하는 행위를 위해 자국 영역의 사용을 허용해서는 안 된다는, 모든 국가의 의무를 언급한 국제사법재판소의 판례가 있음을 발견했다. 백 교수는 자료를 발견할 때마다 두 사무관에게 전달했고, 외무부에서는 외교문서로 작성해 일본 외무성으로 보냈다. 그러나 국제법은 태생적으로 상대가 인정을 하지 않으면 효력이 발생하지 않는 법이기 때문에 일본은 국가책임을 인정하지 않고 계속 자신들의 주장을 펼쳤다. 그래도 성과라면 일본이 더 이상 '일본 정부의 부작위 행위'라는 용어는 사용하지 않았고, 특사 파견 협상도 구체적으로 진행되었다는 것이다.

이 사이 여론은 점점 악화되었고, 하루에도 몇 번씩 반일 시위가 일어났다. 9월 6일에는 1,400여 명의 시위대가 종로구 중학동에 있는 일본 대사관의 정문을 부수고 들어가 일장기와 자동차를 불태웠다. 일본 대사관 주변에서의 시위는 다음 날에도 계속되었다.

백충현 교수는 김석우 서기관과 호텔 커피숍으로 갔다.

"김 서기관, 현재 일본과의 외교 교섭이 어느 정도 진행되고 있는지 얘기해줄 수 있어요?"

백 교수는 김석우 서기관이 가까운 후배였지만 대화할 때는 상황에 따라 존댓말을 쓰기도 했다.

"얼마 전 말씀드린 대로 현재 일본에서 특사 파견을 준비하고 있고, 어제 김영선 주일 대사가 일본 외무성에 '사건과 관련한 다나카 수상의 친서는 가급적 특사에 의해 직접 전달되어야 하며, 우리가 친서 내용을 사전에 알고자 한다'는 내용을 전달했습니다."

"일본에서 특사가 오는 건 확실해요?"

"아직 특사가 누구인지는 정해지지 않았고 다나카 수상의 친서에 담겨야 할 내용이 일본에서도 확정되지 않은 상태입니다. 김종필 총리가 사토 에이사쿠佐藤榮作 전 총리를 특사로 보내줄 것을 요구한다는 말도 있으니까 이제부터는 정치적 타결이 될 가능성이 높을 것 같습니다. 선배님께서 그동안 제시하셨던 국제법 논리를 정리해서 의견서를 만들어주시면 제가 보고서를 만들어 위에다 올리겠습니다."

"알겠네."

두 사람은 자리에서 일어났다. 김석우 서기관은 사무실에서 해야 할 일이 있다며 정부종합청사로 향했고, 백 교수는 호텔 방으로 올라가 의견서를 작성했다. 역지사지易地思之의 입장을 제시하면서 국제법적 책임을 강조하는 내용이었다. 백충현 교수는 당시 우리나라 국제법 학계의 풍토가 너무 이론에 치우쳐 있다고 생각하면서 현실적 접근 방식을 접목시키려고 노력했다.[7]

그는 의견서에 우리나라에 살던 일본인이 우리나라에서 공범들과 범죄를 모의하고 일본에 가서 일본 총리를 암살하려는 범죄를 저질렀을 때의 경우와 일본에 살던 미국인이 일본에서 범죄를 모의하고 미국에 가서 미국 대통령을 암살하려는 범죄를 실행했을 때를 예로 들면서, 일본은 이번 사건과 관련해 중대한 범죄 준비 행위를 단속할 의무를 다하지 못했기 때문에 국제법적으로 국가 책임이 있음을 밝혔다.

9월 18일, 한일 양국은 5개항으로 이루어진 다나카 수상의 친서에 합의했다. 그리고 자민당 부총재인 시나 에쓰사부로椎名悦三郎 특사를 진사陳謝 사절로 서울에 파견해 다나카 총리의 친서를 박 대통령에게 전달하기로 했다.

- 영부인의 불행에 대해 애도의 뜻과 동시에 유감의 뜻을 표한다.
- 일본 정부로서는 도의적 책임의 문제도 있기 때문에 사건이 재발하지 않도록 적절한 조치를 강구한다.
- 수사에 있어 귀국의 수사기관과 긴밀한 연락을 주도하고 철저한 수사를 펴서 소기의 조치를 취한다.
- 귀국의 전복을 기도하는 테러 등의 범죄 행위는 모든 수단을 써서 단속하겠다.
- 일본은 응분의 책임을 느끼며 일본 내 반한 단체 규제에 최선을 다하겠다.

박정희 대통령에게 고개를 숙여 사죄하는 시나 에쓰사부로 자민당 부총재. 왼쪽에 두 손을 모으고 있는 이는 우시로쿠 도라오 주한 일본 대사.

한국은 일본이 국제법 의무를 다하지 않은 것에 대해 책임을 지고 사과하라는 내용을 강력히 요구했지만 합의문에 포함시키지는 못했다. 그러나 나머지 요구들은 대부분 관철시켰기 때문에 당시 우리 외교력으로서는 최선의 결과를 도출한 합의문이었다.

9월 19일 오전 11시 40분, 김포공항에 도착한 일본의 진사 사절단은 곧장 동작동 국립묘지로 가서 육영수 여사 묘소를 참배했다. 이날 오후 3시, 진사 사절단은 청와대에 도착했고 박정희 대통령이 기다리는 서재로 안내되었다. 김동조 외무 장관과 김정렴 비서 실장이 배석했다.[8]

분위기는 냉랭했다. 시나 에쓰사부로 진사 특사가 영부인 서거에 대해 정중한 조의를 표하며 고개를 숙였다.

"그동안 침묵을 지켜왔으나 이번 기회에 몇 가지 점을 분명히 밝히고 넘어가야겠소."

박 대통령이 차가운 표정으로 말했다.

"일본이 우리를 우방이라고 본다면 대통령과 가족들이 슬픔과 분노에 차 있는 이 시기에 일본 정부의 지도자들이 행한 발언은 이해하기 어렵소. 이번 사건은 분명히 일본에 중대한 과실이 있고, 일본에 법적, 도의적 책임이 없다는 것은 정치, 외교, 법을 떠나 동양적 예의상으로도 있을 수 없는 일 아니오?"

특사에게 훈계조의 발언을 퍼붓는 것은 외교 관례를 넘어서는 일이지만 박 대통령은 아랑곳하지 않고 분노에 찬 목소리로 말을 이었다.

"나는 국제법에 문외한이지만 타국 영토에서 제3국의 헌정 질서를 파괴하려는 행위가 있을 경우 이를 단속할 의무가 국제법상 있는 것으로 알고 있소. 일본이 법률적 책임이 있다고 명백히 말하지 못하더라도 응분의 책임이 있다는 표현은 당연히 해야 하지 않겠소?"

일본의 진사 사절단은 식은땀을 흘렸다. 박 대통령이 계속 말했다.

"범인은 일본 정부가 발행한 여권을 갖고 들어와 일본 경찰이 사용했던 권총으로 범행을 저질렀소. 만약 한국에서 출생하고 성장한 일본 청년이 한국 내 불법 단체의 배후 조종을 받고, 한국 정부가 발행한 여권을 가지고 일본으로 건너가 한국 경찰이 분실한 총기로 일본 천황이나 총리대신을 저격하다가 그 결과로 황후 폐하나 총리 부인을 살해했다고 한다면 일본은 한국 정부에 대해 아무런 책임이 없다고 할 것인가?"

진사 사절단이 고개를 숙이며 뭐라고 말하려고 했지만 박 대통령은 틈을 주지 않고 말했다.

"또 일본에서 출생하고 성장한 미국 청년이 미국 정부를 파괴하고 전복하려는 의도하에 일본 정부가 발행한 여권을 갖고 일본 관헌이 사용하던 무기로 미국의 포드 대통령을 암살하려다가 요행히 대통령은 난을 면하고 포드 대통령 부인이 살해되었다고 한다면 일본 정부는 미국에 대해 법적, 도의적으로 아무런 책임이 없다고 할 수 있겠소?"

진사 사절단은 아무 말을 못하고 고개만 자꾸 숙였다.

"나는 한때 일본 정부가 끝내 우리에게 이런 태도로 나온다면 일본을 우방으로 인정할 수 없지 않느냐는 생각을 했소."

박 대통령의 말에 화들짝 놀란 시나 에쓰사부로가 고개를 들었다. 박 대통령은 국교단절을 염두에 두고 있었음을 숨기지 않았다.

"앞으로의 일본 태도에 따라 한일 관계가 결정될 것이오. 명심하시오."

시나 진사는 다시 한 번 고개를 숙인 후 어렵게 입을 떼었다.

"앞으로 조총련의 반한국적 활동을 적극 규제하고 방지하도록 노력하겠습니다, 각하."

이 발언은 미리 약속한 합의문에는 포함되지 않은 내용이었다.

국제법 학자, 그 사람 백충현

한일 양국은 진사 사절단의 구두 설명, 즉 조총련의 반한국적 활동을 규제하겠다는 내용을 문서로 기록하고 사절단 대표 시나 에쓰사부로와 김동조 외무부 장관이 각각 서명했다. 이로써 1시간 45분이나 이어진 대통령 사절단 면담이 끝났다. 청와대를 나오면서 사절단 일행은 숨을 크게 몰아쉬었다.

사절단 일행은 김종필 총리 주최 만찬에 참석한 뒤 다음 날 일본으로 떠났다. 석 달 동안 한 치 앞을 볼 수 없던 한일 관계는 일단 한숨을 돌렸고, 백 교수는 김석우, 권병현 서기관을 만나 그동안의 수고를 치하하며 저녁을 함께했다. 두 후배 역시 백 교수의 국제법에 대한 의견이 협상 때 큰 도움이 되었고, 자신들도 위로부터 칭찬을 들었다며 술잔을 부딪쳤다.[9]

3
돌고래 프로젝트

1978년 백충현 교수는 39세가 되었다. 서교동 집에서는 연구 모임이 계속되었고, 참석자들이 계속 늘어났다. 많이 모일 때는 방에 모두 앉을 수가 없어 대학원생들은 마루에서 백 교수와 외무부 직원들의 발표와 토론에 귀를 기울였다.

이해 4월, 박정희 대통령은 국무총리에게 독도에 대한 종합적인 자료 조사와 연구를 지시했다. 곧바로 연구 팀이 꾸려졌는데, 백충현 교수도 국제법을 살펴볼 연구 팀으로 위촉되었다.

박 대통령이 영토 문제에 관심을 갖기 시작한 것은 1972년 7.4 남북공동성명을 발표한 후부터였다. 공동성명이 발표되자 국민들은 통일에 대한 관심과 기대감에 부풀었다. 그때 정일권 국회의장이 통일 후 제기될 수 있는 간도의 영유권 문제에 대비한 연구가 필요하다는 건의를 했다.

간도 문제는 조선 숙종 때인 1712년 조선과 청나라의 국경을 표시한 '백두산정계비'로 거슬러 올라가야 한다. 이 정계비는 토문강 동쪽 북간도 지역은 조선 영토, 서간도는 청나라 영토로 확정했다. 그러나 일본이 1905년 을사조약으로 조선의 외교권을 박탈한 후 1909년 청나라와 체결한 '간도협약'에서 간도의 영유권을 청나라에 넘겨버렸다. 이런 상황이었으므로 통일을 대비하여 간도 문제를 연구하는 것은 적절한 시도였다. 박 대통령은 정 의장의 건의를 받아들였고, 국회 예비비에서 예산을 충당하도록 했다.

1974년부터 간도에 대한 자료 조사와 연구가 시작되었고 1975년 국회도서관에서 자료집을 출판했다. 〈간도영유권관계문서발췌〉라는 이름으로 발간된 이 자료집에는 1867년부터 1945년 사이에 작성된 일제의 기밀문서 가운데 간도 영유권 관련 문서들의 번역본과 원문 영인본 그리고 책에 다 소개하지 못한 기밀문서 목록이 실렸다. 그리고 서문에서 "우리의 당면 과업은 조국의 통일이지만 통일이 성취되는 즉시 국경 문제가 중대한 외교 문제로 등장할 것이 명약관화하다. 따라서 간도 문제에 대한 자료를 수집-정리하고 철저히 연구하는 것은 국가적인 중대사"라고 밝혔다. 그러나 남북 관계가 다시 긴장 관계로 돌아서고 중국(당시에는 중공中共)과 외교 관계도 없고 정계비가 있는 백두산은 북한에 있어 영토 분쟁 지역으로 선포하지 못했고 더 이상의 진척도 없었다.

그러나 독도는 일본이 영유권을 주장하면서부터 우리나라의 의

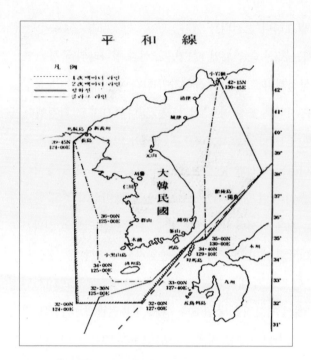

독도가 포함된 평화선 경계 표시 지도.

사와는 관계없이 '영토 분쟁 지역'이 되었다. 1952년 1월 18일 이
승만 대통령은 대한민국과 주변 국가 간의 수역 구분과 자원 및
주권 보호를 위한 경계선인 평화선(平和線, Peace Line, Syngman Rhee
Line)을 선포하면서 독도를 대한민국 영토라고 분명하게 밝혔다.
그 열흘 뒤인 1월 28일 일본의 반응이 나왔다.

"독도는 일본 땅이다. 1951년 체결되어 1952년에 발효된 샌프
란시스코 대일평화조약(연합국이 일본과의 2차 세계대전을 공식적으로 마
무리하는 조약)에는 일본이 한국에 반환해야 할 영토로 '제주도, 거문

도, 울릉도의 모든 도서'라고 명시되어 있다. 독도는 반환 대상에 명시되지 않았다. 그러므로 독도 영유권은 우리 일본에 있다."

일본은 1차 항의 후 1953년 7월 13일, 일본 정부의 독도 영유권을 주장하는 구술서(No. 186/A2)를 보내왔다. 그 후 1965년 12월 17일 우리나라가 4차 반박 구술서(No. PKM-42)를 보내기까지 한일 간에 도합 8차에 걸친 치열한 외교 각서의 교환이 있었다.

"독도 영유권이 일본에 있다는 것은 어불성설이다. 샌프란시스코 대일평화조약문에 한국의 모든 부속 도서를 기재하는 건 불가능하다. 이 조항은 대표적 도서만 언급한 것이고 독도는 조약에 명시되지 않았더라도 역사적으로나 실효 지배 상태로 보나 한국 영토이다."

일본의 국제사법재판소(ICJ) 제소 전략에 대해서는 한국 영토임이 분명한 독도에 대해 국제재판을 받아야 할 필요가 전혀 없다는 입장을 고수했다. 국제사법재판소의 관할권은 당사국 간의 합의에 의해서만 성립하므로 우리가 응하지 않는 한 국제사법재판소에 의한 국제재판이 성립되지 않기 때문이었다.

1965년 이후 일본 정가에서 독도가 일본 영토라는 주장을 제기하지는 않았지만 잠시 소강상태일 뿐 독도 영유권을 포기한 것은 아니었다. 일본 역사학계와 국제법 학자들은 앞으로 벌어질 영유권 분쟁에서 학문적으로, 국제법적으로 유리한 위치를 점하고자 독도가 일본의 영토라는 논문을 계속 발표했다.

이에 맞서 계획된 것이 정부 차원에서 지원하는 독도에 대한 종합적인 자료 조사와 연구였다. 그러나 독도 영유권 분쟁이 외교적으로 소강상태로 접어든 상황에서 한국 정부가 독도를 종합적으로 조사, 연구한다는 사실이 대외적으로 알려질 경우 다시 불필요한 외교 분쟁이 일어날 수 있었다. 이런 이유에서 정부는 독도 종합 연구 계획을 대외적으로 알리지 않았고, 연구 계획 이름도 '돌고래 연구'로 명명했다. 총리실에서는 이 연구를 국사편찬위원회(위원장 최영희)에 배당했다. 그리고 문세광 사건 이후 국가 간의 문제가 발생했을 때 국제법이 얼마나 중요한지를 인식했기 때문에 국제법 부분을 포함시키기로 했다.

돌고래 연구 프로젝트는 4개 분야로 나뉘어 진행되었다. '독도 영유의 역사적 배경' 연구는 국립중앙박물관장을 역임한 고고학자 김원룡 박사, 송병기 교수 등 4명의 학자에게 위촉했다. '외국의 문헌에 나타난 독도' 연구자로는 역사학자인 강만길 교수 그리고 영어, 일본어, 프랑스어, 라틴어에 능통한 천주교교회사연구소 소장인 최석우 신부가 맡았다. '구한말 국제 관계 속의 독도'는 최운형 교수가 맡았고, 국제법 관계를 종합적으로 살펴보고 정리할 학자로는 백충현 교수에게 위촉하는 등 모두 12명의 학자가 돌고래 연구 프로젝트에 투입되었다. 전체적으로는 공동 연구였지만 학자들이 자신에게 맡겨진 주제를 단독으로 연구하고 한 달에 한 번씩 국사편찬위원회에서 모여 연구 성과를 공유하며 토론했다.

백충현 교수는 국제법 연구 모임에 참석하던 외무부 후배들을 불렀다. 권병현, 김석우 서기관과 신각수 사무관 등이 모였다. 신 사무관은 문세광 사건 이후인 1975년에 외무 고시에 합격해 외무 부에서 근무하는 막내 외교관이었지만 백 교수 집에 기거하다시 피 하면서 석사 논문을 준비하고 있었다. 백 교수 집에 자료가 많 고 그의 집이 학교에서 멀리 떨어져 있기 때문이었다.

백 교수는 돌고래 연구에 참여하게 된 배경과 보안의 중요성을 설명한 후 연구의 의미와 앞으로의 추진 방안과 계획에 대해 설명 했다.

"여러분들도 이미 알지만, 1950년의 국제사법재판소의 판례에 따르면 국제분쟁은 당사국인 다른 국가가 분쟁이 존재하지 않는 다고 주장해도 그것으로 분쟁이 없어지는 것이 아닙니다. 따라서 국제법적 측면에서 보면 이승만 대통령의 평화선 선언에 대해 일 본 정부가 자신들의 견해에 어긋난다는 의견을 제시한 이상 의견 의 차이는 존재하고 독도 영유권에 대해서는 국제분쟁이 시작된 것입니다. 따라서 우리가 독도를 실효 지배하고 있다 해도 국제법 적인 측면에서 독도의 영유권을 확실하게 주장하기 위해서는 먼 저 일본의 주장을 살펴보고 이에 대한 대응 논리를 연구하고 계발 해야 합니다.[10] 그러기 위해서는 먼저 일본 외무성과 여덟 차례에 걸쳐 오고 간 외교문서를 살펴보면서 후배님을 통해 외무부의 입 장을 정확히 듣고, 그 다음에 여러분들과 함께 국제법을 통한 대응 방안을 토론하는 것이 좋을 것 같아 모이자고 했어요. 그러나 외교 문서 열람을 하려면 공식적인 절차가 필요할 테니 내일 국사편찬위원회 최영희 위원장을 통해 공문을 발송할게요."

"예, 선배님. 공문이 있으면 일이 훨씬 쉽고 저희들도 돌고래 연구 토론에 참석하기가 편할 것 같습니다. 그리고 독도 문제는 일본이 언제라도 쟁점화할 것이기 때문에 저희들도 이 기회에 공부를 해두는 게 좋을 것 같습니다."

가장 맏형인 권병현 사무관이 대답을 하자 모두들 고개를 끄덕였다. 이때 김석우 사무관이 물었다.

"선배님, 그런데 '돌고래 연구'라는 이름은 누가 만든 겁니까?"

"그거야 나도 모르지. 그러나 울릉도와 독도 부근에 돌고래가 많다는 얘기가 있으니까 그걸 아는 사람이 돌고래 연구라고 붙인 것 같은데, 암튼 재미있게 잘 붙였어."

백 교수의 말에 모두들 웃음을 터트렸다. 백충현 교수가 독도 영유권 문제에 관심을 갖기 시작한 것은 대학원 졸업 후 국제법 학자인 이한기 교수의 조교를 할 때인 1966년부터였다. 그는 이한기 교수가 준비하고 있는 책《한국의 영토》에 포함될 논문 작성을 도우면서 독도에 관한 자료를 조사했다. 그리고 그때 1차 자료로 불리는 원본 자료source material의 중요성과 우리나라에 있는 독도 관련 자료가 부족하다는 사실을 알게 되었고, 어쩔 수 없이 일본 연구자들이 쓴 책이나 논문을 2차 자료로 활용했다. 그러나 2차 자료는 저자가 선별해서 인용한 후에 의미를 부여하고 해석한 것이기 때문에 자료로서의 가치와 정확성이 떨어졌다. 일본에 불리한 자료를 숨기면 알 길이 없기 때문이다. 그래서 원본 자료를 찾아내는 것이 무엇보다 중요했다.

얼마 후부터 백 교수 집에서는 돌고래 연구 모임이 시작되었다. 그러나 대외비 연구였기 때문에 대학원생들이 참석하는 국제법 연구 모임과는 구별을 했다. 백 교수가 외무부 후배들과 가장 먼저 한일 양국이 교환한 문서와 일본 역사학자들의 논문을 토대로 두 나라 주장을 구체적으로 검토했다.[11]

첫 번째는 한국과 일본 두 나라 서로 독도가 역사적으로 자신들의 고유 영토라는 주장에 대해 살폈다. 일본은 독도의 일본 이름인 '죽도竹島'에 대한 기록이 1667년부터 등장한다고 했고, 한국에서는《세종실록世宗實錄》에 독도에 대한 기록이 등장한다. 그러나 일

世宗實錄 권 153, 地里志 江原道 蔚珍縣條, 11쪽

于山, 武陵二島在縣正東海中. 【二島相去不遠, 風日淸明, 則可望見。 新羅時, 稱于山國, 一云鬱陵島。 地方百里, 恃險不服, 智證王十二年, 異斯夫爲何瑟羅州軍主謂于山人愚甚, 難以威來, 可以計服, 乃多以木造猛獸, 分載戰紅紅其國, 誑之曰 "汝若不服, 則即放此獸。" 國人懼來降。 高麗太祖十三年, 其島人使白吉土豆獻方物。 毅宗十三年, 審察使金柔立等回來告; "島中有泰山, 從山項向東行至海一萬餘步, 向西行一萬三千餘步, 向南行一萬五千餘步, 向北行八千餘步, 有村落基址七所, 或有石佛像鐵鍾石塔。 多生柴胡葉本石南草。 我太祖時, 聞流民逃入其島者甚多, 再命三陟人金麟雨, 爲按撫使, 刷出空其地。 麟雨言: "土地沃膜, 竹大如柱, 鼠大如猫, 桃核大於升。 他物稱是。"】

세종실록 지리지 / 강원도 / 삼척 도호부 / 울진현

우산(于山)과 무릉(武陵) 2섬이 현의 정동(正東) 해중(海中)에 있다. 【2섬이 서로 거리가 멀지 아니하여, 날씨가 맑으면 가히 바라볼 수 있다. 신라 때에 우산국(于山國), 또는 울릉도(鬱陵島)라 하였는데, 지방(地方)이 1백 리이며, 〈사람들이 지세가〉 험함을 믿고 복종하지 아니하므로, 지증왕(智證王) 12년에 이사부(異斯夫)가 하슬라주(何瑟羅州) 군주(軍主)가 되어 이르기를, "우산국 사람들은 어리석고 사나워서 위엄으로는 복종시키기 어려우니, 가히 계교로써 항복받을 수 있다."하고는, 나무로서 사나운 짐승을 많이 만들어서 여러 전선(戰船)에 나누어 싣고 그 나라에 가서 속여 말하기를, "너희들이 항복하지 아니하면, 이 〈사나운〉 짐승을 놓아서 〈너희들을〉 잡아먹게 하리라."하니, 그 나라 사람들이 두려워하여 와서 항복하였다. 고려 태조(太祖) 13년에, 그 섬 사람들이 백길토두(白吉土豆)로 하여금 방물(方物)을 헌납하게 하였다. 의종(毅宗) 13년에 심찰사(審察使) 김유립(金柔立) 등이 돌아와서 고하기를, "섬 가운데 큰 산이 있는데, 산꼭대기로부터 동쪽으로 바다에 이르기 1만여 보이요, 서쪽으로 가기 1만 3천여 보이며, 남쪽으로 가기 1만 5천여 보이요, 북쪽으로 가기 8천여보이며, 촌락의 터가 7곳이 있고, 간혹 돌부처·쇠북·돌탑이 있으며, 뱃미나리[柴胡]·호본(藁本)·석남초(石南草) 등이 많이 난다."하였다. 우리 태조(太祖) 때, 유리하는 백성들이 그 섬으로 도망하여 들어가는 자가 심히 많다 함을 듣고, 다시 삼척(三陟) 사람 김인우(金麟雨)를 명하여 안무사(按撫使)를 삼아서 사람들을 쇄출(刷出)하여 그 땅을 비우고 하였는데, 인우가 말하기를, "땅이 비옥하고 대나무의 크기가 기둥 같으며, 쥐는 크기가 고양이 같고, 복숭아씨가 되[升]처럼 큰데, 모두 물건이 이와 같다." 하였다.】

《세종실록지리지世宗實錄地理志》에 실린 울릉도와 독도 원문과 해설.

본은《세종실록》에 기록된 "무릉도武陵島(울릉도)와 우산도于山島(독도)는 울진군 동쪽 가운데 있는 섬"이라는 기록을 들어 우산도 역시 울릉도라고 주장했다.

두 번째로는 일본이 1905년 2월 22일 시마네현島根県 고시 40호를 통해 독도를 시마네현에 편입한 일이 정당한지를 살폈다. 한국은 고종 때인 1900년 10월에도 독도를 울릉도 관할로 한다는 내용을 관보 제41호에 실었지만, 당시 일본이 대한제국의 외교권을 강탈했기 때문에 항의를 할 수 없었다고 주장했다. 일본은 당시 조선이 어떠한 항의도 제기하지 않고 묵인했으므로 일본 영토로 확정되었다고 주장했다.

세 번째로는 일본 패망 후 연합국과 일본 사이에 체결된 샌프란시스코 대일평화조약에 대한 두 나라의 주장을 살폈다. 우리나라 입장은 독도는 울릉도의 부속 도서로서 울릉도가 한국의 영토에 포함되었기 때문에 당연히 우리나라 영토라고 했고, 일본은 독도가 명시적으로 적시되지 않았기 때문에 일본 영토에 포함된다고

> **칙령 제41호**
> 울릉도(鬱陵島)를 울도(鬱島)라고 개칭(改稱)하고 도감(島監)을 군수(郡守)로 개정(改正)한 건
> 제1조 : 울릉도를 울도라 개칭하여 강원도에 부속하고 도감을 군수로 개정하여 관제 중에 편입하고 군등(郡等)은 5등으로 할 사.
> 제2조 : 군청(郡廳) 위치는 태하동(台霞洞)으로 정하고 구역은 울릉 전도(全島)와 죽도(竹島) 석도(石島)를 관할(管轄)할 사.
> 제3조 : 개국(開國) 504년 8월 16일 관보(官報) 중 관청사항(官廳事項)란 내 울릉도 이하 19자를 산거(刪去)하고, 개국 505년 칙령 제36호 제5조 강원도 26군의 6자는 7자로 개정하고 안협군(安峽郡) 하(下)에 울릉도 3자를 첨입(添入)할 사.
> 제4조 : 경비는 5등군으로 마련하되 현금간(現今間) 인즉 이액(吏額)이 미비(未備)하고 서사(庶事) 초창(草創)하기로 해도수세중(該島收稅中)으로 우선 마련할 사.
> 제5조 : 미진한 제조(諸條)는 본도개척(本島開拓)을 수(隨)하야 차제(次第) 마련할 사.

울릉도를 해설한 우리나라의 군수 문서.

국제법 학자, 그 사람 백충현

주장했다.

비록 한국이 독도를 실효 지배를 하고 있지만 일본이 국제사회에 독도가 자신들의 영토라고 계속 주장할 경우에 대비해 더 구체적이고 정확한 자료를 발굴하고, 국제법적 측면에서도 우위를 점할 수 있는 연구를 해야 했다. 국제법에서 독도가 한국의 고유 영토라는 사실을 객관적으로 증명하기 위해서는 독도가 우리 영토로 표기된 고지도古地圖를 발굴하는 것이 무엇보다 중요했다. 조선 시대 지도나 일본 지도 혹은 세계 지도에 독도가 우리 영토로 표기된 지도를 발굴하는 것이 중요하고, 그 연대가 일본 영토로 표기된 것보다 빠른 것을 발굴할수록 독도가 역사적으로 우리 영토라는 사실을 증명하는 결정적 증거가 될 수 있기 때문이다.

백 교수의 집은 일주일에 몇 번씩 외교관과 대학원생들로 북적였다. 방이 꽉 차면 마루에도 상을 놓고 연구와 토론이 이어졌다. 백 교수의 부인 이명숙도 덩달아 바빴다. 외무부에서 근무하는 후배들은 업무가 끝나자마자 달려왔고, 대학원생들은 오후부터 왔기 때문에 저녁 준비는 그녀의 몫이었다. 당시 이명숙은 연대 치대 교수를 사임하고 여의도에서 교정 전문의 치과를 개업해 정신없이 바빴지만 연구 모임이 있는 날이면 일찍 퇴근해서 저녁 준비를 했다. 먹는 사람은 한 그릇이지만 준비하는 사람은 스무 그릇 이상일 때도 많아 반찬은 김치와 간단한 어묵 국일 때가 많았다. 그래도 참석자들은 맛있다고 그릇을 비웠고, 이명숙은 남편의 일에 자궁심을 가지고 웃는 얼굴로 설거지를 했다.

여름이 지날 무렵 이명숙이 백 교수에게 넌지시 운을 뗐다.

"여보, 아무래도 집이 너무 좁은 것 같아요. 우리 좀 더 넓은 데로 이사 가요."

백 교수로서는 귀가 번쩍 뜨이는 제안이었지만 돈이 어디 있어서 이사를 하느냐는 표정을 지었다.

"이 집을 팔면 한강 건너 영동(지금의 강남)에 넓은 집을 살 수 있대요. 그래서 옆집도 얼마 전에 집을 팔고 영동으로 이사 갔대요."

백 교수가 천천히 입을 열었다.

"교수들 중에서도 그쪽으로 이사 간 사람들이 있는데, 교통이 불편하대. 그러니 광화문에서 일하는 사람들이 거기까지 오려면 너무 불편할 거야. 그래서 이사를 하려면 광화문에서 가까운 데로 가야 해."

"그러면 연대 뒤쪽 연희동이나 남가좌동 쪽은 괜찮을까요?"

"그쪽 집값이 이쪽보다 좀 싼가?"

"저도 그쪽 집값은 알아보지 않아 잘 모르는데, 연대에서 근무할 때 보니까 연희동 쪽에 큰 집들이 좀 있다는 소리는 들었어요."

"연희동이면 광화문에서 오기가 여기보다는 편할 테니까 적당한 집이 있는지 한번 알아봐요. 그런데 아무래도 집값이 여기와 비슷할 것 같은데."

백 교수가 고개를 갸우뚱하자 이명숙이 얼른 되받았다.

"만약 돈이 부족하면 은행에서 융자를 받으면 돼요."

"빚을 내서 이사를 하자고?"

"다행히 치과에 환자들이 많아 상환하는 데 무리는 없을 것 같아요. 그리고 그동안 좀 모아둔 것도 있으니까 나에게 맡겨보세요."

백 교수는 뜨악한 표정으로 아내를 바라보았다. 그러나 이명숙은 자신 있다는 듯 방긋 웃었다.

1978년 10월, 백 교수는 서교동에서 연희동 2층집으로 이사를 했다. 약간 언덕에 있었지만 아래층은 살림집으로 쓰고 2층은 서재와 연구 모임으로 사용하기에 적합했다. 다시 연구 모임이 시작되었다. 권병현, 김석우, 신각수 사무관 외에도 새로운 얼굴들이 계속 늘었다. 김세택 국장(이사관)과 이호진, 정태익, 조태열 등 외국 근무에서 돌아온 사무관이나 새로 근무를 시작한 서기관들도 연희동에 와서 당면 문제를 상의하거나 토론에 참석했다. 일주일에 한 번씩 별도로 모이는 돌고래 연구 모임도 어느 정도 방향이 잡혀 한 달에 한 번으로 횟수를 줄였지만 열기는 더 뜨거웠다. 지난 몇 달 동안 자료 검토와 토론을 통해 당시 구할 수 있는 일본 측 자료를 살펴보았기 때문에 이제부터는 논문만 쓰면 되는 상황이었다.

백충현 교수는 독도에 관한 논문을 쓰면서 우리나라 고지도에 관심을 기울였다. 국제법적 관점에서 독도가 한국 고유의 영토임을 증명할 수 있는 결정적 자료 중 하나가 국가에서 만든 고지도였기 때문이다. 국제법상 영토 규정에 가장 큰 효력을 발휘하는 것은 분쟁 당사국 간에 맺은 국경 조약이고, 거기에 딸린 지도도 조약 원문과 같은 효력을 발휘했다. 그러나 독도에 대해 한일 양국이 국경 조약을 맺은 일이 없기 때문에 현존 문헌 자료 중에서는 양국 정부가 국가 영역을 표시하기 위해 편찬한 관찬 지도官撰地圖가 '영유권의 증거 가치'로 인정받을 수 있는 결정적 자료였다. 개인이 만든 사찬 지도私撰地圖는 국가가 만든 공식 지도가 아니기 때문에 참고 자료의 가치에 머물렀다.

백 교수는 우리나라 고지도 전문가로 서울대학교에 재직 중인 이찬 교수를 만났다. 이 교수는 반갑게 백 교수를 맞으며 의자를 권했다.

"이 교수님. 제가 여쭤볼 게 있어서 뵙자고 했습니다."

"예, 말씀하시죠."

"제가 요즘 국제법 관점에서의 독도 문제에 대한 논문을 쓰고 있습니다. 그런데 우리나라는 일본과 독도에 대한 국경 조약을 맺은 적이 없습니다. 이럴 때 국제법에서 독도가 우리나라 고유 영토임을 증명하기 위해서는 국가의 자료와 국가에서 만든 관찬 지도를 증거 자료로 제시해야 합니다. 물론 상대국의 자료보다 빨라야 하고요. 그래서 우리나라 고지도에 관한 최고 전문가인 이 교수님께 자문을 구하고자 합니다. 우리나라 관찬 지도 중 독도가 우리나라 섬으로 표기된 지도가 언제 만들어진 어떤 지도인지 알고 싶습니다."

백 교수의 이야기를 들으며 고개를 끄덕이던 이찬 교수가 조용한 목소리로 말했다.

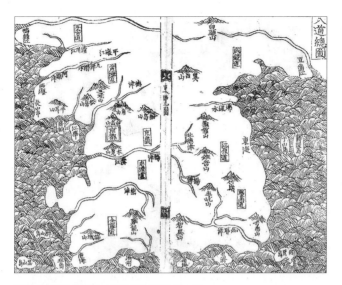

《신증동국여지승람》에 수록된 〈팔도총도〉와 독도.

　"우리나라 관찬 지도 중 독도가 지도상에 표기된 최초의 지도
는 1530년(중종 25)에 완성된 《신증동국여지승람新增東國輿地勝覽》에
수록되어 있는 〈팔도총도八道總圖〉입니다. 그러나 이 지도에는 독
도가 울릉도의 동쪽이 아니라 서쪽에 그려져 있었는데, 당시 울진
에서 울릉도에 갈 때 해류의 영향으로 독도에 먼저 도달해 이곳을
거쳐 울릉도로 갔기 때문에 독도를 더 가깝게 그렸을 것으로 추정
됩니다. 그리고 《신증동국여지승람》에 '우산도于山島 · 울릉도鬱陵島
는 무릉武陵이라고도 하고 우릉羽陵이라고도 한다. 두 섬은 현의 정
동 쪽 바다 한가운데 있다'라고 기록되었기 때문에 조선 초기에도
독도를 조선의 영토로 파악하고 있었음은 의심할 여지가 없다고
할 수 있습니다."

이찬 교수는 서가에 있는 《신증동국여지승람》 중에서 〈팔도총도〉가 소개된 1권을 꺼내 백 교수에게 보여주었다. 백 교수가 지도를 살펴보자 이 교수가 계속 말을 이었다.

"백 교수님, 혹시 인사동에 있는 고서점 통문관에 가보신 적 있으세요?"

"들어보긴 했으나 가본 적은 없습니다."

"그럼 언제 저하고 한번 가시지요. 통문관에는 그동안 알려지지 않았던 고지도가 가끔 나와서 저도 자주 들릅니다. 그리고 주인인 이겸로 선생이 모은 고지도도 있고요."

이겸로(1909~2006)는 16세 때 고서점 점원을 시작해 25세 때 통문관(일제강점기 때 상호는 금항당)을 개업한 이로 단순한 책방 주인이 아니다. 《월인석보》를 비롯해 《월인천강지곡》, 〈독립신문〉 등 많은 국보, 보물급 문화재들이 그의 손을 통해 세상에 알려졌고, 2만여 권의 고서를 소장한 장서가였다. 그래서 통문관은 한국학 자료의 보고이자 한국학 연구자들의 사랑방 역할을 했고, 국어학자 이희승, 미술사학자 김원룡, 국립박물관장을 지낸 최순우 등이 수시로 통문관을 드나들며 필요한 자료를 구했다.

"이 교수님, 그렇게 해주시면 큰 도움이 되겠습니다. 고맙습니다."

"아닙니다. 저도 앞으로 백 교수님을 통해 고지도에 대한 국제법적 관점을 공부할 수 있어서 제가 오히려 고맙습니다."

두 교수는 기분 좋게 악수를 하며 헤어졌다. 그리고 얼마 후 두 사람은 함께 통문관을 찾아갔다.

이찬 교수가 백 교수를 소개하자 이겸로 선생은 지리지와 고지도의 중요성을 아는 분을 만나 반갑다며 자리를 권했다. 그는 국제법 학자가 고지도에 관심을 갖고 있다는 것이 신기한 듯 고지도와 국제법의 관계에 대해 하나둘 물었다. 이야기는 저녁때가 되도록 이어졌고, 세 사람은 근처 식당으로 자리를 옮겼다. 이 자리에서 이겸로 선생이 우리나라 고지도에 나타난 우산도와 백두산의 위상을 살펴보는 모임을 만들어 함께 공부해보는 것이 어떻겠냐면서, 먼저 이찬 교수와 자신이 갖고 있는 자료로 시작하자고 제안했다. 세 사람은 의기가 투합했고, 이겸로 선생은 모임의 이름을 '고산자 연구회'로 하는 것이 어떻겠느냐고 물었다. 고산자는 〈대동여지도大東輿地圖〉를 만든 김정호의 별호이므로 고지도 연구 모임의 이름으로는 제격이었다. 고산자 연구회는 이렇게 시작되었고, 한 달에 한 번씩 통문관에서 만났다.

● **조선시대 지리지地理志**

조선왕조의 중앙집권 통치 체제가 완성되면서 전국을 대상으로 한 지리지가 편찬되었고, 이는 조선 전역의 지리적 특성을 파악함과 동시에 통치 자료로 활용되었다. 특히 세종~성종대(1418~1494)는 조선의 영토가 확정되고 통치 체제가 완성되어가는 단계로, 국가적 차원에서의 지리지 편찬 사업이 진행되었다. 1425년(세종 7) 《경상도지리지慶尙道地理志》의 편찬을 시작으로 1432년(세종 14)에 《신찬팔도지리지新撰八道地理志》가 편찬되었다. 그 이후 《신찬팔도지리지》의 내용 가운데 세종 때 설치한 4군 6진을 비롯하여 영토의 변화가 있었던 평안도와 함경도 북부 일대의 기록을 첨가하는 등 지리지의 내용을 가감, 정리하여 1454년(단종 2)에 《세종장헌대왕실록世宗莊憲大王實錄》에 수록된 전국 지리지를 완성하였다. 《세종실록지리지世宗實錄地理志》는 현존하는 가장 오래된 조선 초기의 전국 지리지이자 지지의 체제를 갖춘 독자적인 지리지다. 이 책은 조선을 건국한 이후 한양 중심의 새로운 조선의 지역 편제를 바탕으로 국가 통치 체제의 확립 자료로 편찬된 것인 만큼 당시의 전국 각 지역의 모습을 종합적으로 반영하고 있다. 따라서 효율적인 국가 통치를 위한 경제적 측면과 당시 새로운 국경의 모습을 완성하기 위한 군사적 측면이 상세하게 조사되었고, 정치적 격변기로 인한 계층 분화와 인구 이동 등의 모습도 자세히 파악되어 있다. 특히 조선의 정치 안정과 함께 국토 확장에 힘을 기울였던 세종은 군현의 역사를 기록한 연혁沿革 부분을 강조하였고, 이는 조선시대 영토에 대한 의식을 반영한 결과이기도 하다. 그 결과 《삼국사기三國史記》의 '지志' 부분에서 가장 큰 비중을 차지하는 '지리지'에서 생략되었던 독도와 울릉도에 관한 기록이 《세종실록지리지》 권 153의 강원도 울진현조에 포함되어 있다.

강원도 삼척도호부 울진현의 속도屬島로 기록되어 있는 독도와 울릉도의 위치를 울진현을 기준으로 밝히고 있다. "우산于山, 무릉武陵 두 섬은 울진현 정동쪽 바다 한가운데에 있다. 두 섬은 거리가 멀지 않아 날씨가 맑으면 가히 바라볼 수 있다"고 기록하였다. 즉 울진현의 동쪽 바다에는 우산(독도)과 무릉(울릉도) 두 섬이 있었다는 것을 분명히 하고 있으며, 이 부분은 지리지에서 섬의 위치를 수륙의 원근으로 표현한 부분이다. 이 내용 이외에 울릉도의 연혁과 크기, 호수戶數 그리고 울릉도에 살고 있는 사람들의 생활과 관련하여 토의土宜(뽕나무·삼·감·밤·배·닥나무), 울릉도의 토산물(토공土貢)인 꿀·호도·석이·오배자五倍子·문어·숭어·전복 등과 함께 토산土産(가는대와 왕대소탕篠蕩)에 관해 기록되어 있다. 이는 독도가 무인도로 따로 기록할 필요가 없어 생략한 것일 뿐, 독도를 조선의 땅으로 인식하고 있었음을 분명히 알 수 있는 근거가 된다.

《세종실록지리지》 편찬 이후에도 지리지 편찬 사업은 계속되었다. 1447년(성종 8)에 양성지梁誠之에 의해 《속찬팔도지리지續撰八道地理志》, 이를 토대로 1481년(성종 12) 50권의 《동국여지승람東國輿地勝覽》이 편찬되었다. 그리고 이 책은 중종조에 이르는 삼대에 걸쳐 수증과 증보 작업이 이루어졌으며, 1530년(중종 25)에 《신증동국여지승람》으로 완성되었다. 1485년(성종 16) 1차 교정과 새로운 내용을 보충한 김종직金宗直은 그 과정에서 섬에 대한 새로운 항목을 만들었고, 그 결과 《세종실록지리지》에 비해 이 지리지에는 섬에 대한 기록이 많다. 이는 단순히 숫자의 증가만을 의미하는 것이 아니라 그 내용 또한 구체적이고 상세하다.[12]

백 교수는 점점 더 바빠졌다. 대학에서의 강의뿐 아니라 연희동 집에서의 연구 모임도 이끌어야 했고, 국제법적인 측면에서의 독도 영유권 문제에 대한 논문도 써야 했다. 외무부에서 국제법적인 사안을 가지고 찾아오는 일도 점점 많아졌고 고산자 연구회에도 참석해야 했다. 몸은 피곤했지만 보람이 있었고, 고산자 연구회를 통해 조선 후기 영·정조 시대에 제작된 관찬 지도도 볼 수 있었다.

그러던 어느 날, 이겸로 선생이 고산자 연구회에 낯선 사람을 데리고 왔다. 한국 고지도에 관심이 있다는 최서면이라는 재일 동포였다. 최서면은 1926년에 강원도 원주에서 출생해 연희전문 문과를 수료했고, 1957년 일본으로 건너가 1969년에 '동경한국연구원'을 설립했다면서, 그동안 일제강점기 때의 조선총독부 문헌, 안중근 의사 관련 자료 등 문헌 자료들을 모았는데, 우리나라 고지도에도 관심이 많다고 했다.

백 교수와 이찬 교수는 저녁 식사 자리에서 동경한국연구원에 대해 물었다.

"제가 설립한 사설 연구원입니다. 재일 동포 2세들을 위한 한글 교육을 주로 합니다."

백 교수는 최서면에 대해서도 그렇고 연구원의 성격도 잘 이해되지 않았다. 일본에 거주한 시기가 일제강점기 때부터도 아니고, 일본으로 건너간 시기가 한일 관계가 냉각기였던 1957년이라는 부분도 의아했다. 1950년대 중반은 한일 국교가 정상화되지 않아 외교관이나 일본과 관련된 사업을 하는 사업가가 아니면 일본에 갈 수 있는 길이 거의 없을 때였다. 꼭 일본에 가야 할 피치 못할 사정이 있는 이들은 밀항을 했다. 그렇다고 초면에 당신 어떻게 일본에 갔느냐, 무슨 일을 하면서 큰돈을 벌었기에 한국연구원을 설립했고, 왜 조선총독부 관련 자료들을 수집했느냐고 물을 수는 없는 일이었다.

백 교수는 그때부터 최서면 원장과는 '불가근불가원不可近不可遠(가까이 하지도 않고 멀리 하지도 않는)'의 원칙하에 관계를 유지했다. 그래서 훗날 최 원장이 영주 귀국을 결정하고 그동안 수집한 자료를 한국으로 가지고 오고 싶은데, 자신이 반출하면 문제가 될 수 있다면서 도움을 요청했을 때는 인간적 관계가 아닌 자료의 가치를 생각해 백 교수 짐처럼 포장해 국내로 가지고 왔다.

1979년, 해가 바뀌었지만 바쁜 일은 줄어들지 않았다. 새로운 국제법 연구 결과와 판례가 쉬지 않고 나오고 있었지만 자료 수집에 한계를 느꼈다. 백 교수는 학장에게 1년 동안 재충전을 위해 국제법 학자들의 요람인 네덜란드 라이든대학교의 방문 교수로 가서 헤이그 아카데미 프로그램을 이수하고 싶다는 의사를 밝혔다.

학장은 고개를 끄덕였다.

"어차피 그 학교는 가을에 새 학기가 시작되니 1학기 강의는 마치고 다녀오셔야겠군요."

봄이 되면서 백 교수는 마음이 바빠졌다. 1년의 공백 기간이 생기기 때문에 네덜란드로 떠나기 전 독도 논문을 마무리해야 했다.

6월 말, 백충현 교수는 〈국제법상으로 본 독도 분쟁〉이라는 제목의 논문을 완성해 국사편찬위원회 최영희 위원장에게 제출했다. 백 교수는 논문에서 "영유권 분쟁으로서의 독도 문제는 고도의 정치적 성질을 내포한 법률적 분쟁"이라고 규정했다.

백 교수는 논문에서 양국의 주장과 영토 분쟁에 대한 국제 재판의 판례를 자세하게 소개했다. 먼저 외교문서에 나타난 일본 측의 '억지 주장'을 국제법적 논리로 조목조목 반박했다. 그리고 영토 분쟁에 대한 국제재판 판례에 대해 분석했다. 물론 우리나라가 실효 지배를 하고 있는 상태에서 우리 정부가 독도 문제를 일본의 요구대로 국제사법재판소로 가지고 갈 가능성은 없었다. 그러나 이는 일본의 국제 여론전에 대비해 우리나라의 입장에서 주장할 수 있는 국제법적 논리에 대한 연구였고, 서구에서 만들어진 국제법에 대한 한국적 적용 논리를 개발하는 작업이기도 했다.

백 교수는 "두 나라가 동일 지역에 대해 첨예하게 대립할 때 역사적으로 입법·사법·행정권을 행사한 증거가 '직접 증거(1차적 증거)'가 되지만 대개의 분쟁 지역은 비교적 미개발 지역이라서 어느 한 나라의 영유권을 단정적으로 입증할 만한 주권 행사의 증거는 일반적으로 희소하다"고 밝혔다. 그래서 어느 한 나라가 영유권 분쟁을 일으키면 그 분쟁은 끝나지 않는 경우가 대부분이었다.

백 교수는 이런 상황에서는 역사적 사실 관계에 못지않게 2차적 증거의 보완 기능이 절실하다고 밝히면서 지도가 '2차적 증거'가 될 수 있다고 했다. 국제 여론전에서 우위를 점할 수 있는 방법 중 하나이기 때문이었다. 그는 "지도는 영토 분쟁에서 가장 빈번히 제시, 활용되는 2차적 증거"이지만 지도가 증거력을 갖기 위해서는 1) 국가의 공적 권위가 보장된 공식적인 지도 2) 실제의 조사, 측량을 기초로 하여 제작된 원본적原本的 성격 3) 제작 기술과 기초 정보의 신뢰성이 입증된 정확성 4) 국제사회에서 타당하다고 인정할 수 있는 공정성과 타당성이 확보되어야 '증거로서의 가치'를 인정받을 수 있다고 밝혔다.

백 교수는 이런 설명과 함께 "지도에 의해 제시된 증거는 영토 주권에 관한 법적 문제의 해석에 있어서 항상 결정적인 것은 아니다. 그러나 지도는 주권 행사 또는 점유가 잘 인지되고 있다는 사실의 증거를 구성할 수 있다"고 밝혔다.[13]

국사편찬위원회에 논문을 제출한 백 교수는 네덜란드의 라이든 대학교로 떠나 1년 동안 방문 교수로 지내면서 국제법의 새로운 흐름에 대한 안목을 높였고, 최신 자료들을 광범위하게 섭렵할 수 있었다. 그 사이 한국에서는 박정희 대통령이 서거했다. 박 대통령의 지시였던 돌고래 연구 결과는 제5공화국이 시작된 후 청와대에 보고되었다. 그러나 청와대에서는 "독도는 우리 땅이라는 것이 엄연한 사실인데, 괜히 거론하면 일본을 자극할 우려가 있다"며 공개를 금지했다. 이렇게 해서 학자들의 연구 논문과 보고서는 국사편찬위원회 캐비닛 속으로 들어가게 되었다. 그 후 1985년에 비매품으로 출판되었다.[14] 결과가 어찌 되었든 백충현 교수 입장에서는 돌고래 연구 프로젝트의 참여는 우리 역사와 고지도에 관심을 갖는 계기가 되었다.

비매품으로 출판된 《독도 연구》의 표지.

4
납치당한 중공 여객기의
한국 착륙과 국제법

1983년 5월 5일 오후 2시30분, 전국에 공습 경계경보 사이렌이 울려퍼졌다. 국민들은 공휴일인 어린이날에 무슨 민방위 훈련을 하느냐고 어리둥절했다. 그때 라디오에서는 "이것은 실제 상황입니다"는 다급한 목소리가 흘러나왔고, 국민들은 전쟁이 난 줄 알고 우왕좌왕했다. 그러나 북한 전투기들은 보이지 않았고 전투기 굉음도 들리지 않았다. 얼마 후 사이렌 소리는 멈추었다.

라디오에서는 중공中共(중국 공산당의 약칭. 지금의 중국을 당시에는 이렇게 칭했다) 국적의 항공기 한 대가 대한민국 영공으로 날아와 춘천 미군 기지 비행장에 불시착했다는 속보가 계속 나왔다. 승객 96명과 승무원 9명을 태우고 중국 선양沈陽에서 상하이上海로 향하던 중공중 납치된 민항기였다.

　　　　　　　　　　국제법 학자, 그 사람 백충현

한국 공군은 정체불명의 비행기가 북쪽에서 휴전선 방향으로 날아오자 예천 비행장에서 F-4 4대를 급히 발진했다. 휴전선 부근에서 요격 태세를 갖추자 중국 항공기는 날개를 아래위로 흔들어 귀순 의사를 밝혔고, 우리 공군기는 중국 항공기를 춘천의 미군 헬기 비행장인 캠프 페이지Camp Page로 유도해 착륙시켰다. 그러나 항공기가 착륙하기에는 활주로가 짧아 50여 미터를 지나 두 바퀴가 땅에 깊숙이 박히면서 멈추었다. 여자 1명이 포함된 6명의 납치범들은 대만(타이완) 대사 면담과 대만으로의 정치적 망명 허용을 요청했다. 우리 정부는 처음에는 납치범들의 요구를 거절했다. 그러나 한국은 중공과 외교 관계가 없고 중공은 북한과 혈맹 관계인데다, 만약 납치범들이 중공 승객들을 다치게 하는 불상사라도 일어난다면 우리 입장이 매우 난처해질 수밖에 없는 상황이었다. 우리 정부는 계속해서 납치범들을 설득하다가 그들의 요구 조건을 수용할 의사를 밝히고, 비행기 안으로 들어가 납치범들을 무장해제시켰다.

서로 국가로 승인하지 않아 외교 관계가 없는 중공 국적 항공기가 납치를 당해 대한민국 땅에 착륙했다는 것, 납치범들이 중공과 적대 관계에 있는 대만으로 망명을 요청한 사건은 대단히 민감하고 중요한 정치 · 외교적 사안이었다.

5월 5일 오후 3시경, 안기부로부터 중공 여객기의 착륙 통보를 받은 외무부 노재원 차관과 공로명 제1차관보, 김세택 조약과 이사관 등 간부들이 속속 외무부에 도착했다. 그들은 동북아 1, 2과와 조약 1, 2과 국제법규과, 외신과 직원들을 비상 소집했고, 방미 중인 이범석 장관에게 전화로 상황을 보고했다.

오후 5시, 청와대에서는 함병춘 대통령 비서실장 주재로 관계 부처 대책 회의가 열렸다. 외무부에서는 노 차관과 공 차관보가 참석했다. 급히 청와대에 모인 주요 각료와 실무자들은 사상 초유의 사태를 접하고 어떻게 대응해야 할지 몰라 난감한 표정이었다. 함 비서실장은 노 차관과 공 차관보에게 이런 유사한 사건과 관련된 국제법규를 찾아 법률적 견해를 준비하라고 했다.[15]

오후 6시, 외무부에 대부분의 직원들이 모였다. 청와대에서 돌아온 공로명 차관보와 심세택 이사관은 업무 분담을 지시했다. 조

국제법 학자, 그 사람 백충현

약과는 항공기 납치 문제와 관련된 조약과 국제법, 외국의 처리 관례를 분석 정리하게 했다. 동북아과는 한국과 외교 관계가 없는 중공에 어떤 방법으로 연락을 취하는 것이 좋을지를 살펴보게 했다.

이런 큰 사건이 발생하면 기자들 역시 바빠질 수밖에 없다. 외무부 출입 기자들이 사무실을 헤집고 다니며 앞으로의 처리 방향을 물었다. 그러나 외교관들은 "우리는 국제법적인 차원에서의 견해를 준비할 뿐 정치적 결단과 관련된 진행 사항은 모른다"고 했다.[16]

이날 저녁, 김세택 이사관과 김석우 사무관이 연희동 백충현 교수의 집을 찾아왔다.[17]

"백 형, 이번 사건 처리에 대한 자문을 구하러 왔어요."

김 이사관은 백 교수와 법대 동기로 절친한 사이였지만 공적인 일에 대한 이야기를 할 때는 서로 경어를 썼다. 이때 이명숙이 커피를 가지고 2층으로 올라왔다. 두 외교관이 중공 민항기 사건 때문에 왔다는 것을 모를 리 없는 이명숙은 조용히 찻잔을 내려놓고 얼른 내려갔다.

1980년 여름 네덜란드에서 돌아온 백 교수는 연희동 집에서 다시 연구회를 시작했다. 그때부터 연희동 집은 연구 모임뿐 아니라 외교 현안에 대한 국제법 자문 장소이기도 했다. 다른 나라와 조약을 맺거나 협상을 할 때 교섭 창구는 외무부 조약국이었는데, 백교수의 친구인 김세택 이사관이 조약 심의관, 김석우 서기관이 조약국에 새로 생긴 국제법규과 과장이었다. 그래서 김 이사관과 김 서기관은 사안이 민감한 국제회의에 참석할 때면 시도 때도 없이 찾아와 자문을 구했다.

김석우 사무관이 커피를 한 모금 마신 후 입을 열었다.

"선배님, 현재까지의 진행 상황은 서울지방항공청에서 국제민간항공기구(ICAO)에 중공 민항기의 착륙 사실을 통보한 상태입니다. 그러나 중공에는 일본을 통해 통보할 것인지 아니면 ICAO를 통해 통보할 것인지를 검토하고 있었는데, 조금 전 중공 당국에서 교통부 항공국장 앞으로 '승객과 승무원의 안전에 관심이 크다. 사건 해결을 위해 한국을 방문할 수 있도록 요청한다. 조속한 회신을 바란다'는 전문을 보내왔습니다."

백 교수가 고개를 끄덕이며 물었다. 그 역시 뉴스에서 소식을 들은 후 이번 사건을 국제법적으로 어떻게 처리하는 것이 좋을지에 대해 오후 내내 생각하면서 자료를 검토하는 중이었다.

"이 전문에 대한 우리 정부나 외무부 입장은 나왔습니까?"

"아직 명확한 입장은 안 나왔지만 내일이면 입장이 정해질 것 같습니다. 그러나 현재 분위기로는 이 사건을 잘 처리해서 중공과의 관계 개선의 계기를 만들어보겠다는 것 같습니다."

백 교수는 김세택 이사관의 말에 고개를 끄덕였다. 그도 커피를 한 모금 마셨다. 그리고 천천히 입을 열었다.[18]

"이번 사건을 어떻게 처리하는 게 좋을지 생각해봅시다. 이 사건은 정치적으로 풀어야 할 부분도 있고 외교적으로 풀어야 할 부분도 있을 겁니다. 이 과정에서 중공과 직접 교섭을 할 건지 일본이나 제3국을 통해 간접 교섭을 할 건지, 교섭의 주체가 누가 될

국제법 학자, 그 사람 백충현

것인지에 대해서는 정치적 판단에 따를 수밖에 없을 거예요."

백 교수의 말에 두 사람이 고개를 끄덕였다. 백 교수가 말을 이었다.

"교섭의 형태가 어떻게 결정되어도 교섭을 시작하면 당연히 국제법에 입각해 진행하는 것이 불필요한 의견 차이를 줄일 수 있을 거예요. 한국과 중공은 미수교국이지만 두 나라 모두 항공기 납치 사건에 대한 헤이그 협약에 가입했기 때문에 국제법상 공동 당사자예요. 두 나라는 이 협약에 의한 권리와 의무가 있기 때문에 국제법 원칙을 준수하는 선에서 교섭이 진행되는 게 가장 바람직하다고 생각해요."

김석우 서기관은 백 교수의 말을 열심히 메모했다. 백 교수는 잠시 말을 멈추며 그가 정리할 시간을 주었다.

"가장 먼저 제기될 문제는 항공기와 승무원, 승객의 송환일 거고, 중공에서는 납치범에 대해서도 송환을 요청할 겁니다. 그런데 납치범들은 형사 피의자인 동시에 정치적 망명 희망자들이고 우리나라의 우방인 대만과도 연결되어 있습니다. 납치범이라고 해서 정치적 망명을 부인해도 안 되고, 정치적 망명이라고 해도 하이재킹Hijacking이라는 범죄 사실이 무시되어도 안 됩니다. 망명과 범죄가 동시에 일어난 사건이어서 더 신중하게 국제법을 살펴볼 필요가 있어요. 납치범들을 중공으로 보내서는 안 되고, 우리가 헤이그 협약에 명시된 대로 영토국으로서 '국내 재판 관할권'을 행사하겠다고 주장해야 합니다. 우리가 납치범 송환을 거부해도 중공에서는 국제법 관례 때문에 심하게 항의하지는 못할 거예요."

백 교수는 커피를 한 모금 마신 후 계속 말을 이었다.

"대만도 우리 정부에 납치범들의 정치적 망명을 허용하라면서 자국으로의 송환을 요구할 텐데 그것 역시 국제관례대로 하겠다며 거부해야 합니다. 그런 다음에 국내법으로 항공기 납치 부분에 대해 유죄판결을 내리고, 인권 규약, 난민조약 등의 국제법에 따라 일정 기간 복역 후에 망명을 허용하는 형식으로 출국시키는 게 무난할 것 같아요. 이번 사건은 우리 정부나 외무부가 전혀 경험하지 못했고 예상하지도 못했던 사건일 뿐 아니라 주변국들과도 여러 가지 사안이 얽혀 있어 복잡하지만 어렵고 복잡한 문제일수록 국제법과 국내법에 입각해 처리하는 게 순리라고 생각합니다."

김세택 이사관의 얼굴이 밝아졌다.

"백 형. 조언 고마워. 그럼 우리는 빨리 보고서를 작성해야 하니까 이만 일어설게. 내일 또 상의할 일이 생길지도 모르는데, 어디 있을 거야?"

"내일이 금요일이니까 오전에는 학교에 있고 오후에는 집에 있을 거야."

"알았어. 그럼 내일 다시 연락할게."

백 교수는 대문에서 두 사람을 배웅했다. 언덕을 내려가는 그들을 보며, 이번 일이 직접 교섭을 통해 조속히 해결되면 중공과의 관계 개선에도 도움이 되겠지만 만약 교섭 과정이 서로 원하지 않는 방향으로 전개되면 오히려 관계 개선에 걸림돌이 될 수도 있다는 생각이 들었다. 백 교수는 그것이 외교의 어려움이지만 그래도 국제법과 관례에 따라 처리하는 것이 순리라고 생각했다.

5월 6일 새벽 1시 40분, 중공 외무성 제1국장이 한국 외무부로 전문을 보냈다. 승객 및 승무원, 기체의 안전 보장을 요청하면서 중공 민항 직원을 서울에 급파하려고 하니 허락해달라는 내용이 었다. 그러나 새벽 시간이라 외무부는 청와대와 상의할 수 없었고, 답신을 보내지 않았다. 중공에서는 같은 내용의 전문을 두 차례 더 보냈고, 오전 5시에는 중공의 민항 대표단을 오전 8시에 베이징 공항에서 출발시키겠다는 전문을 보내왔다. 오만한 태도였다. 우 리 정부가 계속 답신을 보내지 않자 중공에서는 출발 시간을 오전 11시, 오후 1시로 늦춰가면서 입국 허용 회신을 독촉했다. 중공이 조급한 태도를 보이자 우리 정부는 민항기 탑승객들이 불시착 후 화장실에서 찢어버린 신분증 조각들을 회수해 신분을 확인했다. 부국장급 이상 요인要人들이 다수 있었다. 정부는 이 때문에 중국 이 서두르는 것이라고 판단했다. 탑승객 중 중공 최고의 미사일 전 문가가 포함된 사실은 훗날 밝혀졌다.

낮 12시 30분, 외무부가 중공에 답신을 보냈다. 요지는 '현재 김 포공항은 비가 내리고 안개가 끼는 등 기상 상태가 좋지 않으니 귀측의 비행은 내일로 연기하라. 대표단에는 필히 고위 외교 관계 자를 포함하라'는 내용이었다. 정부는 승객과 승무원을 서울로 이 동시켰다. 탑승객 중에 중공의 고위급 인사가 포함되었다는 사실을 파악한 정부는 당시 최고급 숙박 시설이었던 워커힐호텔에 투숙시킨 뒤 여의도와 자연농원 관광을 시켜주었다.

오후 6시, 중공에서는 협상 대표 9명을 포함해 총 33명의 대표자 명단을 보내오면서 대표단원의 직분은 모두 '민항국 직원'으로 표기했다. 외무부에서는 앞으로의 관계 개선을 염두에 두고 신임장을 갖고 오는지, 외교부 대표가 포함되었는지, 정확한 대외 직명이 무엇인지를 요구하자는 보고서를 올렸다. 그러나 정부에서는 방한단의 규모가 예상보다 크고, 1949년 중공 정권이 수립된 후 30년 이상 적대 관계에 있다가 처음 맞는 공식 접촉 기회라는 사실을 중요하게 판단하고 중공의 요청을 승인했다.

5월 7일, 베이징을 출발한 33명의 대규모 교섭 대표단이 김포공항에 도착했다. 표면적으로는 '민항국 직원'이라고 했지만 실제로는 중국 외교부와 정보기관의 부국장급 인사가 대거 포함되어 있었다. 대표단을 이끌고 온 수석대표 셴투沈圖 민항총국 국장은 중국공산당 중앙위원이었다.

이때부터 한국과 중공은 3일 동안 협상을 했다. 중공에서는 예상대로 승객과 여객기 기체의 인도와 함께 납치범들이 '중공의 형사범'이므로 함께 인도해달라고 요구했다. 그러나 우리 정부는 자유의사에 따라 결정하도록 하는 것이 국제관례라는 입장을 고수했다. 첫 번째 줄다리기였다. 몇 차례의 협상 끝에 타협안을 만들었다. 우리 국내법을 적용해 처벌하되 납치범들의 즉각 망명은 허용하지 않는다는 조건이었다. 두 번째 줄다리기는 외교 관계가 없는 양국이 교섭 합의 문서에 양국 정부를 어떻게 칭하느냐는 문제였다.

국호國號를 공식 사용하느냐의 여부는 외교적 의미가 큰 쟁점이었다. 중공은 북한과의 혈맹 관계를 의식해 '대한민국'이라는 우리나라 국호를 사용하지 않으려고 했다. 그러나 우리 정부는 이번 사건을 계기로 중공과의 연결 고리를 만들고자 했다. 이때 우리나라 협상 대표였던 공로명 외무부 제1차관보가 "남의 안방에 들어와서 안방 주인에게 인사도 안 하는 법이 어디 있느냐"는 논리를 내세우며 합의 문서에 양국의 공식 명칭을 넣도록 압박했다.

3일 동안 네 차례 전체 회담, 여섯 차례 실무 회담이 열렸다. 외무부에서는 백 교수와 수시로 연락해 세부적인 사항에 대한 자문을 구했다. 협상 3일째인 5월 9일 저녁, 한국과 중공은 긴 협상 끝에 합의 문서에 두 나라의 공식 국호를 명기하기로 합의했다.

5월 10일 오전, 공로명 대한민국 외무부 제1차관보와 센투 중화인민공화국 민항총국 국장이 양국을 대표해 9개항으로 된 합의 문서에 서명했다. 양국의 공식 국호가 명기된 첫 문서였다. 한국은 "양측은 이 사건의 처리 과정에서 발휘된 상호 협조의 정신이 금후 긴급사태 발생 시에도 계속 유지되어야 한다는 희망을 표명하였다"는 내용을 포함시키는 데 성공했다. 국교가 없는 상태에서 앞으로의 관계 개선의 발판을 마련한 것이고, 우리나라 정부 대변인은 "국제법과 국제 협약을 존중해 이념을 초월한 인도주의와 선린 정신에 입각하여 회담을 진행했다"고 발표했다.

센투 민항총국 국장(오른쪽) 일행과의 회담 사진. 한국과 중국 간에 국호 명기 각서를 교환했다. ⓒ 〈중앙일보〉

　백충현 교수는 양국이 합의문을 교환했다는 소식을 들으며 〈동아일보〉에서 청탁한 '민항기 납치 사건' 관련 원고를 마무리했다. 그는 중공은 합의 문서로 인해 수반될지도 모르는 한국에 대한 정부 승인이라는 법적 효과의 가능성을 극소화했고, 우리 정부는 우리 측 대표단의 구성, 합의의 절차와 형식을 정부 간 외교 교섭에 준하도록 배려해 중공 측이 우려하고 있는 법적, 정치적 효과를 기대하고 있음을 보여주었다고 했다. 그러면서 우리나라가 국제조약과 국제법 원칙을 준수하는 입장과 태도를 취한 것은 국제사회에서뿐만 아니라 당사자인 중공과의 관계 개선에도 언젠가는 호의적으로 평가될 수 있는 정치적 효과를 수반할 것이라고 평가했다.[19]

　같은 날 〈중앙일보〉에는 백 교수와 서울대학교 정치학과 정종욱 교수의 긴급 대담 기사가 실렸다. 백 교수는 이 대담에서, 우리 정부가 이번 사건을 국제법에 따라 처리 방향을 잡은 것은 잘한 일이라면서, 결국 국제법의 주체는 국가이기 때문에 합의문에 양국의 국호를 사용한 것은 당연한 귀결이고, 만약 국호 사용을 끝까지 거부했다면 국제법 위반이라는 멍에를 짊어져야 했다고 덧붙였다. 그리고 센투 민항총국장이 회담 중에 한·중공 직항로 개설을 두 번이나 언급한 것은 86년 아시안게임과 88년 올림픽 참가에 긍정적 자세를 가지고 있는 것으로 볼 수 있다며 경제-인적 교류의 발판이 마련된 셈이라고 평가했다.[20]

그로부터 3개월 후인 8월에는 중공 민항기가 대한민국의 비행 정보 구역을 통과할 수 있도록 하는 합의가 이루어졌다. 또한 체육, 문화, 관광 등의 비정치적인 영역에서의 교류도 시작되었다.[21] 그리고 이때 중공 민항기 납치범들에 대한 재판이 시작되었다.

백 교수는 당시 연희동 연구 모임에 참여하면서 박사 학위 논문

정종욱 교수와 대담하고 있는 백충현 교수(왼쪽). ⓒ 〈중앙일보〉

주제를 상의하던 대학원생 제성호에게 '항공기 테러'를 박사 학위 논제로 하는 것을 고려해보라고 조언했다. 제성호가 그의 조언대로 결정하자 백 교수는 그에게 납치범들의 변호를 맡고 있던 민병국 변호사를 찾아가 관련 자료를 수집하라며 격려했다. 제성호는 몇 년 후 '항공기 테러의 법적 규제'를 주제로 한 논문으로 박사 학위를 취득했다.

5
국제법 연구의 요람
서울국제법연구원을 설립하다

1984년, 45세가 된 백충현 교수는 학자로서 전성기를 맞는다. 그는 국제법 연구 모임을 보다 체계적으로 발전시켜야겠다고 생각했다. 급변하는 세계정세 속에서 발생하는 국제법 현안들에 대해 빠르고 정확하게 대처하기 위해서는 더 많은 정보와 자료, 참고도서가 필요했다. 연구 모임의 체계를 잡기 위해서는 좀 더 효율적인 공간도 필요했다. 연구가 목적이라 해도 개인 집에서 모이다 보니 저녁을 먹다 반주를 하는 경우도 생기고 그러다 보면 사적인 이야기를 나누다가 헤어지는 경우도 있었다.

백 교수는 여러 방법을 궁리했다. 연구소를 운영하는 선배 교수들에게 알아보니 연구소는 특별한 허가가 필요 없이 간판만 내걸면 된다고 했다. 그러나 문제는 장소와 운영비였다. 외교관들뿐 아니라 대학원생들이 모여 공부할 수 있는 방도 있어야 했고 산적한 자료를 정리할 자료실도 있어야 했다. 얼추 생각해도 40~50평 정도는 필요했다. 전세로 얻어 월세가 나가지 않게 한다고 해도, 자료 구입비와 유지비가 필요했다. 유지비는 월급에서 부담할 수 있겠지만 대부분이 외국에서 생산되는 자료를 구입할 비용은 엄두가 나지 않았다. 그러나 자료가 없는 연구소는 의미가 없고, 박봉과 격무에 시달리는 외교관들에게 손을 벌릴 수도 없는 일이었다.

어느 날 저녁 이명숙이 물었다.

"요즘 무슨 고민이 있으세요?"

이명숙은 백 교수가 3월부터 대학 신문 주간 보직을 맡게 된 것이 부담스러운 모양이라고 지레짐작했다. 개학을 하면 학생들이 다시 데모를 할 것이 빤한 상황이었기 때문이다. 그러나 백 교수는 잠시 생각을 하다가 그동안 자신이 생각하고 있던 연구소 계획을 이야기했다. 이명숙은 조용히 듣기만 했다.

"전세금 마련도 걱정이고, 매달 들어가는 운영비는 월급에서 충당한다고 해도, 자료 구입비와 연구 환경을 갖추기 위한 시설 비용이 너무 많이 들어가는 게 문제야. 물론 외부 기관에 프로젝트를 부탁한다거나 기업에 지원을 요청할 수는 있겠지만 돈이라는 건 받으면 다 대가를 치러야 하는 거라 그건 내키지 않아서."

백 교수의 말을 들은 이명숙이 살짝 눈을 흘겼다.

"그걸 갖고 혼자만 고민했다니 좀 섭섭하네요."

"당신 마음을 모르는 게 아니야. 하지만 이 집 살 때 은행 융자

받은 거 같은 지도 얼마 안 됐잖아. 연구소는 어떻게든 내 힘으로 해결해보려는 거지."

"아무리 그래도 그렇지, 부부가 뭐예요? 어려운 일이 있으면 상의를 해야지요."

백 교수가 겸연쩍은 얼굴로 아내를 바라보자 이명숙이 빙그레 웃으며 말을 이었다.

"요즘 병원 운영이 괜찮은 편이어서 제가 여력이 좀 있어요. 연구소로 생각하는 자리를 봐두신 데가 있어요?"

당시 치아 교정은 대학 병원에서만 취급했기 때문에 그녀가 여의도에서 운영하는 '이명숙 치과'는 국내에서 거의 유일한 교정 전문 치과였던 만큼 환자가 많았다. 소문을 듣고 오는 사람들뿐만 아니라 어떻게 하면 어린아이들의 치아를 튼튼하고 바르게 자리 잡아 일생 동안 건강하게 보존할 수 있는가 하는 치과 지식을 알기 쉽게 풀어 쓴 그녀의 저서 《옥니 썩은니 뻐드렁니》를 읽고 오는 사람도 많았다. KBS 라디오의 인기 프로그램이던 '박인희예요'에 출연해 치과 상담도 정기적으로 하고 있어 치과 의사로는 전국적인 유명세를 탔다. 그러나 백 교수는 아내가 바쁘다는 것만 알 뿐 돈을 얼마나 버는지는 관

1982년부터 수년간 〈동아일보〉 1면에 실린 이명숙 치과 의원 광고.

심도 없었고 묻지도 않았다. 백 교수가 밝아진 얼굴로 이명숙을 바라보며 농담 삼아 물었다.

"왜? 봐둔 데가 있으면 사주게?"

이명숙이 웃으면서 대답했다.

"그동안 모아둔 걸로 웬만한데 40~50평짜리 단독주택과 사무실 집기 등 연구실로 꾸미는 데 들어가는 비용은 감당할 수 있을 것 같아요. 그리고 매달 필요한 자료 구입비는 치과에서 나오는 돈에서 감당할 수 있을 테니까 한번 시작해보세요."

백 교수는 깜짝 놀라며 되물었다.

"당신한테 그만 한 돈이 있단 말이야?"

이명숙은 고개를 끄덕였다. 그러자 백 교수는 잠시 생각에 잠겼다가 물었다.

"당신이 그런 돈이 있다니 그건 좋은데, 이건 만약의 경우를 생각해서 하는 얘기니까 절대 기분 나쁘게 생각하지 말고 들어. 연구소는 비록 내가 시작을 한다고 해도 결국엔 국제법 공부하는 사람들의 연구소가 되는 거야. 그래서 오랫동안 뒷바라지를 꾸준하게 할 각오와 자신이 없으면 아예 시작을 안 하는 게 좋아. 만약 그런 경우가 생기면 용두사미龍頭蛇尾가 되어 사람들에게 웃음거리만 돼. 실제로 그런 예가 많고."

"여보, 당신이 그렇게 말씀하시는 이유 충분히 이해해요. 제가 치과를 운영하는 동안에는 연구소 뒷바라지를 할 거고, 나중에 여력이 생기면 일정한 기금도 만들어 넣을 테니까 시작해보세요."

백 교수가 아내를 바라보다가 그녀의 두 손을 꼭 잡았다.

3월, 백충현 교수는 사직공원 옆길 언덕에 있는 사직아파트 31호를 구입했다. 살림용 아파트였지만 비교적 넓은 편인 45평이었고, 큰 거실과 방 3개, 작은 부엌과 화장실이 있어 연구소로 사용하기에는 안성맞춤이었다. 그가 사직동을 선택한 이유는 광화문 정부종합청사에서 근무하는 외교관들이 드나들기 편하게 하기 위해서였다. 백 교수는 선진국에 비해 연구 환경과 자료가 부족한 상황을 극복하기 위해서는 시간을 아껴서 공부하는 방법뿐이라고 생각했다.

백 교수는 거실은 회의실로 쓰고 작은 방은 도서 자료실, 나머지 두 방은 연구실로 사용하겠다는 계획을 세웠다. 먼저 거실에 커다란 탁자를 들여놓았다. 그리고 연구에 필요한 사무기기를 구입했다. 당시에는 복사기뿐 아니라 타자기조차 귀해 대학원생들은 대개 자료를 손으로 베껴야 했다. 백 교수는 그런 모습을 볼 때마다 외국의 대학이나 연구소에 있는 컴퓨터와 고성능 복사기를 부러워했다. 우리는 열흘 걸리는 작업을 그들은 몇 시간 만에 끝냈다. 그러나 그때만 해도 한국에서 개인용 컴퓨터를 쓰는 사람은 없었다. 백 교수는 먼저 고성능 복사기와 워드프로세서의 전 단계이던 문서 편집기를 마련했다. 그리고 자신의 연희동 집에 있던 책과 자료를 모두 연구소로 옮겼다. 자료실로 쓸 방이 넓지 않아 이동식 책장도 구비했다.

서울국제법연구원의 내부 전경.

4월, 백충현 교수는 권병현, 김석우, 신각수, 정태익 등 외무부에 근무하는 후배들과 학계에 있는 제자, 국제법을 전공하는 대학원생들을 불러 연구소 개소식을 했다. 연구소 이름은 '서울국제법연구원'이라고 지었다. 그는 연구원 설립과 운영 방향에 대해 설명했다.

"이 연구원은 개인 연구실이 아니라 여러분 모두의 연구실입니다. 저는 이 연구소가 '국제법 자료 센터'로서의 역할을 할 수 있기를 기대하고 있습니다. 현재 우리는 급변하는 세계정세에 대처하기 위한 자료가 너무 부족합니다. 외무부에 계신 분들이 누구보다 잘 아시겠지만 3~4년 전에 나온 자료도 우리에게는 최신 자료로 취급됩니다. 그만큼 정보 공유가 늦다는 얘기입니다. 그래서 저는 앞으로 국제법 분야의 최신 자료와 정기간행물, 예를 들면 국제법

국제법 학자, 그 사람 백충현

연구자들에게 필수적인 자료인 〈International Law Report〉 같은 시리즈도 전질을 구비할 계획입니다."

참석자들이 우레와 같은 박수를 쳤다. 자료의 부족을 누구보다 잘 알고 있던 그들이었다. 그런 상황에서 최신 자료와 국제법의 백과사전과도 같은 〈International Law Report〉를 마음대로 볼 수 있다는 것은 우리나라 국제법 수준이 세계 수준을 쫓아갈 수 있다는 것을 의미했고, 이는 국제회의나 외국과의 협상에서 밀리지 않을 지식과 정보를 갖춰 국익을 도모할 계기가 될 것이었다.

"두 번째로 저는 이 연구원이 국제법 연구자들의 '학습 센터'가 되기를 희망합니다. 전에 연희동에서 하던 연구 모임도 이제부터는 여기서 하고, 국제법을 공부하는 대학원생들은 아무 때나 와서 공부도 하고 논문도 작성하기를 바랍니다. 여기 준비되어 있는 복사기를 누구나 마음대로 사용해서 시간을 아끼고 그 시간에 더 많은 자료를 보고 공부하기를 바랍니다."

다시 박수가 터져 나왔다. 당시 대학에는 대학원생들의 전용 시설이라고는 조그만 강의실 하나가 전부였고, 대학원생들을 위한 연구실은 상상조차 못하던 때였다. 백 교수의 말이 끝나자 참석자들은 삼삼오오 모여 음료수를 마시며 덕담과 연구소 운영에 대한 아이디어를 나누었다.

목요연구회가 문을 연 후 백충현 교수는 자료 수집에 열중했다. 유럽과 미국의 국제법 전문 서점에 연락해 최신 학술지를 정기 구독했다. 이미 국내에 들어와 있으나 연구소에 구비하지 못한 자료는 복사물로 준비했다. 자료가 갖추어질수록 연구원을 찾는 이들도 많아졌다. 외교관들 중에서는 권병현, 김석우, 신각수, 오윤경, 유명환, 윤병세, 박준우, 조태열, 장원삼, 민경호, 황승현 등이 자주 들러 현안에 대한 자료를 찾고 토론을 했다. 학계에서는 정인섭, 백진현, 홍성필, 이서항, 제성호, 정진석, 최태현, 김덕주, 이근관, 최원목, 정서용, 이재민 등이 연구원에 와서 공부했다.

1985년 봄, 백충현 교수는 잠시 연구소를 뒤로하고 일본으로 떠났다. 도쿄대학교 법학부 방문 교수로 1년 동안 머물면서 일본 국제법학의 현황과 일본에 있는 한국 근대사 관련 자료들을 살펴보기 위해서였다. 백 교수는 떠나면서 그때 막 방송통신대학교 전임 강사로 발령을 받은 정인섭 교수에게, 자신이 없어도 연구 모임을 중단하지 말고 계속할 수 있도록 정기 발표회를 준비해보라고 했다. 정 교수는 스승의 뜻에 따라 5월 6일부터 정례 '목요 국제법 연구회'를 열었다. 매주 한 번씩 목요일에 모여서 한두 명씩 준비한 주제를 발표하는 형식이었다.

그 소식을 들은 백 교수는 자신도 일본에서 연구 모임을 이끌었다. 도쿄 한국연구원에서 매주 한 번씩 '국제법을 통해 본 독도'를 주제로 강의를 했다. 대상은 도쿄에 유학 와 있는 한국인 학생 중 대학원 수준의 학생들이었다. 훗날 국회에서 '독도특별위원회'를 주재한 강창일 의원도 그때 참석했던 학생 중 한 명이었다.

1년간의 방문 교수 생활을 마친 백 교수는 도쿄대학교 기념 강연에서 일본이 독도가 자신들의 영토라고 주장하는 이론의 허구성에 대해 신랄하게 비판했다. 백 교수는 "일본 정부는 독도(다케시마)가 역사적으로도, 국제법적으로도 일본 고유의 영토라고 하는데, 독도가 역사적으로 일본의 영토라면 왜 1905년에 영토를 편입하는 방법을 취했느냐"라는 질문을 던졌다. 역사적으로 일본 것이면 혼슈와 시코쿠, 규슈와 같이 영토 편입을 하지 않아도 일본 영토가 될 터인데, 국제법적 방법으로 영토 편입을 함으로써 비로소 일본의 영토가 되었다면 이는 독도가 역사적으로 일본 고유의 영토가 아니라는 것을 스스로 증명하는 것이 아니냐는 요지였다. 일본 영토가 아니었던 것을 새로이 일본 영토로 만들었으니 역사적인 고유의 영토로 볼 수 없다는 주장이었다. 이는 일본 측 주장의 논리적 약점을 정확히 지적한 것이다.

백 교수의 강연 내용은 일본 외무성에도 전달되었다. 얼마 후 일본은 자신들이 내세웠던 주장에 모순이 있다는 사실을 인정하고 독도 영유권 주장 논리를 "다케시마는 역사적으로 일본 고유의 영토이며 그 사실을 재확인하기 위해 1905년에 영토 편입을 했다"라고 바꾸었다. '재확인'이라는 단어를 포함시킨 궁색한 주장이었다.

1986년 봄, 백충현 교수는 다시 한국으로 돌아왔다. 대학에서 다시 국제법을 강의했고, 나머지 시간에는 사직동에 있는 서울국제법연구원에서 연구를 했다. 매주 한 번씩 열리는 목요 국제법 연구회에도 참석해 발표자와 토론자들을 격려했고, 때로는 자신이 나서서 날카로운 질문을 던지기도 했다. 그리고 이즈음 IBM 컴퓨터가 수입되어 시판되자 백 교수는 연구소용으로 컴퓨터를 구입해 대학원생들이 논문을 작성하는 데 사용하게 했다. 이때부터 컴퓨터가 일반화되는 1990년대 중반까지 국제법 전공 대학원생들 대다수는 연구원에 와서 석박사 논문을 작성했다.

백 교수는 연구원의 발전을 지켜보면서, 언젠가 미국이나 영국과 같이 우리 나름의 국제법 전문 학술지를 발간해야겠다는 결심을 했다. 우리의 관점에서 국제법을 해석하고 이를 외교 현장에서 활용할 수 있는 '한국적 국제법'을 정착시키겠다는 생각에서였다. 그는 미국과 유럽에서 발간되는 국제법 전문지의 정기 구독에 더욱 열심을 냈다.

제 2 부

국제법 학자로서의
양심과 책무

국가 간의 분쟁은 외교의 힘으로 해결되어야 한다고 믿기 쉽다.
그러나, 외교의 힘은 강성 법력 이론이 뒷받침될 때
비로소 협상과 방법으로 평화될 수 있다. 백충현

6

재일 동포와 일본군 위안부 문제에 대해
발언하다

일본에서 돌아온 백충현 교수는 한국과 일본의 역사적 관계에 대해 생각이 깊어졌다. 일본에 있을 때 그는 재일 동포가 많이 사는 오사카 동쪽 변두리에 있는 이쿠노구生野区를 방문했다. 히라노 운하 양옆에는 재일 동포들의 판잣집이 다닥다닥 붙어 있었는데, 일제강점기 때부터 살던 이들이 대부분이었다. 백 교수는 판잣집에서 힘겹게 사는 재일 동포의 모습을 보며 자신의 6.25 피난 시절을 떠올렸다.

대구 신촌 대봉교 둔치 피난민촌에 있던 판잣집은 밤이슬과 눈비만 겨우 피할 수 있는 정도의 허름한 곳이었다. 아버지는 일거리가 있는 곳을 찾아가 온종일 등짐을 졌고, 어머니는 함지를 이고 행상을 나갔다. 장남인 그는 국민학교를 갓 졸업한 열세 살 나이였

재일 동포 노동자들이 거주하던 오사카 부근 판자촌.

지만 아이스케키 통을 메고 행상을 했다. 하루 종일 반월당 로터리 부근을 돌며 "아이스케키~"를 외쳤다.[22] 세 가족이 그렇게 일을 해야 겨우 먹고살 수 있었다. 그래도 그는 구두 통을 메고 다니면서 아무 데서나 구두를 닦아주는 수많은 전쟁고아들보다는 자신의 형편이 낫다고 생각하며 피난 시절을 버텼다. 그는 피난 시절의 경험으로 약자와 가난한 이들에 대한 연민을 갖고 있었다. 그래서 교수가 된 후에도 학생 중 누군가 어려움을 당하고 있다는 말을 들으면 가능한 범위 내에서 도움을 주려고 노력했다.

백 교수가 일본에서 보고 들은 60여 만 명에 달하는 재일 동포들의 실상은 매우 열악했다. 다른 나라에서 유례를 찾아볼 수 없

국제법 학자, 그 사람 백충현

는 갖가지 악의적인 제도와 그로 인한 차별 대우로 가난을 벗어나기가 쉽지 않았다. 일제강점기 때 일본에 이주 내지 강제 동원된 한국인의 수는 200만 명에서 250만 명 정도였다. 그들 대부분은 자발적 의지로 조국을 떠난 것이 아니었다. 조선총독부에서 한국인 노동력의 유출을 위해 1940년에 만든 '조선 직업소 개령'과 1942년의 '조선 징용령', 1944년의 '조선 징병령' 등으로 강제 동원된 것이었다. 1945년 일제 패망 후 재일 한국인은 연합국 최고 사령부가 마련한 공식적인 송환 계획 등에 힘입어 대거 귀국하였으나 귀국하는 재일 한국인의 반출 재산 규제 및 여타의 제약으로 말미암아 귀국이 종료된 1947년 이후에도 일본에 남게 된 한국인은 60만 명에 달했다.

이때 귀국하지 못한 재일 동포들은 일본이 1952년 4월 28일 샌프란시스코강화조약 발효 후 시행한 '외국인 등록법'과 '출입국 관리령' 등으로 인해 일본에서 차별받지 않고 살아갈 수 있는 일본 국적을 박탈당했을 뿐 아니라 영주권도 제한당하고 귀화조차 마음대로 할 수 없게 되었다. 그뿐 아니라 지문 날인, 출국 시 미리 받아야 하는 재입국 허가 등으로 기본적 인권을 침해받고 있었다. 국가나 지자체는 물론이고 국영 철도나 우체국 등 공공 기관에 취업을 할 수도 없었다. 더욱이 '국적 조항'에 의해 공영주택 입주를 비롯해 거의 모든 사회복지 제도 적용 대상에서도 배제되었다. 당시 일본에 만연해 있던 한국인에 대한 반감까지 맞물리면서 차별은 더 심해졌고, 대부분의 재일 동포들은 '실대일용失對日庸(실업 대책 사업 일용직 노동)' 등으로 생활 수단을 찾을 수밖에 없었다.

이와 같은 재일 한국인 문제에 대하여 한국 정부는 1965년 한일 회담 때 '법적 지위 협정'을 타결했지만 재일 동포들의 권익을 보호하기에는 턱없이 부족한 협정이었다.

백 교수가 볼 때 일본이 1952년에 만든 '외국인 등록법'은 국제법의 상식에 어긋나는 법이었다. 그 엉터리 법으로 인해 고통받는 우리 동포가 있는 한 그는 국제법 전문가로서 침묵을 지킬 수는 없다고 생각했다. 그래서 일본에서 돌아온 후에도 한일 관계에 대한 자료와 영국이나 프랑스같이 식민지를 많이 갖고 있던 나라들의 선례를 살폈다.

역사상 가장 많은 식민지를 거느렸던 나라는 영국이다. 그러나 영국은 1983년 1월 1일에 발효한 국적법에서 '1982년 말 현재 영국 내에 합법적으로 거주하는 식민지 출신자들은 국적법 발효와 동시에 영국 시민권을 자동 획득한다'고 명문화했다. 이 법으로 영국에 거주하는 식민지 출신 주민은 적어도 법과 제도적으로는 일반 영국 시민과 동등한 권리와 의무를 누리게 되었다. 또 국적법 발효 이후 영국에서 태어나는 아이들은 부모 중 어느 한 편이 시민권 또는 영주권만 갖고 있어도 출생과 동시에 자동적으로 시민권을 갖도록 했다. 아프리카와 인도차이나에 많은 식민지를 갖고 있었던 프랑스의 경우도 이와 유사했다. 프랑스 정부는 식민지 주민에 대한 국적 부여에 몇 가지 유형을 두기는 했지만 인도차이나 지역과 모로코 등의 주민들에 대해서는 프랑스 국내와 해외령에

연고자가 있을 경우에 그 직계존비속 모두에게 국적을 부여했고, 이들이 법률상으로 아무런 차별 대우를 받지 않도록 사회복지 등 모든 면에서의 기회균등을 보장했다.

이런 국제사회의 흐름에서 볼 때 재일 동포의 법적 지위 불평등 문제는 현대 국제사회에서 유례가 없을 정도로 심각했고, 한일 양국 간의 '뜨거운 감자'였다. 결국 한국 정부는 1988년 12월 23일 제1차 공식 협의를 시작으로 수차례에 걸쳐 일본과 협의를 했다. 그리고 이 문제를 1990년 5월 24일 노태우 대통령과 일본 가이후 도시키海部俊樹 총리의 정상회담이 열리기 전인 4월 30일 한일 정기 외무 장관 회담에서 사전 논의하기로 했다.

한일 양국이 재일 동포 법적 지위에 대한 회담에 나선다는 소식을 들은 백 교수는 국제법 전문가로서 재일 동포가 받고 있는 법적 지위 차별의 부당성에 대한 국제법적인 견해를 밝혀야겠다고 생각했다. 묻혀 있는 문제, 그것도 국가가 한일 협정을 체결할 때 제대로 처리하지 못해 발생한 문제에 대해 공무원 신분인 국립대학교 교수가 나서서 문제 제기를 한다는 것은 쉬운 일이 아니었다. 그러나 그는 국제법 학자로서 침묵하는 것은 학자의 양심이 아니라고 생각했다. 국제법상 무엇이 정의이고 부정의인지를 사회에 알리는 것이 국제법 학자로서의 책무이고 존재 의미 아니겠는가. 국제법 학자만이 재일 동포들이 왜 피해자인 동시에 권리자인지를 명확하게 이야기할 수 있기 때문이다.[23]

1990년 3월 6일, 백 교수는 〈동아일보〉와의 인터뷰에서 "국제법에서 피식민 지역에 소속된 주민들의 국적 선택권과 침해된 권리 보상 및 장래 처우 등에 관한 보장은 가장 근본적인 사항"이라고 밝혔다. 재일 동포들의 문제는 한일 협정에서 재일 동포들의 법적 지위 문제를 제대로 다루지 않았기 때문에 일본이 만든 '외국인 등록법'이 계속 유지된 것이고, 이로 인해 재일 동포들은 국제법에 어긋나는 대우를 받고 있다는 것이다. "한국과 일본 양국 간에 맺어진 협정이라고 해서 국제법상의 개인 권리까지 침해할 수는 없다"면서 "자국 국적의 국민이나 자국 혈통의 민족에 대한 차별과 박해를 인내하면서까지 국가 간 우호 관계를 추구하는 사례는 역사상 어느 시대에도 찾아볼 수 없다. 한일 협정이 유일한 것일 수 없고 불법적 식민지 관계 청산이 이루어지지 않은 채 재일 동포에 대한 각종 차별 대우와 후손 문제가 미완 미결인 채로 있다. 이 자체가 두 정부의 협정 개정 혹은 재협정을 요구하는 당위성으로 작용하고 있다"고 강조했다. "국가 간의 국제적 책임은 조상의 행위였다고 해서 면책될 수 없으며 이 원칙은 한일 협정에도 당연히 적용되는 것이다. 전후 즉각 해결되었어야 할 문제가 한일 협정 때까지 미루어졌고, 한일 협정에서 잘못되고 미결된 문제는 오늘의 과제가 될 수밖에 없다"는 점도 상기시켰다.

4월 23일, 백충현 교수를 포함한 학계, 종교계, 언론계, 사회단체 등 각계 대표 112명은 '재일 한인 처우 개선을 위한 제언'이라는 성명을 발표했다. 일본인과 사실상 동일한 거주 관계와 신분 관계를 가진 재일 한인에게 일반 외국인과 동일한 외국인 관리 법제가

백충현 교수의 인터뷰가 실린 〈동아일보〉 1990년 3월 6일자.

적용되는 것은 부당하다며, 재일 한인에게는 강제 퇴거 제도, 재입
국 허가 제도, 지문 날인 제도, 외국인 등록증 상시 휴대 제도 등의
적용이 제외되어야 한다고 밝혔다. 이와 함께 재일 한인에게 취업
및 경제활동의 기회와 사회보장 및 사회복지 제도의 혜택을 제도
적으로 보장하라고 하면서 "이상의 주장은 재일 한인에 대한 법적
및 제도적 처우에 관한 최소한의 요구"라고 했다. 그리고 "일본은
식민지 관계에서 형성된 역사적 과오에 대해 진정한 반성과 청산
의 노력을 게을리하고 있다"면서 일본 측의 성의 있는 문제 해결
노력을 촉구했다.

4월 30일, 한일 외무부 장관은 지문 날인 철폐, 외국인 등록증

대체 수단 강구 등 '재일 한국인 3세의 법적 지위'에 관한 5개항에 합의하고, 일본 쪽 관계법 개정이 끝나는 대로 재일 동포 1, 2세에게도 확대 적용하기로 합의했다. 그러나 지자체 공무원 및 국공립 교원 채용 등 사회생활 관련 지위 개선 문제에 대해서는 11월에 열리는 제15차 한일 정기 각료 회의에서 더 논의하기로 했다. 그리고 5월 24일에 열린 한일 정상회담에서 재일 한국인의 법적 지위를 인정하고 실생활에서의 처우 개선을 실현하기로 합의했다.[24]

백 교수가 사비로 운영하는 국제법연구원은 나날이 활기를 띠었다. 매주 열리는 목요 국제법 연구회는 1990년 2월 15일로 100회를 맞았다. 참석자들이 많아지면서 발표자도 늘었고 토론의 열기도 뜨거웠다. 이즈음 백 교수는 서울국제법연구원의 위상과 장래에 대해 고민하고 있었다.

백충현 교수는 연구원을 시작할 때부터 연구원이 지속적으로 운영되고 발전하기 위해서는 법인화가 필요하다고 생각했다. 그러나 재단법인을 설립하기 위해서는 최소 5,000만 원의 기금 적립이 필요했다. 교정 전문 치과를 운영하는 아내 이명숙 덕분에 연구원으로 사용할 아파트를 구입했고, 시설비, 자료 구입비도 상당액 지원받았다. 그 뒤로는 백 교수의 월급으로 운영비를 충당해왔기 때문에 재단 설립 기금을 마련할 여력은 없었다. 백 교수의 고민이 깊어지고 있을 때 이명숙이 말했다.

"여보, 당신이 서울국제법연구원을 처음 만들 때 기회가 되면 재단법인으로 등록해야 한다고 하셨잖아요. 그래서 적립 기금 용도로 그동안 적금을 들었는데, 다음 달이 만기예요."

"당신이 힘들게 일해서 모은 돈을 또 써?"

백 교수는 아내가 너무 바빠서 점심도 제대로 먹지 못하면서 환자를 진료한다는 사실을 주변의 이야기를 통해 알고 있었다. 그래서 미안한 눈길로 아내를 바라보았다.

"그럼 열심히 번 돈을 좋은 데 쓰지 어디에 써요?"

이명숙은 백 교수에게 적금 통장과 도장을 건넸다. 백 교수는 겸연쩍은 표정을 지으며 통장을 펼치다 깜짝 놀랐다. 통장에는 5,000만 원만 아니라 1억 원의 예금이 들어 있었다. 백 교수는 촉촉한 눈길로 아내를 바라보다 입을 열었다.

"여보, 5,000만 원이면 재단을 설립할 수 있으니까 나머지는 비상금으로 당신이 보관해."

"아니에요. 나머지는 당신이 연구원 운영 기금으로 보관하세요. 그동안 당신이 월급으로 힘들게 꾸려갔다는 거 잘 알아요. 하고 싶은 일도 돈 때문에 못했다는 것도요. 그러니 이걸로 당신이 구상하는 좋은 일을 하세요. 다행히 치과가 계속 잘되고 있으니 걱정 마시고요."

백 교수는 가슴이 먹먹해져 무어라 할 말이 없었다. 그저 고개만 끄덕일 뿐이었다.

며칠 후 외무부에 근무하는 권병현, 김석우, 신각수, 오윤경, 유명환, 윤병세 등 목요연구회에 열심히 참석하는 외교관들이 백충현 교수에게 호출되었다.

"우리 연구원을 재단법인으로 등록하려고 해요. 어떻게 하는 게 좋을지 의견들 좀 내봐요."

참석한 사람들 모두 깜짝 놀랐다. 그들은 서울국제법연구원이 백 교수 사비로 운영된다는 것을 잘 알고 있었다. 초기 재정적 지원은 치과 병원을 하는 사모님이 자금을 댔다는 것도 알 만한 사람은 다 알았다. 그런 상황에서 재단법인 등록을 위해 5,000만 원이라는 거금을 또 내놓는다는 것이다. 다들 가슴이 뭉클해져 한동안 말이 없었다. 물론 이번 자금의 출처도 다들 짐작했다. 게다가 이들 중 여러 명은 서교동, 연희동 집을 드나들었으므로 이명숙에게 늘 저녁을 얻어먹던 사람들이다.

"왜들 그래? 어서 의견들을 내봐보라니까."

모두 외무부 소속 외교관들이었으므로 결론은 금세 나왔다. 독립 재단법인보다는 외무부 산하 재단법인으로 등록하는 것이 연구원의 설립 취지에도 맞고, 장래가 보다 확실해진다는 것이다. 백 교수 생각도 같았다.

7월 9일, 백 교수는 재단법인 창립 이사회를 연구원 회의실에서 개최했다. 그리고 한 달여 후인 8월 17일 서울국제법연구원을 외무부 산하 재단법인으로 정식 등록했고, 연구원으로 사용하는 아파트와 5,000만 원을 기본 자산으로 출연했다. 초대 이사장은 백 교수가 맡기로 했다. 이해 12월부터 '우수 국제법 석사 학위 논문 지원제'를 실시해 대학원 학생들이 국제법에 관심을 갖고 공부하는 계기를 만들었다. 이듬해인 1991년 7월부터는 네덜란드 헤이그에서 매해 열리는 '국제법 아카데미 하계 코스'에도 학생들을 파견하기 시작했다.

7
국제법 논리로 프랑스가 약탈해간
의궤의 반환을 요구하다

1991년 초가을, 서울대학교 중앙도서관의 규장각 도서 관리실 장을 맡고 있던 국사학과의 이태진 교수가 백충현 교수 연구실을 방문했다. 이 교수는 차 한 잔 권할 사이도 없이 단도직입으로 본론을 꺼냈다.

"백 교수님을 뵙자고 한 이유는 국제법적인 의견을 듣기 위해서입니다. 제가 1988년 2월부터 우리 대학 중앙도서관의 규장각 도서실장을 맡고 있습니다. 그런데 작년 봄에 문화부에서 규장각으로 협조 공문을 보내왔습니다. 프랑스에 거주하는 박병선 (1928~2011) 박사가 노태우 대통령에게 보낸 협조 공문과 편지였는데, 대통령 비서실이 1989년 12월 21일에 접수해 문화부를 거쳐 규장각 도서 관리실로 온 것입니다. 박병선 박사는 프랑스국립

국제법 학자, 그 사람 백충현

파리국립도서관에서 작성한 외규장각 의궤 목록. 박병선 촬영.

도서관 사서로 있던 시절 도서관 별관 창고에서 1866년 병인양요 때 프랑스군이 강화도 외규장각에서 약탈해간 조선 왕실 의궤儀軌 297권을 찾아내신 분입니다. 그런데 그 사실을 파리 주재 〈조선일보〉 특파원에게 알렸고, 이 사실이 〈조선일보〉 1978년 10월 28일자에 소개되자 프랑스국립도서관에서 해고된 분입니다. 그런데 이분은 그 후 개인 자격으로 의궤 열람 신청을 했고, 10년 동안 출근하다시피 하면서 297권의 내용을 정리해서 목록으로 만들었습니다. 그리고 그 의궤 자료들과 해제 연구를 한국에서 책으로 출판하면 좋겠으니 대통령이 도와달라는 내용이었습니다. 그래서 제가 서울대학교 출판부에서 내도록 예산을 확보하겠다는 편지를 보낸 후 작년 8월에 유럽에 갈 일이 있어서 박병선 선생을 만났고, 프랑스국립도서관에 있는 외규장각 도서들을 살펴보았습니다. 제가 본 의궤들은 우리 규장각에 있는 의궤의 진본이었습니다. 한국에 있는 건 화원들이 부본으로 만든 것이고, 강화도 외규장각에는

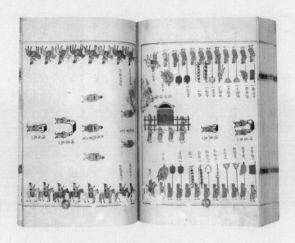

《효장세자책례도감의궤孝章世子册禮都監儀軌》. 프랑스에 있는 어람용 의궤. 1725년(영조 1), 상하 2책, 48.1×34.8센티미터. 그림 위아래에 붉은 인찰선印札線을 긋고 사람의 형태를 자세히 묘사했으며 좋은 안료를 사용했다.

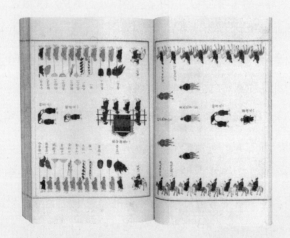

《효장세자책례도감의궤》. 국내에 있는 부본. 1725년(영조 1년), 1책, 46.3×33.6센티미터. 분산 보관용으로 제작되어 국내에 있던 이 의궤는 2권으로 제작된 어람용과 달리 1책으로 만들었고 반복되는 인물은 도장을 만들어 찍어 완성도가 떨어진다.

왕 어람용으로 만든 걸 보관했기 때문에 원본이라고 할 수 있습니다. 당시 제조된 한지 중 최고급 종이를 사용해서 보존 상태가 국내에 있는 것보다 비교가 안 되게 좋았고, 색상도 선명했습니다."[25]

이 교수가 잠시 말을 멈추자 백 교수가 차를 권하며 물었다.

"이 교수님, 그런데 의궤가 어떤 책입니까?"

● **조선왕조 의궤**

의궤는 의례儀禮(행사를 치르는 일정한 방법)와 궤범軌範(본보기가 되는 규범)을 합해서 줄인 단어다. 조선시대에는 국가나 왕실에서 규모 있게 행한 행사의 진행 과정을 도화서 화원에게 그리게 했고, 행사에 참가한 관리들의 직위를 표시하게 했다. 아울러 행사가 끝나면 행사 과정에 사용된 각종 공문서와 행사 담당자의 명단, 동원된 인원수, 소요된 물품과 경비, 참여자에 대한 시상 내역을 보고서 형식의 기록으로 남겼다. 그리고 그 그림과 보고서를 책으로 만들었다. 후대에 이 같은 행사를 치를 때 본보기로 삼을 수 있도록 하기 위해서였는데, 이 책을 '의궤'라고 했다.

의궤에 남긴 행사로는 세자 책봉, 즉위, 혼인, 장례와 같은 왕의 생애에 관한 것

강화부 궁전도 중 외규장각 부분 확대도. 19세기 후반, 종이에 채색, 25.7×36.8센티미터, 국립중앙도서관 소장.

이 있고, 종묘사직에 관한 행사, 사신 접대 등 나라 행사, 주요 건물 건축, 왕실 잔치 등이 있다. 의궤는 한 행사에 대해 5~9부를 편찬했다. 왕에게 보이는 '어람용 의궤'를 최고급 한지인 주초지에 붓으로 세밀하게 채색을 해서 발색이 잘 되고 변색이 적게 되도록 만들었다. 부본으로 베낀 나머지 의궤는 각 부처와 사고史庫에 보관했다.

어람용 의궤는 규장각에서 보관했는데, 정조 6년인 1782년에 방어 시설이 완비된 강화도에 외규장각을 건설하고 왕실 관련 서적과 물품을 수장하면서 함께 옮겨갔다. 1866년 병인양요 때 프랑스 해군이 강화도에 침입해 조선군과 전투를 벌인 뒤 퇴각하면서 외규장각에 있던 5,000여 권의 책 중 어람용 의궤 등 외형적으로 화려한 340여 권을 약탈해서 프랑스 군함에 옮겨 실었고, 외규장각에 있던 나머지 책은 불태웠다. 그중 297권이 어람용 의궤였고, 프랑스 해군은 귀국 후 이를 파리국립도서관으로 보냈다.

Établissement du Yamoun (habitation du gouverneur de Kang-Hoa).

〈아문(衙門 : 강화 유수부) 침입〉, 앙리 쥐베르Henri Zuber, 석판화, 37.9×27.8 센티미터.

"조선 왕실의 행사, 예를 들면 왕비나 왕세자 책봉, 궁궐 건물의 건설이나 보수 등 각종 행사를 화원들이 그림과 글로 기록한 책입니다. 당시 왕실 행사가 진행된 날짜별로 참석한 사람들의 일거수일투족을 상세하게 그리고 행사에 관계된 공문서와 수입과 지출까지 기록한 일종의 기록화인데, 대부분이 채색화여서 화집이라고도 할 수 있을 정도로 중요한 역사적 가치가 있는 책입니다."

백 교수가 고개를 끄덕이며 다시 물었다.

"그렇다면 조선 왕실의 보물이네요. 그런데 이 교수님 혹시 지금 말씀하시는 외규장각 의궤에 대해 작년 가을에 우리 법대에 계신 최대권 교수님께 상의하신 적이 있으세요?"

"예, 최 교수님께서 중앙도서관 법학 분관 관장으로 계셔서 그분과는 매주 한 번씩 열리는 중앙도서관 회의 때 만나는 사이입니다. 그래서 프랑스에 있는 외규장각 의궤의 반환 가능성에 대해 여쭈어봤습니다. 그랬더니 법대에 어느 한 분이 국제법을 전공하면서 일본에 있는 문화재 반환 관계에 대해 많은 관심을 갖고 계시다면서 물어봐주겠다고 하셨습니다. 그리고 시간이 꽤 지난 후에 문화재 반환이 결코 쉽지 않다는 다소 부정적인 답을 전해주셨습니다."

백 교수가 고개를 끄덕였다. 프랑스 반출 문화재 반환에 대한 어려움을 말한 이가 바로 백 교수 자신이었다. 물론 그때는 그것이 외규장각 의궤였는지도 자세히 알지 못했다. 백 교수는 이 교수에게 일본에 반출된 문화재 반환의 어려움에 대해 다시 설명했다.

"안타깝지만 국제법을 조금이라도 아는 사람이면 선뜻 장담하고 나설 수 있는 일이 아닙니다."

백 교수의 이야기를 들은 이 교수가 설명을 이어갔다.

"사실 그때 답변을 듣고 풀이 죽었던 건 사실입니다. 그러나 프랑스에서 보고 온 의궤가 눈앞에 어른거려 제자들과 함께 우리 측 자료와 프랑스 측 자료를 찾아보았습니다. 우리 측 자료에서는 왕실 의궤와 도서가 강화도 외규장각에 보관하게 된 내력, 프랑스 측 자료에서는 1866년 프랑스 해군이 강화도를 침범한 병인양요 때 유출된 의궤가 프랑스국립도서관에 가게 된 경위가 있는 자료를 찾아보았습니다. 그런데 프랑스 측 자료에서 우리를 긴장시키는 자료가 나왔습니다. 천주교교회사연구소 소장이신 최석우 신부님께서 병인양요 때 프랑스 해군과 외무성 공문서 중에서 지휘관 로제Pierre Gustave Roze 제독이 해군성에 보낸 보고문들을 번역하신 자료가 1986년에 발행된 《교회사 연구》라는 책에 있었습니다. 그 자료를 보니까, 당시 프랑스 해군은 외규장각에 있던 도서 5,000권 중에서 300여 권을 약탈 반출하고 나머지는 방화했다는 사실이 기록되어 있었습니다. 관아도 함께 방화했고요."

이 교수는 잠시 숨을 고르고 계속했다.

"제가 주목한 내용은 '프랑스국립도서관에 소장할 만한 300여 책은 배에 싣고 나머지는 모두 건물과 함께 불태우고 갔다'는 부분이었습니다. 그래서 프랑스에 계신 박병선 박사에게 여쭈어봤더니, 자신도 약탈과 방화 사실은 모르고 있었다고 했습니다. 그래서 반출 경위가 약탈이면 반환받을 수 있는 건지를 알고 싶어 알아보던 중 어느 교수님이 외무부에 근무하는 김석우 아주국장을

● 강화도를 침략한 프랑스 해군 로제 제독이
본국의 해군성 장관에게 보낸 보고서 [26]

1. 1866년 10월 22일 보고서
우리는 동양의 고문서고를 발견하였는데, 조선의 역사, 전설, 문학에 관한 신비를 잘 설명해줄 만한 매우 신기한 책을 확인하였습니다. 본인은 규정에 따라 그 목록을 작성케 하였으며, 이 신기한 수집품을 각하께 보낼 생각인데, 각하께서는 틀림없이 국립도서관에 전달할 만한 유익한 것으로 판단하실 것입니다.

2. 1866년 11월 17일 보고서 1
본인은 강화에 도착하자마자 위원회를 조직하고 역사적 또는 과학적 견지에서 관심을 불러일으킬 만한 물건들을 수색하고 수집하기 위한 일을 맡겼습니다.
(중략)
조선 국왕이 소유하고 있으나 드물게 거처하던 저택에는 아주 중요한 것으로 여겨지는 수많은 서적들로 가득한 도서실이 있었습니다. 위원회는 공들여 포장한 340권을 수집하였는데, 기회가 오는 대로 발송하겠습니다. 무게가 대단하여 왕립 우편 선박회사로 보내드릴 수 없음이 유감스럽습니다. 유능한 통역이 없어서 각하에게 아무것도 감히 확언할 수 없습니다만 이 저술들이 지금까지 알려지지 않은 조선의 역사, 종교, 문학, 전설에 관해 많은 것들을 밝혀줄 것이라 기대합니다.

3. 1866년 11월 17일 보고서 2
본인은 저희 함대의 강화읍 점령을 각하에게 보고하면서 조선 정부에 속하는 한 장소에서 모두 19만 7,231프랑으로 평가되는 19개의 은 상자를 발견하였음을 알려드렸습니다. 19개의 상자를 상하이로 보내 거기서 각하의 처분에 맡기기 위해 왕립 우편 선박회사의 상선에 실을 것입니다. 각하께서 이 금액이 국가의 소유가 될 것인지 또는 전리품으로 간주되어 여러 권리자에게 배당될 것인지를 평가해주시길 바랍니다.

4. 1867년 1월 15일 보고서
본인은 우리의 출발이 11월 초순에 거행될 것임을 결정하였습니다. 조선 국가의 모든 소유물을 파괴하였고, 200여 척의 배를 침몰시켰습니다. 화약을 폭발시키고 무수한 창고들 안에 있는 모든 것을 소각하였습니다. 계획대로 10일과 11일에 강화읍 관아를 파괴하는 일을 마치고, 모두가 선박에 올라 일상의 업무로 돌아갔습니다.

소개해주셔서 만났습니다. 그랬더니 그분도 백 교수님 말씀을 하시고, 전에 여쭈어봤던 최대권 교수님께서도 반출 경위가 약탈로 밝혀졌으니 백 교수님을 직접 찾아뵈라고 해서 온 겁니다."

설명을 마친 이태진 교수는 간절한 눈길로 백 교수를 바라보았다. 백 교수는 잠시 생각에 잠겼다. 그리고 천천히 입을 열었다.

"먼저, 작년에는 전시에 약탈된 걸 몰랐기 때문에 최대권 교수님께 쉽지 않은 문제라고 말씀드렸던 겁니다. 그런데도 포기하지 않으시고 계속 자료를 찾아 약탈된 사실을 밝혀내신 이 교수님께 경의를 표합니다."

백 교수의 말에 이 교수는 손사래를 쳤다.

"아닙니다. 그걸 밝혀내신 건 교회사연구소 최석우 신부님이시고, 저는 한 일이 없습니다."

"그래도 '구슬이 서 말이라도 꿰어야 보배'라는 속담이 있듯이 박병선 박사, 최석우 신부님 그리고 국제법을 하는 저까지 꿰셨으니 큰일을 하고 계신 겁니다."

국제법 학자, 그 사람 백충현

백 교수 말에 이태진 교수는 무안하다는 듯 얼굴이 붉어졌다.

"이 교수님, 외규장각 의궤가 약탈된 문화재라는 사실이 밝혀졌기 때문에 국제법상으로 반환 요청을 할 수 있습니다. 그리고 반환 협상이 시작되면 국제법상으로 우리가 매우 유리하고 프랑스는 수세에 몰리게 됩니다."

이태진 교수는 백 교수의 설명에 안도의 한숨을 내쉬며 계속해서 그의 설명에 귀를 기울였다.

"국제법 안에는 '전시국제법'이 있습니다. 그리고 전시국제법에는 '전시 약탈 문화재 반환'에 대한 조항이 있습니다. 국제법 안에서 오랜 역사를 지닌 항목입니다. 그렇다면 1866년은 프랑스 함대가 강화도에 왔을 때 전투를 벌였느냐 아니냐가 중요합니다. 그런데 제가 알기로는 당시 강화도에서는 전투가 벌어졌습니다. 제가 알고 있는 게 맞습니까?"

"예, 백 교수님. 맞습니다. 당시 조선군과 프랑스군은 치열하게 전투를 했고 조선군이 프랑스군에게 패했습니다. 제가 올 1월에 강화도에 가서 현지 조사를 통해 다시 한 번 확인했습니다."

"그렇다면 당시 상황은 '전시국제법'이 적용되어야 하고 프랑스는 조선 왕실이 소유하고 있던 문화재를 약탈해간 겁니다. 그리고 그 사실이 프랑스 측의 기록으로 남아 있습니다. 이것은 명백한 문화재 전시 약탈 행위가 되고, 그렇기 때문에 프랑스에 정식으로 반환 요청을 해야 합니다."

백 교수가 잘라 말했고 이태진 교수가 얼른 되물었다.

"현실적으로 반환이 가능할까요?"

"물론 프랑스는 외규장각 의궤를 국립도서관에 보관하면서 프랑스 국가 재산으로 편입시켰을 겁니다. 그래서 반환하지 않으려고 할 거고, 협상이 쉽지 않을 겁니다. 그러나 힘들 거라고 포기하고 반환 요청을 하지 않는다면 그것은 역사에 대한 모독이고 학자로서의 양심을 포기하는 일이라고 생각합니다. 물론 협상은 외무부가 하겠지만 외규장각 도서의 중요성과 역사적 사실 관계를 아는 역사학자와 '전시 약탈 문화재'에 대한 국제법을 아는 학자들이 힘을 합쳐서 프랑스가 왜 반환해야 하는지를 세상에 알려야 합니다. 그래서 저는 국제법과 역사학 두 학문이 학제 간 연구와 공조를 통해 반환 요청에 힘을 보태야 한다고 생각합니다."[27]

백 교수의 확신에 찬 대답에 이 교수가 밝은 얼굴로 고개를 약간 숙여 보였다.

"백 교수님, 고맙습니다."

"아닙니다. 아직 우리 사회에서는 국제법의 중요성과 필요성을 인식하지 못하고 있는데, 이 교수님께서 국제법의 존재 이유와 필요성을 정확히 알고 찾아와주셔서 오히려 제가 이 교수님께 고맙습니다."

"그러면 이제부터 어떻게 절차를 밟는 게 가장 효과적일까요?"

이 교수의 질문에 백 교수는 잠시 생각에 잠겼다.

"이 문제는 외규장각 관계이고 규장각이 서울대학교 소속이기 때문에 총장 명의로 반환을 요청하는 게 좋을 것 같습니다. 그러나 프랑스 정부를 상대해야 하므로 반환 요청 협조 공문을 외무부에 보내고 외무부에서 프랑스 외무성에 외규장각 도서 반환을 요구해야겠지요."

"그럼 지금 백 교수님께서 교무처장이시니까 총장님과 상의해 보시는 게 어떨까요?"

백 교수는 1991년 8월 김종운 총장이 부임한 뒤 교무처장 보직을 맡고 있었다.

"예, 알겠습니다. 제가 총장님께 보고드리고 이 교수님께 연락드리겠습니다."

두 사람은 국제법과 역사학이 학문 공조를 잘해서 반환이 이루어질 수 있도록 노력하자며 악수를 했다.

10월 18일, 서울대학교 김종운 총장은 외무부 장관 앞으로 프랑스 정부에 외규장각 의궤 297권의 반환을 요청해달라는 협조 공문을 보냈다. 백충현 교수가 작성한 편지도 첨부했다. 백 교수는 편지에서 프랑스를 불편하게 하기보다는, 불편하지만 따라올 수밖에 없는 논리를 펼쳤다. 그 내용은 대략 다음과 같다. "프랑스는 역사적으로 정의를 존중하고 문화를 숭상하는 나라다. 프랑스의 그 점을 우리는 존경한다. 그런데 역사적으로 1866년 병인양요 때 조선 왕실의 중요한 도서를 약탈해갔고, 당시 지휘관이던 로제 제독이 약탈과 방화 사실을 기록했다. 이것은 국제법에 명시된 문화재 전시 약탈 행위가 명백하니 반환해줄 것을 요청한다."[28] 아울러 역사학자, 서지학자, 국제법 학자로 구성된 지원 체제를 갖추는 것이 좋겠다는 건의도 포함시켰다. 국가를 대표하는 외교 교섭 현장에서는 프랑스의 약탈 행위와 불법 소유를 지나치게 강조할 수 없기 때문에 그 역할을 학자들이 하겠다는 뜻이었다.

11월 17일, 외무부에서는 차관 명의로 프랑스 외무부에 정식으로 반환을 요구하는 외교문서를 발송했다. 모든 언론에서는 반환 요청 사실을 비중 있게 다루었다. 외규장각 의궤 반환은 국민적 관심사로 떠올랐다. 많은 문화재가 일본을 비롯한 외국으로 유출되었다는 사실은 알고 있었지만 반환 요청은 한일 협정 회담 이후 처음 있는 일이었기 때문이다.

그러나 백충현 교수는 프랑스가 쉽게 협상에 나설 것이라고 생각하지 않았다. 그는 본격적인 협상을 시작하기까지는 5년 정도의 시간이 걸릴 것으로 예상하고 이태진 교수와 '파리국립도서관 소재 외규장각 도서 회수 방안'이라는 제목으로 공동 연구에 착수했다. 이는 자신이 제자들에게 늘 이야기하는 '기회는 준비한 자에게만 온다'는 말을 실천하는 일이었다.

8

장남을 데려오기 위해
차남을 보낼 수는 없다

1993년 3월, 한국 정부와 프랑스 정부는 미테랑François Mitterrand 대통령의 9월 한국 방문에 합의했다. 당시 프랑스는 한국의 고속철도(KTX) 사업권을 놓고 독일, 일본과 치열하게 경쟁을 벌이고 있었다. 시간이 지나면서 경쟁이 프랑스와 일본으로 압축되자 프랑스 고속철 테제베(TGV)의 최초 해외 진출 계약이라는 성과를 얻기 위해 '한국 방문'이라는 세일즈 외교 카드를 꺼내든 것이다. 그러나 프랑스 해군이 병인양요 때 약탈해간 '조선왕조의 보물'인 외규장각 의궤 297권을 돌려줄 생각을 하지 않고 있었기 때문에 당시 프랑스에 대한 우리나라 국민감정은 매우 나빴다. 이런 상황을 보고받은 미테랑 대통령은 외규장각 의궤 반환 문제를 에두아르 발라뒤르Édouard Balladur 총리에게 지시했고, 총리는 파리국립도

서관 등 관계 기관에 검토를 지시했다.[29]

이런 사실을 확인한 한국 외무부는 의궤 반환을 위한 좋은 기회로 여기고 문화공보부와 함께 외규장각 의궤의 유출에 관한 역사적 사실과 반환의 타당성에 관한 국제법적인 근거를 협의하면서, 프랑스와 반환에 대한 실무자 회의를 했다.

그해 8월 초, 미테랑 대통령의 방한 일정이 9월 14일로 확정되었다는 기사가 나왔다. 프랑스가 고속철도 사업에서 우선 협상자로 결정된 직후였다.[30] 우리 정부는 의궤 반환을 고속철도 사업권의 조건으로 내건 것은 아니었고, 계속 협의 중이었다. 이런 상황에서 외무부 문화협력국에서는 백충현 교수와 이태진 교수에게 자료를 부탁했고, 두 교수는 그동안 공동으로 연구한 '파리국립도서관 소재 외규장각 도서 회수 방안' 논문을 제출했다.

9월 3일, 외무부 문화 협력국에서는 백충현 교수와 이태진 교수에게 3가지 환수 방안에 대한 검토를 부탁했다.

제1안 : 서울대학교 규장각 소장 내 규장각본과 프랑스 소장 외
        규장각본 상호 영구 임대 형식의 교환
제2안 : 프랑스에 있는 외규장각 도서와 프랑스의 한국학 연구
        에 도움이 되는 국내 도서를 완전 교환 또는 영구 임대
        형식으로 교환
제3안 : 파리국립도서관에 대해 한국학과 관련된 기금을 증여하
        면서 외규장각 도서를 영구 임대 형식으로 환수

국제법 학자, 그 사람 백충현

백 교수는 교무처장실에서 이 교수와 서류를 검토했다. 두 교수는 이미 반환에 대해 공동 연구를 했기 때문에 검토에 오랜 시간이 걸리지 않았다. 이태진 교수가 먼저 말문을 열었다.

"저는 반환 교섭에서는 의궤의 약탈에 대한 역사적 사실보다 백 교수님의 국제법적인 의견이 중요하다고 생각합니다. 먼저 백 교수님 의견을 말씀하시지요."[31]

백 교수는 서류를 탁자 위에 내려놓으며 자신의 의견을 밝혔다.

"먼저 제1안에 대한 저의 의견을 말씀드리겠습니다. 국제법적 견지에서 교섭 대상 문화재, 곧 조선왕조 의궤는 제작 동기와 목적이 특별하여 일반적인 매매 또는 기증의 대상이 될 수 없습니다. 따라서 프랑스에 있는 외규장각 의궤 297권은 '영원한 국가 소유로 국가가 보관 유지하여야 하는 정부의 기본 서지류'이기 때문에 절대 프랑스 쪽의 소유권을 인정해서는 안 됩니다. 그리고 외규장각 의궤들을 임대해주는 대신 우리나라 규장각에 있는 의궤나 다른 중요 고서적을 임대해주는 것은 장남을 데려오기 위해 차남을 보내는 것과 다름없습니다. 저는 상호 영구 임대 형식은 안 된다고 생각합니다."

백 교수의 목소리는 단호했다. 국제법을 어긴 전시 약탈물, 그것도 조선왕조의 보물을 약탈해간 나라에 다른 문화재를 내주면서 찾아온다는 건 어불성설이라고 판단했다. 그는 이 부분은 그에게 국제법 학자로서 그리고 우리 민족의 자존심상 양보할 수 없는 원칙이었다. 이 교수도 고개를 끄덕였다.

"저도 같은 의견입니다."

"제2안은 우리나라에 있는 의궤를 특정하지 않고 그에 상응하는 도서를 내줘야 하는 내용이므로 제1안과 크게 다르지 않다고 생각합니다."

"그렇습니다. 그러나 저는 제2안에서 도서를 특정하지 않았기 때문에 약간의 융통성은 있다고 생각됩니다. 프랑스의 한국학 연구자들에게 필요한 자료를, 국내에서 간행된 자료집들로 최대한 제공하겠다고 특정하면 어떨까 하는 생각을 해봤습니다."

이번에는 백 교수가 고개를 끄덕이며 동의했다. 프랑스에게 명분을 주기 위해서라면 그 정도는 양보할 수 있다고 생각했다.

"만약 프랑스가 자료집을 받겠다고 하면 그게 제일 좋은 방법이겠습니다."

물론 백 교수는 프랑스가 의궤를 내주는 조건으로 자료집을 받는 것을 선택하지는 않을 것이라 생각했지만 이는 외교 협상에서 제시할 수 있는 방법 중 하나였다. 그는 3안에 대한 자신의 의견을 말했다.

"제3안에 대해서는, 약 한 세기 이상 수장收藏에 대한 보상을 집행하는 것은 우리가 고려해볼 수 있겠습니다."

"저도 같은 의견입니다. 그러면 백 교수님께서 외무부로 보낼 검토 의견서를 작성하시지요."

"알겠습니다. 그럼 제가 초안을 작성한 후 이 교수님께 연락을 드리겠습니다."

국제법 학자, 그 사람 백충현

이태진 교수가 일어났다. 백 교수는 그를 배웅한 후 검토 의견서 초안을 작성한 뒤 이 교수와 상의해 마무리를 했다.

"반환 교섭 대상의 문화재는 일반적인 매매 또는 기증의 대상이 될 수 없는 '영원한 국가 소유로 국가가 보관 유지해야 하는 정부의 기본 서지류'라는 점을 협상의 기본자세로 삼아주기 바라며, 제1안은 외규장각 도서에 대한 프랑스 측의 소유권을 인정하는 것이므로 우리 측이 받아들일 수 없으며, 제2안은 문화재로 지정되는 고서가 아니라 간행된 규장각 자료라면 환영할 수 있으며, 제3안도 반환에 대한 호의와 그간의 유지 보존에 대한 보상을 표시할 수 있는 방식으로 적절하다고 판단된다."

9월 4일, 백 교수와 이 교수는 외무부로 가서 백낙환 구주국장을 만났다. 두 교수는 현재 진행되고 있는 협상에 대한 설명을 들은 뒤 검토 의견서를 건넸다. 그리고 백충현 교수는 백 국장에게 한 가지 당부를 했다.

"국장님은 외교관이시니까 협상에 대해 저보다 더 잘 아실 겁니다. 그러나 노파심에서 한 말씀 드리면 외규장각 의궤 반환 건이 프랑스가 소장하고 있는 다른 외입外入 문화재에 미칠 영향을 고려하여 협상 과정에서는 '전시 약탈 행위'를 외형적으로 부각시키는 일은 부적절할 것으로 생각됩니다."[32]

백 교수는 프랑스 해군의 약탈 행위를 부각하면 협상의 본질이 흐려지면서 감정 대립으로 흐를 수 있다고 판단했다. 외교는 상대가 있기 때문에 경직된 논리를 펼치기보다는 대화를 유연하게 이끌어가며, 상대에게 우리의 의사를 정확하게 전달하고 설득하는 데 주력해야 함을 조언한 것이다.

"예, 백 교수님. 중요한 말씀을 해주셨습니다. 협상 실무진에게 꼭 주지시키겠습니다."

백낙환 국장은 두 교수가 갖고 온 검토 의견서를 꼼꼼하게 읽은 뒤 고개를 끄덕였다.

"검토해주신 의견 중 제2안을 두 교수님의 의견대로 문화재급 도서가 아니라 그동안 발행된 자료집을 최대한 제공하는 걸로 추진하는 게 좋을 것 같습니다. 그렇게 추진하기 위해서는 제공할 수 있는 도서 목록이 필요합니다. 빨리 준비될 수 있을까요?"

백 국장이 이태진 교수를 바라보고 물었다.

"얼마나 빨리 준비해야 합니까?"

"미테랑 대통령의 방한이 열흘밖에 남지 않았기 때문에 빠르면 빠를수록 좋습니다. 저희로서는 내일이라도 목록을 받으면 협상을 구체적으로 진전시킬 수 있을 겁니다."

이태진 교수가 놀란 표정을 지었다가 고개를 끄덕였다. 규장각 직원들과 조교들이 모두 나서면 불가능한 일도 아니라는 생각을 한 것이다.

"알겠습니다. 학교로 가서 최대한 빠르게 준비해보겠습니다."

이태진 교수는 학교로 돌아가 밤을 새워 자료 목록을 작성했다.

9월 8일, 미테랑 대통령은 파리 주재 한국 특파원들과 기자회견을 했다. 외규장각 의궤 반환 문제는 총리가 관계 기관과 협의 중이라고 했다.

"개인적으로는 한국 역사와 문화에 매우 귀중한 것으로 생각되는 이 책들이 한국에 반환된다면 매우 만족스러울 것입니다."

미테랑의 말에 기자들이 환한 표정을 지었다. 기자회견 내용은 다음 날 각 언론에 대서특필되었고, 국민들은 환호했다. 프랑스 대통령의 말이니 외규장각 의궤는 반환될 것이라는 기대를 갖게 하기에 충분했다.

9월 14일 오후 5시, 김영삼 대통령과 미테랑 대통령은 청와대에서 한불 정상회담을 했고 합의문을 발표했다.

"현재 프랑스에 보관되어 있는 외규장각 도서를 한국 측에 영구 임대 방식이나 문화 교류 방식으로 반환하기로 합의하고, 이를 위한 구체적인 시기와 절차는 실무 협의를 통해 결정하기로 했다."

국내 언론이나 이를 접한 국민들은 의궤 반환을 추호도 의심하지 않았다. 합의문과 함께 미테랑 대통령의 후속 발언이 나왔기 때문이다.

"반환의 상징적인 의미로 우선 《수빈휘경원원소도감의궤綏嬪徽慶園園所都監儀軌》(순조의 생모 묘소인 휘경원을 옮기는 장면을 기록한 의궤)를 내일 저녁 청와대 국빈 만찬 때 직접 김영삼 대통령에게 전달하겠습니다."

이 발언 때문에 언론도, 국민도 드디어 조선왕조의 보물이 돌아오겠구나 하는 기대감에 부풀었다. 그러나 합의문을 언뜻 읽어보면 반환하기로 한 것 같지만 협상의 어려움을 예고하고 있음을 알

김영삼 대통령에게 의궤 1권을 전달하는 미테랑 대통령. © 〈연합뉴스〉

수 있다. 합의문의 단어와 문구를 살펴보면 무조건 반환이 아니라 제1안의 '임대(대여)'와 제2안의 '교환(교류)'을 통한 반환이라고 명시되어 있기 때문이다. 이후 프랑스 측은 이 두 단어를 양보할 수 없는 원칙으로 내세우며 18년 동안 외규장각 도서 반환 협상을 앞이 보이지 않는 긴 터널 속으로 끌고 갔다.

9월 15일 오후, 백 교수와 이 교수는 외무부 백낙환 구주국장으로부터 상황이 나빠지고 있다는 소식을 들었다. 의궤를 관리할 책임을 지고 미테랑 대통령과 함께 한국에 온 프랑스국립도서관의 행정국장 자클린 상송Jacqueline Sanson과 동양 고도서 책임 연구원 모니크 코엔Monique Coen이 의궤를 담아온 금고를 열지 않고 있다는 것이었다. 훗날 알려진 내용은 이러했다. 프랑스국립도서관에서 반환 불가 입장을 보이자 미테랑 대통령이 "보여만 주겠다"면서 한국으로 가지고 왔다. 그런데 미테랑 대통령이 의궤를 한국에 놓고 가겠다는 약속을 했다는 소식이 들리자 금고 열쇠를 내놓지 않은 것이다.[33] 한국과 프랑스 외교 당국자들이 반환에 대해 완전한 합의를 이루지 못했기 때문에 생긴 결과였다.

상황이 나빠지자 미테랑 대통령은 경호원들을 시켜 두 직원을 끌어낸 뒤에 금고 열쇠를 부수고 두 권 중 상권 한 권만 김영삼 대통령에게 전달했다. 미테랑은 "과거 프랑스군이 의궤를 전쟁 때 가져온 것처럼 나도 의궤를 거의 빼앗아서 가져왔다"고 밝혔다.[34]

다음 날, 한국 언론들은 미테랑 대통령이 의궤 한 권을 반환하는 사진을 1면에 실으면서 의궤 반환이 곧 임박한 것처럼 보도했다. 우리 국민들은 본격적인 반환 협상이 시작되지 않고 있다는 사실을 모른 채 머지않아 외규장각 의궤가 반환될 것이라며 기뻐했다. 그러나 프랑스 여론은 외규장각 의궤를 반환해서는 안 된다는 쪽이었다. 미테랑 대통령과 함께 방한했던 파리국립도서관 관계자 2명은 귀국 후 "우리는 프랑스의 이익과 합법성 그리고 직업윤리에 반하는 행위를 강요받았다"면서 사표를 냈고, 행정국장 자클린 상송은 프랑스국립도서관 총파업을 주동했다. 〈르 몽드Le Monde〉지가 이를 비중 있게 보도하면서 프랑스 여론도 나빠졌다. 프랑스에 귀속되어 있는 보물급 문화재가 외교적 뒷거래의 수단으로 사용되었다면서, 프랑스 문화재법에 있는 "프랑스가 소장하고 있는 어떤 문화재도 임의로 타국에 양도할 수 없다"는 규정을 내세우며

"대통령이 범법 행위를 저질렀다"고 비난했다. 프랑스 외교 당국자들은 반환 협상보다 미테랑 대통령이 저지른 '범죄 행위'를 수습하는 일에 매달렸고, 한국의 양해를 얻어 '3년 단위로 갱신되는 대여' 형식으로 처리했다. 외규장각 의궤 반환 협상은 들끓던 프랑스 여론이 잠잠해진 뒤에 시작되었다. 그러나 자클린 상송은 복직해서 프랑스국립도서관을 장악했고 '대여와 교류'의 원칙에서 한 발도 물러서지 않았다. 백충현 교수는 외무부를 통해 이런 내용을 전해 들었다. 그는 프랑스국립도서관 관리자 자클린 상송이 국제법과 역사학적 근거를 바탕으로 한 논거가 아니라 자국의 이익만을 고집하는 입장을 취하고 있고, 이를 우리 외무부나 프랑스 주재 한국 대사관에서 제대로 반박하지 못하는 현실을 안타까워했다.[35] 이 상황에서는 자클린 상송이 반환 협상의 최대 걸림돌이었다.

12월 14일, 외무부 백낙환 구주국장이 프랑스를 방문해서 프랑스 외무성의 아주국장과 만나 백충현 교수와 이태진 교수가 검토했던 세 가지 협의안을 제시했다.

12월 23일, 프랑스 외무성에서는 '프랑스 공화국과 대한민국 정부 간 도서 상호 기탁에 관한 협정안'을 제시했다. 외규장각 의궤와 동급의 오래된 고문서의 '상호 교환 전시 목적의 대여'를 원한다는 내용이었다. 대여 기간 방식도 '자동 연장이 가능한 2년'을 주장했다. 이외에도 도서의 유지 관리가 충분치 못하거나 보존을 위한 필수 불가결의 조건이 구비되지 못했을 경우에는 언제라도 사전 통보를 해서 기탁 도서의 전부 또는 일부를 회수할 수 있다는 조항도 포함시켰다.

외무부에서는 백충현 교수에게 프랑스 측이 제시한 협정안에 대한 '검토 의견'을 부탁했다. 백 교수는 해를 넘기면서 프랑스 측에서 제시한 협정안에 대해 국제법적 관점에서의 문제점을 낱낱이 밝혔다. 그는 프랑스가 외규장각 의궤를 합법적인 절차를 거쳐 소유한 정당한 문화

1994년 5월 12일자 〈경향신문〉. 백충현 교수의 '한국-프랑스 사이의 귀중 도서 교환 협정(안)에 대한 분석 의견'을 자세히 소개했다.

재인 것처럼 인식하고 있는 사실을 비판하면서, 1866년 프랑스의 외규장각 도서 반출 및 점유 행위는 국제법이 금지하고 있는 위법 행위이기 때문에 문제 도서를 한국에 반환해야 한다고 주장했다. 그 근거로 전시 국제 법규를 통해 도서 약탈의 불법성을 지적한 제네바협약 등 7개 국제 협약을 예로 들었다. 프랜시스 리버Francis Lieber에 의해 작성된 성문화된 국제관습법인 전시국제법(1863년)은 "고전적 예술 작품이나 도서 등은 보호되어야 하며(35조) 매각, 양도되거나 훼손되어서는 안 된다(제36조)"라고 규정하고 있다고 밝혔다. '전시 문화재 보호를 위한 헤이그 협약'(1954) 등도 유사한 법적 규정임을 상세하게 밝혔다.

아울러 프랑스가 1917년에 제정한 법에 "박물관, 도서관, 문서

관 그리고 일반적으로 예술적, 학문적, 역사적 또는 행정적 성격을 갖는 모든 물건에 대하여 적국 당국이 행한 약탈 조치는 무효다" 라는 규정이 있음을 밝히면서, "프랑스는 오랜 국가 관행과 법제를 통하여 전시에 약탈한 문화재의 소유권 이전을 인정하지 않고 있을 뿐 아니라 전시 약탈은 국제법을 위반한 행위로 판단하고 원상 복귀되어야 한다는 가치관을 확립하고 있음을 증명하고 있다"고 주장했다. 그리고 '기탁'의 방식도 외규장각 의궤의 종국적인 처분권을 프랑스가 보유하겠다는 내용이기 때문에 받아들여서는 안 된다는 입장을 밝혔다.[36]

1994년 3월 25일, 한국 외무부는 국립중앙도서관이 소장한 고도서를 대상으로 목록을 작성하여 프랑스 측에 교환, 전시할 도서로 제시했다. 그러나 프랑스에서는 목록의 도서들이 외규장각 도서와 동질·동가의 수준에 미치지 못한다는 이유로 거부했다. 이때부터 한국 언론에는 프랑스를 비난하는 기사가 넘쳐났다. 반환 협상을 끝내지도 못한 상태에서 프랑스와 고속철 계약을 체결한 정부를 비난하며 협상력 부재를 질타했다. 〈경향신문〉은 5월 12일자 기사에서 백충현 교수의 주장을 상세하게 소개했다. 이태진 교수도 활발하게 역사적 입장을 전개했다.

그러나 프랑스의 태도는 미온적이었다. 프랑스로서는 고속철 테제베의 계약이 체결된 이상 서두를 이유가 없었다. 이때부터 외규장각 의궤 반환 협상은 교착과 재개라는 지난한 수순을 밟았다. 프랑스에 대한 우리 국민감정은 극도로 나빠졌다. 의궤 반환은 한국과 프랑스의 '뜨거운 감자'가 되었고, 뜨거운 만큼의 거리가 생겼다. 그러나 백충현 교수와 이태진 교수는 포기하지 않았다. 양국의 첨예한 이해관계가 얽힌 문제를 성급하게 처리하면 오히려 명분도 잃고 좋지 않은 선례를 남길 수 있기 때문에 장기간에 걸친 꾸준한 인내와 노력으로 해결해야 한다고 생각했다. 그래서 그는 이태진 교수와 함께 국제법과 역사학의 학문 공조를 통해 조선왕조의 보물인 의궤를 반환받겠다는 각오로 멀고도 험난한 길을 선택했다.

9
위안부 문제에 대한
일본의 책임은 소멸되지 않았다

1992년 1월 11일, 일본 〈아사히신문朝日新聞〉은 주오中央대학교의 요시미 요시아키吉見義明 교수가 일본 방위청 방위연구소 도서관에 보관되어 있는 〈육지밀대일기陸支密大日記〉(중일전쟁 당시 육군성과 중국에 파견된 부대들 간에 오간 극비 문서철)에서 일본군이 위안소 설치·관리 및 일본군 위안부 모집을 직접 지시·감독·통제했음을 확인해주는 세 건의 문서를 발견했다고 보도했다.

그동안 일본 정부가 위안부 문제에 대해 취해온 "민간 업자가 한 일이며 국가기관이나 군이 관여했다는 단서는 없다"는 입장을 뒤엎는 최초의 증거 자료였다. 당시 미야자와 기이치宮澤喜一 일본 수상은 위안부 문제에 대해 "1965년 한일 협정으로 국가 차원의 청구권은 마무리되었다"는 입장을 유지하고 있었다. 우리 정부도

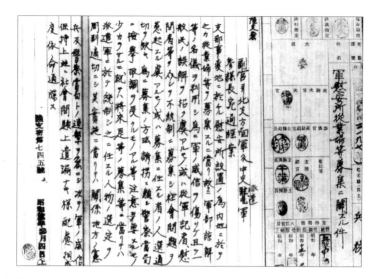

〈육지밀대일기〉 관련 서류의 모습.

한일 협정으로 국가 간 청구권 문제는 일단락되어 어쩔 도리가 없
다는 식의 소극적인 입장을 보여주고 있었다.

그러나 이 자료의 발견으로 위안부 문제는 1월 16일 서울에서
열리는 김영삼 대통령과 미야자와 일본 수상의 정상회담의 중요
의제로 떠올랐다. 12일부터 모든 언론들은 자료의 발견을 대서특
필하면서 일본의 사과와 배상을 촉구하는 기사를 실었다. 기자들
은 정상회담 전날부터 백충현 교수를 찾아와 국제법적인 관점에
서의 의견을 물었다.

백 교수는 기자들에게 얼마 전까지만 해도 위안부의 존재 자체
를 부인해오던 일본 측이 이제 와서 1965년 한일 협정을 들먹이며
국가 차원의 책임을 회피하려 드는 것은 모순이라고 지적하면서

"일본은 1965년 청구권 협상 당시 일본군 위안부의 존재 자체를 부인하면서 이를 이유로 청구권 협상의 대상으로 삼는 것조차 거부했기 때문에 위안부 문제가 정식으로 논의조차 되지 않았었다. 따라서 위안부 문제는 미결 상태로 남아 있고, 위안부 문제에 대한 일본의 책임은 65년 한일 회담에 의해 소멸된 것이 아니다"라고 했다. 그는 계속해서 "한일 청구권 협정은 일본의 불법 행위에 대해서는 전혀 언급도, 인정도 하지 않은 채 과거에 관한 양국 간의 모든 배상이 완결되었다고 규정짓는 논리적 모순을 범하고 있다"고 지적하면서 "또한 협정에 명시된 한국의 대일 청구 8개 항목에는 정신대 등의 문제는 전혀 언급되어 있지 않으므로 정부의 배상 청구가 가능하다"고 밝혔다. 그리고 "일본은 그동안 국가가 개입한 적이 없다고 주장해왔으나 이번에 국가기관의 행위임을 뜻하는 공식 문서가 발견된 상황에서는 국제법상 '사정 변경의 원칙'에 따라 마땅히 추가 배상을 해야 할 책임이 있다"고 강조했다. 그는 계속해서 "독일의 경우가 그러했듯 '인도에 대한 범죄Crime against Humanity'는 시효가 없다는 것이 국제법상의 통례이기 때문에 일본 국내법에 따라 시효 운운하는 것은 어불성설"이라는 견해를 밝혔다. 백 교수는 우리나라 정부가 "무역 불균형 시정 등 한일 간에 미묘한 현안이 수없이 걸려 있는 상황에서 정신대 배상 같은 문제를 제기하는 것이 과연 대승적 차원의 국익에 도움이 되겠느냐"는 태도를 취하는 것에 대해 "위안부 문제는 개인적인 차원이 아닌 국가적, 민족적 차원에서 접근해야 한다"고 덧붙였다.[37]

국제법 학자, 그 사람 백충현

1월 14일, 백충현 교수는 〈한겨레신문〉 신문 칼럼에서 "제2차 세계대전 수행 중 동원된 당시 조선인 정신대에 대한 불법 행위 책임과 피해 보상 문제는 한일 간의 식민 관계 해소 또는 전후 처리의 과정에서 묵살되거나 반세기를 보낸 오늘에 와서야 추궁될 문제는 아니었다. 하지만 1965년 한일 협정 타결에 임하는 일본 정부는 담판 과정과 협정 체결에서 시종일관 정신대의 강제 동원과 국가 개입을 부인하고 일체의 증거를 은폐함으로써 청구권 또는 보상의 협상 대상으로 거론되는 일까지도 회피하였다. 이는 1965년 협정의 타결에도 불구하고 일본의 불법한 식민 지배 책임을 완전히 해소하지 못하고 아직도 전쟁 피해자·원폭 피해자·강제 징용자·미귀환 동포 등에 대한 피해 보상 등과 함께 한일 간의 미결 문제로 남게 한 이유이기도 하다"라며 위안부 문제가 한일 회담 때 타결되지 않았음을 다시 한 번 강조했다.

그러나 미야자와 수상 방한 며칠 뒤인 1월 21일, 가토 고이치加藤紘一 관방장관은 "한인 일본군 위안부 보상 문제는 65년 일한 기본조약 체결로 끝났다"고 발언해 우리 국민들의 공분을 자아냈다.

● **1965년 한일 협정 일지**

한일 청구권 협정은 1961년 5월 16일 군사 쿠데타로 정권을 잡은 박정희 국가 재건최고회의 의장이 이른바 '조국 근대화' 작업의 일환으로 그해 11월부터 일본 측과 교섭을 시작해 1965년 6월 22일 체결한 협정이다. 한일 국교 정상화를 위해 일본이 한국에 무상 3억 달러, 정부 차관 2억 달러를 제공함으로써 한일

한일 협정 발표 내용을 실은 〈동아일보〉 1965년 2월 20일자.

양국 및 그 국민의 재산 이익 및 청구권 문제가 완전히 최종적으로 해결되었다고 명시한 것이 이 협정의 골자이다. 그러나 이 협정에는 위안부, 강제 징용, 독립운동가 살상 등 인도적 차원에서의 배상 등의 문제는 전혀 포함되어 있지 않아 협정 체결 당시부터 국민들의 비판을 받아왔다.

군사 쿠데타 직후부터 공화당 정권 수립 후까지 이 문제를 추진해온 박정희 정권은 청구권 문제를 "국가 권익을 실현하고 한일 국교 정상화를 회복해 자유 진영 결속을 도모하며 다각적 경협 관계를 수립하기 위한 것"이라고 설명했다. 그러나 이를 두고 당시 야당과 국민들은 경제 회생과 공화당 정치 자금 마련을 위해 일본 자금을 끌어들인 '36년 일제 식민 통치의 한'을 파는 매국 외교라며 격렬하게 비난했다. 한일 간 교섭이 진행되던 1963년 말부터 야당과 시민 세력은 '대일 굴욕 외교 반대 범국민 투위'를 구성하여 투쟁에 나섰고, 1964년 6월 3일(6·3사태)에는 서울의 18개 대학생과 시민 등이 시위를 벌였다. 이날 정부는 비상 계엄을 선포하고 서울의 모든 대학에 군대를 진주시켜 한일 회담 반대 데모를 막았다. 이틀 뒤인 6월 5일 '김오히라' 메모 등 한일 회담 막후 주역이었던 김종필 당시 공화당 의장은 사표를 내고 이른바 '제2차 외유'를 떠났다. 1965년 6월 협

국제법 학자, 그 사람 백충현

정이 체결되고 8월 11일 밤 공화당이 국회에서 비준 동의안을 강제로 통과시킬 때까지 데모는 계속되었으며, 야당은 국회의원 61명의 사퇴서를 제출했다. 박 정권은 이때 또 위수령을 발동, 군대를 대학에 진주시켰다. 이후에도 한일 협정 문제는 계속 여야 간의 논란이 되었으며 특히 청구권 협상 과정에서 공화당 수뇌부들이 '검은 돈'을 만졌다는 의혹도 제기되었다.[38]

이때부터 백 교수는 피해자 가운데 생존자로 확인된 70여 명의 할머니들 대부분 생활보호 대상자로서 생계유지에 허덕이는 형편임을 알고 시간이 될 때마다 그들을 찾아가 위로했다. 그리고 이듬해에는 윤정옥 한국정신대문제대책협의회 공동대표, 이수성 전 서울대학교 법대 학장, 이미경 한국여성단체연합 부회장, 강원용 크리스천아카데미 원장, 홍성우 변호사 등과 함께 '정신대 할머니 생활 기금 모금 국민운동본부'의 창립 발기인으로 참여했다. 각계에서 모두 57명이 참여한 이 단체는 발족 취지문에서 "일본 정부가 정신대 문제에 대해 철저한 진상 규명 없이 피해자들에 대한 물질적 보상만으로 해결하려는 것은 우리 민족과 피해자들에 대한 또 한 번의 모욕이며 일본 국민들에게도 '한국 사람들이 돈을 받으려고 과거 문제를 들고나왔다'는 잘못된 인식을 심어줄 뿐"이라며 "우리가 철저한 진상 규명이나 사죄가 선행되지 않은 피해 보상을 반대하려면 우선 우리 정부와 국민이 발 벗고 나서서 정신대 할머니들의 생계를 돕고 위로하는 일을 벌이는 것이 도리"라고 밝혔다.

서울국제법연구원 목요연구회에서도 일본군 위안부 문제와 관련한 연구가 계속 발표되었다. 이근관 교수는 178차 목요연구회에서 '사정 변경의 원칙—정신대 문제와 관련하여'를, 홍성필 교수는 190차에서 '인권의 보편적 적용에 관한 접근—종군 위안부 문제와 관련하여'를 발표했다.

10

을사조약과 정미7조약은
국왕의 비준이 없어 국제법상 무효다

1992년 4월 중순, 규장각 관장이 된 이태진 교수가 백충현 교수를 찾아왔다.

"백 교수님, 작년부터 규장각 자료 총서를 발간하기 위해 소장 중인 칙령·조칙·법률·의안 등 네 종류 60여 권의 법령집을 검토했습니다. 그런데 을사조약과 정미조약이 체결될 당시 작성된 어느 문건에서도 고종의 위임장과 비준 증빙 서류가 발견되지 않았습니다. 물론 국내의 다른 여러 학자들도 일본 국립 사료관에서 관계 자료를 검토했으나 국제법상으로 정당한 절차를 밟았음을 인정할 아무런 자료도 발견하지 못했고요."

백 교수가 고개를 끄덕이며 대답했다.

"제가 1985년부터 1년 동안 도쿄대학교에 객원교수로 갔었습니다. 그때 책을 보다가 이준 열사 사건에 대한 기록을 보았습니다. 1905년에 을사조약이 체결되었으므로 우리 외교권을 일본이 대리해야 하는데, 고종 황제가 자기 밀사를 헤이그에 보냈고 이 문제를 계기로 양위시켰다는 내용이었습니다. 그때 이토 히로부미伊藤博文가 헤이그 밀사 파견을 문제 삼으면서 여러 가지 요구를 하는데, 첫 번째가 일본을 통하지 않고 외교권을 행사했으니 사과하라, 두 번째는 사과하는 것을 행동으로 보이기 위해 고종이 퇴위하라, 세 번째 조건이 1905년 을사조약을 추인하라는 것이었습니다. 물론 오늘 말씀처럼 이 교수님을 비롯해서 사학자들은 이미 다 알고 계셨던 것이지요. 그런데 국제법을 하는 저에게 번뜩 들어오는 게 있었습니다. 첫 번째는 비준이 안 됐고, 두 번째로는 2년이 지났지만 여전히 비준이 필요하다는 사실이었지요. 그래서 일본 외교 사료관으로 달려갔습니다. 그때 저도 을사조약과 정미7조약에 비준서가 없다는 걸 알았습니다. 그러나 그때만 해도 제가 국제법과 역사학의 학문 공조에 대해 생각을 못하고 있을 때라 훗날의 과제로 미뤄두었습니다. 그런데 오늘 이 교수님께서 말씀해주셔서 고맙습니다."

백 교수가 환한 웃음을 짓자 이 교수도 밝은 미소로 화답했다.

"그러셨군요. 이거 아무래도 백 교수님과 저는 외규장각 의궤뿐 아니라 서로 힘을 합해서 해야 할 연구가 많은 인연인가 봅니다. 하하."

"역사를 바로 잡고 우리 문화재를 되찾는 일이라면 열심히 해야

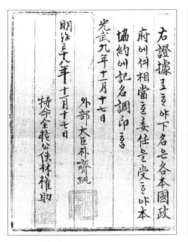

右證據로하야下名은各本國政
府에서相當한委任을受하야本
協約에記名調印함

光武九年十二月十七日

外部大臣朴齊純 [印]

明治三十八年十一月十七日

特命全權公使林權助

第二條 韓國政府의法令의制定及重

第一條 韓國政府는施政改善에關
하야統監의指導를受할事
定함

韓日協約

日本國政府及韓國政府는速히韓國
의富强을圖호고立韓國民의幸福을增
進호려호는目的으로左開條款을約
定홈

규장각에서 발굴한 을사조약 서류. 황제의 비준서가 없다.

규장각에서 발굴한 정미7조약 서류. 역시 황제의 비준서가 없다.

지요."

"백 교수님, 저는 역사를 바로잡는 일이 정말 중요하다고 생각합니다. 왜냐하면 1907년 순종 즉위 후 일제가 우리나라의 행정직제와 조세 제도 등을 개편하기 위해 공포한 칙령 가운데 모두 48건에서 위조된 순종의 수결이 발견되었기 때문입니다. 순종의 황태자 시절 서명과 황제 즉위 후 조칙 등에 한 서명을 일일이 대조해봤는데, 서명의 필체가 달랐습니다. 서명이 위조된 칙령에는 일제가 우리의 조세 기관을 접수한 '재무서관제', 경찰 업무인 '경시청관제', 법 관련 '법부관제' 등 주요 식민지법들이 모두 포함되어 있습니다. 또 1907년 반포되어 일제 말까지 언론 통제 기능을 했던 '신문지법'에는 황제나 황태자의 수결이 없이 '칙령지보'라

규장각에서 이태진 교수(오른쪽)와 함께 고종과 순종의 수결(서명)과 어새 상태를 조사하고 있는 백충현 교수(왼쪽)의 모습.

는 어새만 찍혀 있고, '광업법 개정안'은 어새를 먼저 찍은 뒤 그 위에 문안이 쓰여 있는 등 군주 국가에서는 상상도 할 수 없는 수법으로 곳곳에 날조한 흔적이 나타나 있었습니다. 이건 당시 일제가 한반도를 식민지화하려고 국왕의 서명까지 날조해 통치 법령을 만들었음이 입증된 것이라고 할 수 있습니다. 분통 터지는 일이 아닐 수 없습니다."

백 교수는 이 교수의 설명에 깊은 한숨을 내쉬었다. 그리고 다음 날부터 이 교수와 함께 규장각에서 위조된 문서들을 살펴보며 국제적으로 위법인 부분을 찾았다.

국제법 학자, 그 사람 백충현

5월 11일, 이태진 교수는 각 언론사에 보도 자료를 배포했다. "일제가 구한말 우리나라와 체결했다는 을사조약과 정미7조약은 국제법상의 절차를 밟지 않아 효력이 없는 것"이라는 내용이었다. 그리고 지난 1년 동안 분석·대조 작업을 한 뒤 국제법 학자 백충현 교수 등 전문가 3명에게 원본 자료 평가 분석을 의뢰했고, 전원으로부터 법적 하자와 수결이 위조되었다는 판단을 받았다고 밝혔다.

　몇 시간 뒤 기자들이 백충현 교수를 찾아와 국제법적 견해를 물었다. 백 교수는 기자들에게 "이번에 두 조약에 고종의 비준 절차가 생략되었음이 밝혀짐에 따라 그동안 일제의 침략이 형식적으

을사조약에 고종이 서명하지 않았음을 보도한 1992년 5월 12일자 〈동아일보〉.

로는 법적 절차를 갖춘 것으로 위장되어 왔으나 실은 법적 절차마저 밟지 않았음이 드러난 것"이라고 말했다.[39] 그는 계속해서 "군주 제도하의 국제조약은 외부대신에 대한 국왕의 위임장과 국왕 자신의 날인이 필수인데, 을사조약과 정미7조약은 국왕의 비준 자체가 없어 국제법상 무효이다. 조선의 외교권 박탈과 통감부 설치에 의한 조선 지배 등을 규정한 을사조약이 무효이므로 이후 일본이 외국과 체결한 간도협약(1909년)이나 국내 식민지법들도 모두 무효"라고 밝혔다.[40]

이태진 교수의 발표와 백충현 교수의 국제법적 견해는 5월 12일 자 언론에 대서특필되었다. 국민들은 일제의 교활함에 다시 한 번 경악했다.

백 교수와 이 교수는 이번 발굴과 발표를 계기로 국제법과 역사학의 학문 공조의 필요성을 다시 한 번 절실하게 느꼈다. 그리고 일제의 서류 위조와 한국 병합의 불법성을 국제사회에 알릴 필요가 있음에 공감하면서 공동 연구를 시작했다.

11

일본의 집요한 독도 영유권 주장을
비판하다

1996년 1월 24일, 일본 〈산케이신문産経新聞〉은 일본 정부가 유엔 해양법 조약 비준 추진과 관련, 200해리 배타적 경제수역을 설정할 때 독도를 기선으로 중간선을 긋겠다는 의사를 한국 정부에 통보했다고 보도했다. 각국의 연안으로부터 200해리에 '배타적 경제수역(EEZ, Exclusive Economic Zone)'을 정할 수 있는 '유엔 해양법 UN Convention on the Law of the Sea'이 1995년 11월 16일에 발효된 것에 따른 것이었다.

'배타적 경제수역'은 바다에 설정된 경제 경계선으로 자원의 탐사, 개발 및 보전과 해양 환경의 보전 등에 있어 주권적 권리가 인정되는 법이다. 그러나 모든 국가의 선박이 항해할 수 있다는 점에서 영해와는 구별된다. 이 법은 해양자원에 대한 관심이 급증하면서 관계국 간 이해가 첨예하게 대립하는 데 따른 조치였고, 기존에 시도된 국제 해양법 가운데 가장 야심찬 법규로 국제법 발전의 결과라는 평가를 받았다.

그러나 유엔 해양법을 준수할 경우 많은 나라들이 인접국과 중첩되는 해역이 발생하는 경우가 생겨났다. 한국과 일본 사이도 불과 23.6~450해리에 불과해 200해리 선포를 위한 물리적 공간이 부족했다. 따라서 한일 양국은 수역의 폭을 원칙적으로 최대 200해리로 선언한 후 인접국과 중첩되는 해역이 있을 경우 경계선 확정은 관례에 따라 장기간 협의해야 하는 상황이었다. 앞서 〈산케이신문〉의 보도가 나온 것은 이 시기였다. 같은 날 우리 정부 당국자는 "일본은 이달 말께 유엔 해양법 협약의 의회 비준을 계기로 200해리 배타적 경제수역 선포 방침을 밝히면서 독도 문제를 거론할 움직임을 보이고 있다"면서 "그러나 독도는 역사적으로나 현실적으로 우리의 영토임이 명백하기 때문에 처음부터 분쟁의 대상이 될 수 없으며 일본이 EEZ 선포 방침을 빌미로 독도 문제에 관한 협상을 제의해오더라도 이에 응할 수 없다는 것이 정부의 확고한 입장"이라고 밝혔다. 한국과 일본 두 나라는 독도 영유권 문제로 다시 한 번 긴장 관계에 돌입했다. 모든 언론은 앞다투어 '독도는 영유권 분쟁의 대상이 아니다'라는 사설을 실었고, 한 시민이 자신의 승용차를 몰고 일본 영사관으로 돌진하는 일이 발생하기도 했다.

언론에서는 연일 독도에 대한 일본의 자세를 성토했다. 그리고

국제법 학자, 그 사람 백충현

기자들은 백충현 교수에게 '독도와 경제수역'에 관한 국제법적 견해를 물으며 칼럼을 부탁했다. 백 교수는 국민들에게 일본의 독도 영유권 주장이 왜 잘못되었는지를 알리는 것이 국제법 학자의 임무라고 생각했다. 그러나 국민들을 선동하는 큰 목소리가 아니라 일본의 주장을 역사적 사실과 국제법적 논리로 반박할 때 국민들이 보다 단호한 의지를 가지고 일본을 비판할 수 있다고 믿었다. 그런 바탕에서 여론이 조성될 때 외교관들이 외교 무대에서 힘을 가지고 협상을 할 수 있을 것이기 때문이다.[41]

백충현 교수는 KBS, 〈한겨레신문〉, 〈서울신문〉 등에 '독도와 경제수역'에 대한 칼럼을 발표했다. 〈문화일보〉와는 인터뷰를 통해 "한일 양국 간에 배타적 경제수역이 선포되어도 독도가 우리의 영토라는 점에 대해서는 변함이 없고 국제법상으로도 문제가 안 된다"고 밝혔다. 2월 7일자 〈한겨레신문〉 신문 칼럼에서는 "영토 분쟁은 대체로 자기 나라가 가장 번창했던 과거의 한 시대를 회복하려는 의지와, 당시에는 존재하지도 않았던 법적 근거를 오늘의 법리로 합리화하려는 무리수도 담고 있다. 우리도 광개토대왕의 영토 확장 시대가 있었고, 반대로 영토가 한반도의 중앙부까지 위축되었던 고려의 한 시기도 있었듯이 과거로 거슬러 올라갈수록 영토의 범위는 수없이 변경되었다. 그러나 독도에 대하여는 한일 간에 그러한 영역권 변화의 역사가 없었다는 특징을 갖고 있다"면서 일본의 주장을 조목조목 반박했다. 그리고 "지난해 유엔 해양법 협약이 발효함에 따라 한일 양국은 금년 중으로 200해리의 경제

수역을 선포할 것이다. 일본이 독도를 포함하는 경제수역을 국내
법으로 선포한다 할지라도 이는 한국의 독도 영유권에는 어떤 영
향도 줄 수 없는 것"이라며 독도는 분쟁 대상이 될 수 없음을 분명
히 했다. 국제법적 관점에서도 현실적으로 점유하고 있는 영토에
대해서는 점유를 계속 유지하는 것이 가장 확실한 대책이기 때문
이었다. 그러나 일본은 끊임없이 이의를 제기하여 분쟁거리로 만
드는 것을 최선의 대책으로 삼았다.

  2월 10일, 일본 정부는 우리나라 외무부에 "일본의 고유 영토인
독도에 접안 시설 공사를 하는 것은 일본에 대한 주권 침해로 인
정할 수 없다"는 항의 각서를 전달했다. 당시 우리 정부는 독도 항
만 배치 계획에 따라 156억 원의 예산을 들여 진입로를 포함한 길
이 20미터의 간이 접안 시설과 구조물 등을 건설하기 위한 공사를
진행하고 있었다. 일본의 입장을 전달받은 우리 정부는 즉각 외무
부 대변인 성명을 통해 "독도는 역사적으로나 국제법상으로 우리
고유의 영토이며 우리가 실효적으로 관할하고 있어 일본 측의 주
장을 받아들일 수 없다는 입장을 일관되게 견지해왔으며 앞으로
도 이러한 입장에 따라 단호히 대처해나갈 것"이라고 밝혔다. 정
치권과 국민들도 일본 정부 측의 독도 관련 발언에 대해 일제히
성명을 발표하면서 일본 정부의 내정간섭적 발언에 대해 사과를
요구하고 정부 측에 강력 대응을 촉구했다. 한일 관계는 급속히 냉
각되었고 우리 정부는 "일본 측이 독도 접안 시설 공사에 대해 방
해 행위를 할 경우 해양 경비정 등을 동원, 군사적 조치도 불사할

독도에 접안 시설을 공사하고 있는 현장의 모습. ⓒ 〈조선일보〉

방침"이라며 초강경 대응 태세를 취했다.[42] 우리 정부와 국민들은 독도 접안 시설에 대한 일본의 참견은 외교 문제가 아니라 주권 침해라고 규정하면서 일본을 성토했다.

2월 12일, 〈한겨레신문〉 신문 1면에는 '과거 반성 못하는 일본'이라는 제목으로 백 교수의 특별 기고가 실렸다.

"한일 관계는 진정으로 가깝고도 가까운 사이가 될 수 있는 것인가. 200해리 배타적 경제수역 설정을 앞두고 재발한 '독도 문제'를 접하면서 한일 간의 많은 문제가 50년 전의 원점에 머물러 있음을 실감한다. 독도의 영유권을 주장하는 일본의 부당한 항의는 1952년 우리나라의 평화선 선포 때 처음 시작되어 오늘에 이르기까지 계속되고 있다. 우리 정부는 물론 이를 일축해왔다. 일본이 수많은 관선 지도에서 독도를 한국의 소속으로 표시해왔음에도 독도(일본명 다케시마)를 자국의 영토로 편입하게 된 경위와 주변 상황은 그것이 한반도 침략의 일환으로 수행된 것임을 보여준다. 대한제국의 외교권 행사를 박탈한 상황에서 1905년 각의 결정을 거쳐 독도를 일본 시마네현의 행정 관할로 편입할 것을 공포한 것은 움직일 수 없는 역사적 사실이다. 따라서 일본의 패전과 함께 독도는 '침략과 야욕'으로 탈취해간 영토의 반환 대상이 되었다. 이는 카이로·포츠담 선언과 무조건 항복 문서로 승계되어 1951년 연합국과의 대일평화조약에서 확인되었으니, 독도가 한반도와 함께 한국 영토로 회복된 것은 의심의 여지없이 당연한 일이다. 이제 유엔 해양법 협약의 발효로 연안국들이 자국의 영토에 인접한 배타적 경제수역을 설정하게 되면서 다시 독도 문제가 크게 부각되고 있는 것은 사실이다. 또 일본이 독도 영유를 주장하고 있는 한 경제수역의 범위 설정으로 외교 마찰이 있으리라는 점은 충분히 우려할 만한 대목이다. 그러나 그

〈한겨레신문〉 1996년 2월 12일자에 실린 백충현 교수의 칼럼.

국제법 학자, 그 사람 백충현

렇다고 일본이 독도 문제에 새로운 전기를 마련할 수 있을 것으로 는 보이지 않는다. 오히려 차제에 독도 문제를 계기로 일본은 한반 도와 한민족에 대해 자행한 불법한 식민 지배의 과오를 지나간 역 사로 호도할 것이 아니라 근본적으로 해소하는 계기로 삼아야 할 것이다. 1980년대 미국은 2차 세계대전 중 취했던 일본인에 대한 강제 억류 조처를 법적으로 구제하는 입법을 단행하였다. 어느 나 라를 막론하고 조상이 자행한 과거의 행동을 불법하다고 공식 인 정하는 데는 인색한 것이 역사의 현실이다. 그러나 미국은 역사 앞 에 무엇이 정의인가를 솔직하게 밝혀 부정한 역사의 악순환이 방 지되는 길을 선택했다. 일본에게는 그러한 자세를 찾아볼 수 없다. 20세기의 석학 토인비Arnold Joseph Toynbee는 한일 관계의 전망을 묻 는 질문에 '어느 나라든 자기 동포들이 박해와 차별을 받을 때 그 나라와의 우호 관계는 기대할 수 없는 일이므로 재일 동포 문제를 포함한 한민족에 대한 처리가 원만히 이루어지는 일이 핵심'이라 고 지적한 바 있다. 재일 동포의 법적 지위 문제, 사할린 동포의 귀 환, 징용자·군대 위안부 문제 등에 대한 사죄와 배상 그리고 식민 지배 시대에 자행된 많은 범죄 행위들이 해소되어야 하는 이유도 여기에 있다. 역사에서 배우지 못하는 자는, 배우고도 실천에 옮길 용기가 없는 자는 다시 역사의 심판을 받게 된다는 진리를 가까운 이웃에게 충고하고자 한다. 과거 국제사회에서 비슷한 처지에 있 었던 독일과 일본의 현재의 차이점에 관해서 독일 전 수상 슈미 트Helmut Schmidt는 '독일은 나치스하의 불법한 행동을 진심으로 사과하고, 특히 피해를 받은 프랑스 등 이웃 나라 국민에게 보상하면서 반성을 되풀이하는 데 반하여 일본은 과거의 피해자 그리고 이웃 나라와의 관계를 발전시키지 못하고 있다'고 지적하였다. 오늘의 '독도 문제'를 보면서 오히려 일본에 이를 한일 간에 불법한 역사의 청산과 가까운 이웃을 찾는 출발점으로 삼으라고 말하고 싶다."

백 교수는 일본이 영토 문제를 통해 제국주의적, 보수주의적 성향으로 회귀하려는 자세를 경계했다. 그리고 그런 일본과 맞설 수 있는 힘은 역사적 사실과 국제법적 논리라고 생각했다. 그래서 그는 외교관 후배들에게 기회가 있을 때마다 "국가 간의 분쟁은 외교의 힘으로 해결된다고 믿기 쉽다. 그러나 외교의 힘은 항상 법적 이론이 뒷받침할 때 비로소 정당한 방법으로 행사될 수 있다"면서 국제법 공부를 강조했다.

2월 13일, 우리나라에서 대일 감정이 악화되자 일본의 하시모토 류타로橋本龍太郎 총리는 이케다 유키히코池田行彦 외상에게 한일 우호 관계의 중요성을 지적하며 냉정한 대응을 지시했다.[43] 일본 외무성은 우리나라 외무부에 "유엔 해양법 협약 비준과 영토 문제는 분리해서 다루어야 한다고 생각한다"는 하시모토 총리의 뜻을 전하며 한 발 물러섰다. 이때부터 한일 양국은 '일본이 독도의 국제 분쟁화 전략을 유보하는 대신 한국도 경계 획정劃定 문제를 양국 간 협상에 의해 해결한다'는 원칙론에 합의하면서 협상을 시작했다.

12

아,
〈관판실측일본지도〉

1996년 2월 중순, 외무부는 백 교수에게 일본의 관찬 지도인 〈개정일본여지노정전도改正日本與地路程全圖〉 1840년대 판본에 울릉도와 독도가 일본 영토로 표기되었다며 이에 대한 국제법적 의견을 물어왔다. 우리나라가 1530년(중종 25)에 제작된 관찬 지도인 〈팔도총도〉에 독도가 표기되었으니 우리 고유 영토가 틀림없다는 논리에 대한 맞대응이었다.

독도가 이미 오래전부터 우리의 영토임을 증명할 역사적 자료는 많았다. 1530년(중종 25)에 완성된 《신증동국여지승람》에 수록되어 있는 〈팔도총도〉뿐 아니라 영조와 정조 시대에 제작된 관찬 지도도 많았다. 《세종실록지리지》를 비롯해 《동국여지승람》, 《신증동국여지승람》 등과 같은 많은 지리지에도 울릉도와 독도는 우리나라 영토로 기록되어 있었다.

백 교수는 계속 영유권 분쟁을 일으키는 일본의 행태가 안타까

● ⟨개정일본여지노정전도⟩

⟨개정일본여지노정전도⟩는 일본 지리학의 선구자로 일컬어지는 나가쿠보 세키
스이長久保赤水(1717~1801)가 미토번水戸藩 제6대 번주인 도쿠가와 하루모리
德川治保의 명으로 1779년에 만든 관찬 지도다. 지도 왼쪽 윗부분에 울릉도는
"다케시마竹島", 독도는 "마쓰시마松島"로 표기하고 울릉도 옆에 "見高麗猶雲
州望隱州(울릉도에서 조선[고려]을 보는 것은 이즈모노국(出雲国=雲州)에서 오키
노국(隱岐国=隱州)을 보는 것만큼 가깝다)"라고 기재했다. 일본에서는 메이지 시
대 초까지 독도를 '마쓰시마'라는 이름으로 불렀으며, 울릉도는 '다케시마' 또는
'이소다케시마磯竹島'로 불렀다.

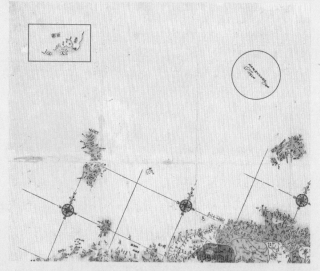

1779년판 ⟨개정일본여지노정전도⟩ 중 부산 일대와 울릉도 독도 부분. 일본 영
토가 아니라는 의미에서 채색을 하지 않았다. 지도 제공 (사)우리문화가꾸기회.

국제법 학자, 그 사람 백충현

웠다. 그러나 영토 분쟁은 어느 한 나라가 포기하지 않는 한 끝나지 않는 싸움이었다. 일본이 〈개정일본여지노정전도〉를 들고 나오자 외무부로서는 검토가 필요했다.

외무부로부터 지도를 건네받은 백 교수는 먼저 〈개정일본여지노정전도〉와 제작자인 나가쿠보 세키스이에 대한 자료를 찾아보았다. 그리고 그는 검토 의견서에 국제법적 이론 구성에 사용되거나 인용되는 자료는 역사학자들의 올바른 평가를 거친 원전 자료여야 한다면서, 〈개정일본여지노정전도〉는 나가쿠보 세키스이 사후에도 계속 발행되었으므로 그가 생존해 있던 1779년에 발행된 최초본을 확인할 필요가 있다고 밝혔다. 아울러 일본의 저명한 지도학자인 아시다芦田가 수집했던 일본의 고지도가 메이지대학교 박물관에 있다고 덧붙였다.

얼마 뒤 외무부에서는 백 교수에게 자료 조사 출장을 부탁했다. 학장 일도 바쁘고 유엔 특별보고관 일로 출장이 많은 줄 알지만 주일 한국대사관 직원이나 외교관이 가는 것보다는 국제법 학자가 방문하는 것이 모양이 좋을 것 같다며 현재 독도 문제가 한일 양국의 주요 현안인 만큼 꼭 시간을 내달라고 했다. 백 교수는 난감했다. 3월 초에 스위스 제네바에서 열리는 유엔인권위원회 참석 준비로 그는 시간적인 여유가 없었다. 그래도 그는 민감한 문제에 외교관들이 움직이는 것보다는 자신이 가야 더 많은 자료를 열람할 수 있을 것 같아 메이지대학교 박물관에 협조 공문을 보냈다.

〈개정일본여지노정전도〉는 1778년에 발간했던 〈신각일본여지

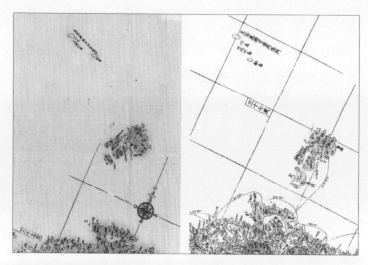

1779년판 〈개정일본여지노정전도〉(왼쪽)와 1840년대판 〈개정일본여지노정전도〉(오른쪽).
지도 제공 (사)우리문화가꾸기회.

노정지도新刻日本輿地路程全圖〉를 보완해서 만든 지도로서 에도막부
시대의 관찬 지도인 〈형보일본도후保日本圖〉를 참고한 지도였다. 그
런데 메이지대학교 도서관에는 여러 판본의 〈개정일본여지노정지
도〉가 있었고, 1811년 4판까지의 지도에 일본 영토에는 채색이 되
어 있었지만 울릉도와 독도는 조선 반도와 함께 아무런 채색이 안
되어 있었다. 일본 영토가 아니라는 구분이었다. 그러나 1830년대
이후에 발행된 판본에서는 울릉도와 독도에도 일본 본토와 같은
노란색으로 채색을 했다. 초판본과 다른 민간 복제판이었다.

〈개정일본여지노정전도〉가 관찬 지도라고 해도 초판본에서 변
형된 복사본은 국제법적으로 원본(1차적 증거) 부재 시에 사용될 수
있는 '2차적 증거'였다. 그리고 복제본이 2차적 증거로 평가되기

국제법 학자, 그 사람 백충현

위해서는 상대 국가의 항의가 없어야 하거나 원본 내용과 같다는 사실이 입증되어야 하는 것이 통례였다.[44] 따라서 일본이 제시하는 1830년 이후의 판본은 국제법적으로 증거력이 인정되기 힘든 지도였다.

백 교수는 메이지대학교 박물관에서 〈개정일본여지노정전도〉 외에도 두 종류의 지도를 더 관람할 수 있었다. 한 점은 울릉도와 독도 옆에 "조선의 소유"라고 표기한 1785년판 하야시 시헤이林子平 (1738~1793)의 〈삼국통람여지노정전도三國通覽輿地路程全圖〉였다. 하야시는 에도江戶에서 막부의 말단 관리의 아들로 태어났다. 어렸을 때부터 역사와 지리에 관심이 있던 그는 34세 때부터 10여 년 동안 전국을 답사한 뒤 나가쿠보 세키스이의 〈개정일본여지노정전도〉를 참조해 〈삼국통람여지노정전도〉를 완성했다. 해설서인《삼국통람도설三國通覽圖說》에서 그는 "조선의 지도는 조선의 대중이 전한 것이다. 나가사키 사람 나라바야시 씨의 비장의 진귀한 지도가 있어 이것을 근거로 하였다"라고 밝혔다.[45]

그러나 하야시의 지도는 막부의 명에 의해 제작된 관찬 지도가 아니었다. 지도와 해설서가 출간되자마자 막부로부터 '엉터리 지도를 만들었고 외국(러시아)이 곧 침략할 것이라는 헛소문을 퍼뜨렸다'는 죄목으로 책과 목판木版을 압수당했고 금고형에 처해졌다. 그리고 2년 후 화병으로 세상을 떠났다. 사후 15년이 지난 1808년에 사면을 받았지만, 〈삼국통람여지노정전도〉는 하야시 개인의 의지로 만든 사찬 지도이기 때문에 국제법에서 요구하는

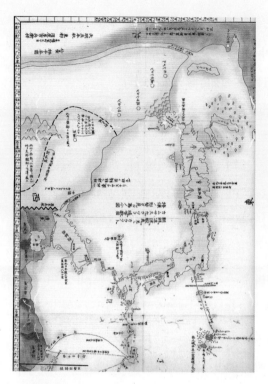

〈삼국통람여지노정전도〉, 58.2×95.6센티미터. 지도 제공 (사)
우리문화가꾸기회.

'영유권 증거 능력'이 되기에는 부족했다.

백 교수가 마지막으로 본 지도는 일본의 유명한 지도학자인 이
노우 다다타가伊能忠敬(1745~1818)가 실측한 〈관판실측일본지도官板
實測日本地圖〉였다. 이 지도는 막부의 천문방天文方이던 다카하시 요
시토키高橋至時가 1800년 4월 막부의 허락을 받은 뒤 그의 19세 연
상 제자인 이노우 다다타가가 1817년까지 17년 동안 일본 전국
을 실측한 것이다. 그러나 이노우 다다타가는 지도의 출간을 못 보

국제법 학자, 그 사람 백충현

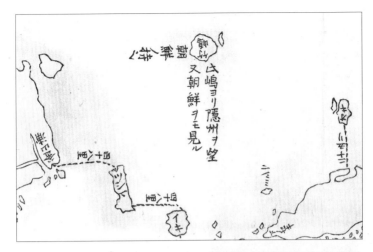

〈삼국통람여지노정전도〉 중 울릉도와 독도 부분. 울릉도(竹島) 옆에 "朝鮮ノ持二(조선의 소유)"라고 쓰여 있다. "持" 뒤에 오는 "二"는 "二=ni=니=둘=두(二)"가 되기 때문인데, 울릉도 옆에 섬을 합해 두 섬이 "조선의 영토다"라고 해석할 수 있다. "比島ヨリ隱州ヲ望又朝鮮ヲモ見ル"는 "이 섬에서 오키섬이 보이고 또 조선도 보인다"는 뜻이다.

고 이듬해 세상을 떠났다. 그의 사후, 스승인 다카하시 요시토키의 아들인 다카하시 가게야스高橋京保가 작업을 감독하면서 지도로 만드는 작업을 이어갔다. 1821년, 막부는 이노우 다다카가 실측한 자료를 바탕으로 〈대일본연해여지전도大日本沿海輿地全圖〉를 출간했다. 축척 1:432,000, 3장의 소지도小地圖와 축척 1:216,000, 8장의 중지도中地圖였다. 그러나 이 지도는 이노우 다다타가가 17년 동안 일본 전역을 다니며 실측한 작업을 다 담아내지 못했다. 그만큼 이노우 다다타가가 측량한 지도의 양은 상상을 초월할 정도로 방대하고 상세했다.

이노우 다다타가가 측량한 지도가 〈관판실측일본지도〉로 만들

〈관판실측일본지도〉의 표지(왼쪽)과 지도(오른쪽). 지도의 왼쪽 부분이 경상도다.

어진 것은 메이지 유신 2년 후였다. 일본 막부는 서구 열강의 개국開國 요구로 1854년 미일 화친조약에 이어 1858년에는 미국을 비롯해 영국·러시아·네덜란드·프랑스와 통상조약을 체결했다. 이때부터 반反막부 세력이 일어나 막부와 대립하기 시작했고, 1866년, 마침내 700여 년 동안 이어져오던 막부가 패배했다. 왕정복고로 권력을 잡은 메이지 천황은 1868년 '메이지 유신'이라는 개혁을 단행했다. 부국강병의 기치 아래 구미歐美 근대국가를 모델로 학제·징병령·지조地租 개정 등 일련의 개혁을 추진했다.

 메이지 정부는 유신 후 반란군과 여러 차례 전쟁을 치르면서 정확한 지도 제작의 필요성을 절감했다. 그때부터 이노우 다다타가가 측량했던 작업을 축척 1:36,000의 지도로 제작하기 시작했고,

1870년에 1,214장의 지도를 지방별로 네 권에 담아 〈관판실측일본지도〉를 간행했다. 이노우 다다타가가 세상을 떠난 지 반세기가 넘어 완성된 〈관판실측일본지도〉는 후대 일본 지도 제작의 모본母本이 되었다.

〈관판실측일본지도〉에는 경상도 남쪽은 그려져 있지만 그 오른쪽에 울릉도와 독도는 없었다. 일본 서북쪽의 오키섬(隱岐島)은 그려져 있었다. 오키섬과 독도의 거리는 157킬로미터였다. 백 교수는 〈관판실측일본지도〉에 도쿄에서 남쪽으로 약 1,000킬로미터 떨어진 곳에 있는 오가사와라제도小笠原諸島가 그려져 있는지를 살펴보았다. 혹시 멀리 떨어져 있는 섬은 표기가 안 되어 있는지를 알기 위해서였다. 그러나 오가사와라제도는 별도의 칸box을 만들어 매우 자세하게 표시되어 있었다. 오가사와라제도에서 가장 큰 섬인 지치지마父島에는 산 이름과 만灣 이름을 모두 표기했을 정도로 정밀했다.

백 교수는 일본 본토에서 멀리 떨어져 있는 오가사와라제도는 표기하면서, 그 4분의

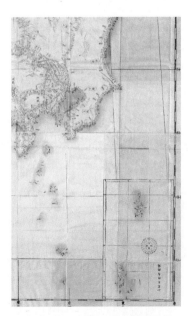

〈관판실측일본지도〉 중 오가사와제도 부분.
박스로 표기된 부분이 오가사와라제도다.

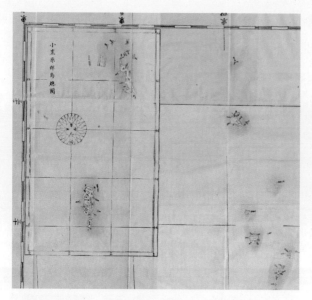

〈관판실측일본지도〉 중 지치지마 부분. 〈관판실측일본지도〉는 주변의 조그만 섬까지 자세히 표기한 관찬 지도다.

1 거리에 있는 독도를 표기하지 않았다는 것은 일본 영토로 파악하지 않았다는 의미라고 판단했다. 그가 오키섬과 그 서북쪽 부분을 사진 찍으려 하자 메이지대학교 박물관의 지도 담당 학예관은 미안한 표정을 지으며 이 지도는 촬영하지 못하니 눈으로만 보라고 했다. 일반인들에게는 관람이 제한되는 지도인데, 서울에서 오신 학장님이라 특별히 배려했던 것이라는 설명도 곁들였다. 백 교수는 특별히 볼 수 있게 해주어서 고맙다는 인사를 하며 카메라를 가방에 넣었다.

백 교수는 메이지대학교 박물관을 나오면서 〈관판실측일본지도〉가 이제까지 본 일본 지도 중 국제법적 관점에서 가장 중요하고 '일당백一當百'의 가치가 있는 관찬 지도라고 생각했다. 독도를 자신의 영토로 인식하지 않고 있었다는 '결정적 증거'가 될 수 있는 중요한 지도이기에 일본 정부에서 촬영 금지 요청을 했을 것이라 생각했다.

그는 일본과의 영유권 다툼에서 우위를 점할 수 있는 관찬 지도를 발견했다는 생각에 가슴이 두근거렸다. 그러나 국제법적 증거 능력을 갖기 위해서는 〈관판실측일본지도〉를 가지고 있어야 했다. 백 교수는 〈관판실측일본지도〉를 반드시 입수하겠다 다짐하며 주먹을 불끈 쥐었다. 거리로 나온 그는 택시를 타고 간다神田 지역으로 갔다. 지도 전문 고서점이 모여 있는 지역이었다. 그러나 서점 주인들은 한결같이 고개를 저으며, 그 지도는 보물 중의 보물이라 매물로 나올 가능성이 거의 없다고 했다. 그래도 백 교수는 혹시라도 나오면 꼭 연락을 해달라며 명함과 국제전화 비용을 봉투에 넣어 건넸다.

백 교수는 고개를 들어 도쿄의 푸른 하늘을 바라보았다. 일본 정부에서 만든 지도로 독도가 일본 영토가 아니었음을 증명할 수 있게 되었다는 생각에 가슴이 벅차올랐다. 국제법과 역사적 자료로 독도에 대한 영토 주권을 확립하는 일, 그것이 우리 민족의 자존심을 지키는 일이 아니던가!

서울로 돌아온 그는 출장 보고서를 작성해서 제출했다. 일본이 영유권을 주장하는 지도는 초판본과 다른 판본이기 때문에 국제법적으로 '증거 능력'을 인정받기 힘들다는 의견과 함께 초판본과 1840년대 판본의 사진을 첨부했다. 아울러 독도가 한국 영토로 표기되어 있는 하야시 시헤이의 〈삼국통람여지노정전도〉는 하야시의 전문적 측량으로 작성된 훌륭한 지도이지만 관찬 지도로 인정하기 힘든 사찬 지도라는 견해도 함께 첨부했다. 마지막으로는 메이지 정부가 1870년에 발간한 〈관판실측일본지도〉에 대한 국제법적 소견을 자세히 밝혔다. 그리고 자신도 구입을 위해 노력하겠지만 정부에서도 관심을 갖되 조용한 방법으로 노력하면 좋겠다고 덧붙였다.

한동안 백 교수의 눈앞에서는 〈관판실측일본지도〉가 아른거렸다. 밤이 늦도록 잠을 이루지 못하는 날도 많았다. 어떤 날은 곧 구할 수 있을 것이라는 희망에 가슴이 뛰었고, 또 어떤 날은 쉽게 구할 수 없는 보물 중의 보물이라는 서점 주인들의 말이 환청으로 들렸다. 그러나 그는 '보물찾기'에만 매달릴 수 없었다.

제 3 부

국제사회를 향하여

국가 간의 분쟁은 외교의 힘으로 개선하려고 믿기쉽다.
그러나, 외교의 힘은 강성 병력 이론이 뒷받침될 때
비로소 충당고 방법으로 평가될 수 있다.   백승헌

13
'한국적 국제법'을 위한
학술지

1994년, 백충현 교수는 55세가 되었다.

스물아홉 살에 전임강사가 된 후 오직 국제법만 연구하며 살아온 세월이었다. 후진국 수준에 머물러 있던 국제법 수준을 선진국 수준으로 올려놓기 위해 혼신의 힘을 기울였고, 외무부와의 '관학 협력'을 통해 외교 현장에서 국익을 확보할 수 있는 디딤돌이 되려고 수많은 자문에 응했다. 그리고 역사학과의 학문 공조를 통해 일제의 한국 병합의 불법성을 알리고, 약탈당한 외규장각 의궤를 돌려받으려고 무던히도 애를 썼다.

국제법 연구의 요람을 만들고 싶다는 꿈을 갖고 10년 전에 설립한 서울국제법연구원은 그동안 활발한 연구 활동을 펼쳤다. 많은 대학원생들이 연구원에 와서 자료를 찾고 석사와 박사 학위 논문을 썼다. 외무부 산하 재단법인이 된 뒤에는 우수 석사 학위 논문 지원 제도를 실시했고, 1년에 2명을 선정해 헤이그 국제법 아카데미 하계 코스에 연수도 다녀오게 했다. 외교관들과 학자들이 참가한 목요연구회는 1993년 말까지 210차에 걸쳐 발표회가 열렸다. 연구 발표의 범위도 한층 넓어졌다. 국제사법재판소 판결 동향, 해양 국제법, 중국에서의 투자 보장, 국제무역 협정, 우루과이라운드, 세계 무역의 동향, 난민의 국제법적 지위, 국제인권규약 보고서 검토, 오존층 보호에 대한 국제 협약 검토, 국제 오염에 대한 국제법 체계에 대한 검토, 환경 관련 통상 규제에 대한 검토, 독일 통일과 민족자결, 국제 경제법의 제 문제 등 국제법과 관련이 있는 거의 모든 분야에 대한 연구 발표가 있었다.

백 교수는 활발하게 진행되는 목요연구회를 볼 때마다 하루빨

서울국제법연구원에서 이루어진 국제회의의 모습.

국제법 학자, 그 사람 백충현

리 미국이나 영국과 같이 우리 나름의 국제법 학술지를 만들어야 겠다고 생각했다. 그는 서교동 시절부터 외무부에 근무하는 후배들과 함께 연구하고 토론할 때 "국가 간의 분쟁은 외교의 힘으로 해결된다고 믿기 쉽지만 외교의 힘은 항상 법적 이론이 뒷받침할 때 비로소 정당한 방법으로 행사될 수 있다"면서 한국적 관점에서의 국제법을 강조했다. 외국의 국제법 이론을 그대로 받아들이는 것이 아니라 우리나라에 맞게 적용해야 외교 현장이나 국제 통상 협정에서 국익을 찾을 수 있기 때문이다. 그래서 백 교수는 연구원 설립 초기 열성적으로 참가한 권병현, 김석우, 신각수 등의 외교관들과 학술지 발간을 여러 차례 상의했다. 한국의 국제법 연구 현황을 외국에도 알리기 위해 학술지 제호를 'Korean Journal of International Law'로 하고 영문 논문도 함께 수록하자는 의견도 나누었다.[46] 그러나 연구원 설립 초기에는 학술지 발간보다 중요한 일들이 많았다. 외국의 전문 서적 구입과 학술지 정기 구독, 국내 도서관 자료 확보, 사무기기 구입, 서고 정리, 연구 환경 조성이 먼저이다 보니 학술지 발간은 차일피일 미루어졌다.

훗날 그는 미국 워싱턴에 있던 김석우 외교관에게 "서교동의 초라한 단칸방을 마루로 연결하고, '돌고래 연구'라며 독도를 연구했던 연구 모임이 이렇게 성장했습니다"라며 학술지 발간을 기뻐하는 편지를 보냈다.

1994년 3월, 백충현 교수는 서울대학교 법대 학장으로 임명되었다. 학장은 처리해야 할 업무가 많은 보직이다. 그러나 그는 연

〈서울국제법연구〉 창간호 표지와 뒷면. 2017년 현재까지 정기적
으로 발간되고 있다.

구원 설립 10주년을 맞았으니 이제 더는 학술지 발간을 미룰 수
없다고 생각했다. 그리고 이왕에 만드는 것이면 국제적 기준에서
보더라도 손색이 없는 최고 수준의 학술지를 만들고 싶었다. 그러
기 위해서는 우선 국제적으로 인정받는 10여 종의 국제법 학술지
의 구성과 형식을 분석하고 정리할 필요가 있었다. 그는 1년에 두
번 발행하겠다는 결심을 굳히고 연구원에 열심히 나오는 제자들
에게 분석 정리 작업을 부탁했다. 백 교수가 1년에 두 번씩 발행
하겠다는 속내를 밝히자 한두 번은 논문이 준비될지 몰라도 지속
성 있게 일정 수준이 유지되겠느냐, 상업성이 없는 학술지의 재
정 문제를 어떻게 감당할 것이냐 등의 우려가 많았다. 그럴 때마
다 그는 "그런 걱정은 하지 말고 분석 작업이나 열심히 하라"며
다독였다.[47]

백충현 교수는 자신이 직접 검토한 결과와 제자들이 정리한 자료를 살펴보며 두 가지 원칙을 세웠다. 첫 번째는 자신의 지론인 '한국적 국제법'의 정립을 위해 국제법에 관련된 모든 주제에 개방하기보다는 한국과 직접 또는 부분적으로 관련을 갖는 주제로 한정한다는 것이다. 두 번째 원칙은 매호마다 한국에서 국제법과 관련된 활동 상황을 정리해 수록한다는 것이다. 그 원칙에 따라 학술지에는 한국 법원의 국제법 관련 판례 정리, 한국 정부가 새롭게 체결한 국제조약 목록의 소개 및 주요 조약에 대한 해설, 새로 제정한 국내 법령 중 국제법과 관련된 법령의 목록 소개와 주요 법령의 해설을 싣기로 했다.[48]

창간호는 이해 11월에 발간되었다. 학술지 제호는 연구원 이름을 그대로 살려 〈서울국제법연구〉로 정했다. 창간 특집 주제는 '전환기의 남북 관계와 국제법'으로 정해 다섯 편의 논문을 실었다. 두 번째 원칙인 '한국의 국제법 실행'도 자세하게 실었다. 한국과 관련된 국제법 논문도 네 편을 실었는데, 그중 한 편은 영문으로 실었다. 외국과의 자료 교류를 위해 책에 수록된 논문 제목을 영문으로 번역해 책 뒤표지에 소개했다. 제호는 'Seoul International Law Journal'로, 발행처는 'Seoul International Law Academy'로 번역했다.

서울국제법연구원의 연구 발표회는 활기차게 진행되었다. 외무부에 근무하는 외교관 중에서는 신각수 국장이 '재일 한국인 국적 선택권 부여에 관한 검토', '재일 동포 법적 지위에 관한 한일 양국의 협상 과정과 문제점'과 같은 외교 현장에서의 경험에 대해 발표했고, 장원삼 과장도 '재일 한국인 후손의 법적 지위 및 처우에 대한 한일 고위 실무자 회담의 경위' 등을 발표했다. 학계에서는 제성호 교수가 '북한의 NTP 탈퇴 문제', '재중국 탈북 동포의 법적 지위', '동서독 관계와 남북한 관계' 등 남북 문제를 중점적으로 발표했다. 최태현 교수는 '국제법상 예방적 자위권 허용 가능성에 대한 연구', '국제사법재판소 운영상의 문제점'을, 이근관 교수는 '사정 변경의 원칙—정신대 문제와 관련하여', '독일 통일과 민족 자결' 등 현안에 대해 많은 발표를 했다. 러시아에서 박사 학위를 마치고 돌아온 김덕주 교수는 '소비에트 국제법 이론의 신동향', '일소 간 북방 도서 분쟁', '러시아 경제 개혁의 진행과 전망' 등을 발표했다.

백충현 교수는 〈서울국제법연구〉를 1년에 두 번씩 발행하면서 시의적절한 논문을 소개했다. 유엔 해양법 협약이 발효되었을 때는 특집으로 신각수 국장의 논문을 비롯해 모두 다섯 편의 해양법 관련 논문을 실었고, 파리국립도서관 소재 외규장각 의궤 문제가 불거졌을 때는 역사학자 이태진 교수의 논문을 수록하면서 다른 학문끼리의 학제 간 연구의 중요성을 알렸다. 인터넷을 통해 국제법 자료 검색을 돕기 위해 미국 남일리노이대학교 로스쿨에서 도서정보학 교수로 있는 유혜자 교수의 논문도 실었다. 국제형사재판소(ICC) 설립 움직임이 구체화될 때는 최태현 교수가 주요 법적 쟁점과 보충이 필요한 부분에 대한 논문을 실었고, 1995년 세계무역기구(WTO)가 출범하면서 국제 통상 분쟁이 증가하자 한국의 일 방적 보복 조치를 예방할 수 있는 논문도 연속해서 실었다.

백 교수는 서울국제법연구원에서 공부한 제자들이 각 대학의 교수로 진출하고, 서교동, 연희동 집과 이곳에서 연구 모임을 한 권병현, 김석우, 유명환, 신각수 같은 외교관들이 대사급 외교관으로 성장하는 모습을 보며 역시 기회는 준비된 자에게 온다며 흐뭇한 미소를 지었다.

14

한국 최초로
유엔 고위직에 임명되다

1995년 3월 초, 신각수 외무부 조약국장이 백충현 교수에게, 만나서 상의할 내용이 있다며 전화를 했다. 백 교수는 개학이라 정신없이 바쁘다며 급한 일이면 학교로 찾아오는 것이 좋겠다고 했다. 지난해부터 법대 학장직을 맡고 있어 학기 초에는 정신없이 바빴다. 그 다음 날 신각수 국장이 학장실로 찾아왔다. 신 국장은 차를 마시며 자신이 찾아온 용건을 이야기했다.

"교수님, 우리나라가 지난달에 2년 임기(1996~1997년)의 유엔 안보리 비상임이사국으로 선출된 건 아시죠?"

신각수 국장은 백 교수의 후배이자 제자였지만 연배 차이가 커서 교수님이라고 불렀다.

"알지요. 쉽지 않은 일이었을 텐데, 외무부에서 애 많이 썼어요.

축하해요."

"고맙습니다, 교수님. 우리 정부는 유엔 가입 초기부터 중견 국가의 위상에 맞추어 재정적, 외교적, 군사적으로 많은 기여를 했습니다. 그리고 대유엔 외교 강화의 일환으로 안보리 비상임이사국 진출을 추진했는데, 이번에 좋은 결과가 나왔습니다. 한국 외교와 국제적 역할에 새로운 전기를 마련하는 중요한 발전이라고 할 수 있습니다. 그래서 이제부터는 유엔의 다양한 의제가 한국 외교의 주요 의제가 되었고, 한반도 문제에 국한되었던 한국 외교의 지평이 전 지구적인 문제들까지로 대폭 확대되는 것을 의미한다고 할 수 있습니다."

● 한국의 유엔 가입

우리나라는 대한민국 정부 수립 이후부터 유엔의 정식 회원국이 되기 위해 노력했다. 1949년 1월 유엔 가입 신청을 하였고 안보리 표결에서 압도적인 지지를 받았지만 소련의 거부권 행사로 부결되었다. 그 이후 미국 등 서방 국가들의 주도로 한국의 유엔 가입을 위한 총회 결의안의 압도적인 채택과 함께 이에 기초한 안보리 재심을 지속적으로 추진하였으나 소련의 반대로 번번이 실패했다. 이처럼 유엔 가입 노력이 소련의 반대로 계속 좌절되자 우리 정부는 유엔 가입 노력을 잠정 중단하기도 했다.

1980년대에 이르러 우리 정부는 유엔 가입 외교를 강화했다. 유엔 가입 당위성을 회원국들에게 설득하는 노력을 지속하는 한편, 국력 신장을 바탕으로 유엔의 각종 활동에 적극 참여했다. 북방 외교를 활발히 추진하면서 많은 동구권 국가들과의 외교 수립을 위한 초석을 다졌다. 1989년 2월 헝가리와의 수교를 필두로 동구권 공산주의 국가들과의 외교 관계 수립이 이루어지면서 유엔 가입 지지 분위기가 확산되었다.

1990년에는 소련과도 정식 수교를 하게 된다. 이해 개최된 남북한 고위급 회담에서 유엔 가입 문제를 의제로 논의했으나 타협점을 찾지 못했다. 1991년 구소련의 해체와 동구권의 몰락 등 국제 정세가 급변하는 가운데 우리 정부는 유엔 가입 실현을 최우선 외교 과제로 추진했다. 소련의 고르바초프 대통령 방한 시 유엔 가입에 대한 이해 표명이 있었고, 중국도 보다 현실적인 시각에서 북한을 설득했다.

이와 같은 국제사회의 지지 분위기에서 북한은 5월 27일 유엔 가입을 신청할 것을 발표하고, 7월 8일 유엔 가입 신청서를 유엔 사무총장에게 제출하였다. 우리 정부도 8월 5일 유엔 가입 신청서를 제출함에 따라 안보리 심사위원회는 남북한의 가입 신청서를 단일안으로 처리, 8월 8일 토론 없이 만장일치로 가입 추천안을 채택하였다. 안보리의 가입 추천에 따라 총회는 9월 17일 제46차 총회 개막일에 남북한 가입을 승인하였다. 한국은 이로써 161번째 유엔 회원국이 되었다.[49]

백 교수는 신 국장의 설명을 들으며 고개를 끄덕였다.

"그런데 탈냉전 시대가 시작된 1990년대 초반 '신세계 질서'로 불리던 국제 평화에 대한 낙관론이 이라크 전쟁, 코소보 분쟁 등으로 무너지기 시작했고, 난민, 환경 등 각 분야별로 유엔의 활동 수요가 폭발적으로 증가했습니다. 이런 상황에서 우리 정부는 안보리 비상임이사국에 걸맞은 역할을 해야겠다고 생각했습니다."

여기까지 설명한 신각수 국장은 다시 차를 한 모금 마신 후 잠시 백 교수를 바라보았다. 백 교수도 신 국장을 바라보았다. 무슨 상의를 하려고 온 것인지 감을 잡을 수가 없었다.

"얼마 전 제네바에 본부가 있는 유엔인권위원회United Nations

국제법 학자, 그 사람 백충현

Commission on Human Rights(현재는 유엔인권이사회)에 특별보고관Special Rapporteur 자리가 하나 나왔습니다. 현재 유엔인권위는 아프가니스탄, 르완다, 이라크, 수단 등 인권 상황이 열악한 20개국을 대상으로 국가별 특별보고관을 두고 있는데, 이번에 나온 자리는 아프가니스탄의 인권 문제를 조사해서 유엔총회 및 유엔인권위에 보고하는 임무를 수행하는 '유엔 아프가니스탄 인권 특별보고관UN Special Rapporteur on Situation of Human Rights in Afghanistan' 자리입니다. 현재 아프가니스탄 인권 문제는 단순한 종교적, 민족적, 정치 세력 간 갈등에서 빚어지는 피상적인 인권 침해뿐만 아니라 이로 인한 아동 문제, 여성 문제로까지 확산되는 '총체적 인권 침해' 상황을 보여주고 있기 때문에 임무가 막중한 자리죠. 현재 미국, 러시아, 방글라데시, 브라질에서 신청을 했는데, 우리도 신청하려고 합니다."

"아, 그래요! 우리나라가 선정되어 유엔 외교에 새로운 장을 열게 되면 좋겠네요."

백 교수가 환한 표정을 지으며 대답했다. 백 교수는 유엔인권위가 국제사회에서 중요한 역할을 하는 기구임을 잘 알고 있었다. 지난해 한국의 민간 단체들이 일본군 위안부 문제를 유엔인권위에 접수시켜 의제로 다루어졌고, "전쟁 중에 중대한 인권 침해가 있었을 경우 침해 국가는 책임지고 피해자에게 보상해야 하고 그 시효를 적용하지 않는다. 인권 침해 책임자를 재판에 부쳐 처벌해야 한다"는 인권위 결의를 이끌어내기도 했다.[50] 유엔인권위를 통해 일본군 위안부 문제에 대한 국제적 관심과 여론을 환기시킨 것이다. 그래서 백 교수는 7월 17일부터 이틀간 서울에서 열린 유엔의 아시아-태평양 지역 인권 워크숍에 참석해 기조연설을 하면서 일본군 위안부 문제뿐 아니라 아시아 여러 나라 난민의 인권 문제가 심각하게 침해당하고 있음을 지적했다.[51]

"유엔인권위 특별보고관은 객관성을 유지하기 위해 현직 외교관이 아니라 각국의 명망 있는 인사들이 맡고 있습니다. 저희 외무부에서 누구를 추천할지 논의한 결과 교수님이 적임자라는 의견이 많아 이렇게 찾아왔습니다."

신각수 국장의 말에 백 교수는 화들짝 놀라며 그를 바라보았다. 두 사람의 눈이 마주쳤고, 백 교수는 아닌 밤중에 홍두깨라는 표정을 지었다. 한동안 할 말을 잃고 있던 백 교수가 천천히 입을 열었다.

"신 국장, 외무부에서 나를 그렇게 생각해주는 건 고마워요. 그러나 나는 국제법 학자일 뿐이라는 거 신 국장도 잘 알잖아요. 그리고 현재 학교에서 맡고 있는 보직도 있고, 암튼 나는 그런 막중한 자리를 감당할 수 있는 적임자가 아니에요. 괜히 나 때문에 탈락해서 나라 망신당하지 말고 다른 분을 찾아보세요."

백 교수가 손사래를 치자 신 국장은 자세를 다잡았다.

"인권보고관은 아프가니스탄에 상주하는 것은 아니고 1년에 한두 번 방문하신 후 앞에서 말씀드린 대로 유엔총회와 인권위에 보고하실 보고서만 작성하면 되기 때문에 학장 신분을 유지하면서 하셔도 됩니다. 그리고 임기도 1년마다 연장하는 겁니다. 보통 3년 정도 하지만 상황에 따라서 빨리 그만두셔도 됩니다. 교수님, 특별 보고관은 우리나라가 유엔에 진출하는 최초 고위직입니다. 이번에 우리나라에서 선출되어야 앞으로 유엔 고위직 진출이 계속될 수 있고, 더 높은 고위직에도 진출할 수 있습니다."

신각수 국장은 목이 타는 듯 물을 한 잔 마신 후 다시 말을 이었다.

"이번 일을 결정하는 건 유엔인권위인데, 미국과 러시아는 아프가니스탄과 이해 당사자라 쉽지 않은 분위기입니다. 결국 우리나라와 브라질이 최종 경합을 벌일 텐데, 교수님께서 작년에 우리 정부와 유엔 인권사무국과 공동으로 주최했던 워크숍에서 하셨던 아시아-태평양 지역의 난민과 인권 문제에 관한 기조연설이 당시 참석했던 31개국 정부 고위 대표와 10여 명의 인권 문제 전문가 그리고 라소Rasso 유엔 인권 고등판무관UN High Commissioner for Human Rights에게 깊은 인상을 주었습니다. 인권 문제는 결국 국제법 문제이기 때문에 교수님이 적격자라는 논리로 인권위원회 이사국들을 설득하려고 합니다. 그뿐 아니라 교수님께서는 외무부 산하 재단인 서울국제법연구원 이사장님이시고 저희 외무부와 오랫동안 관학 협력을 해오셨기 때문에 저희와 호흡도 잘 맞으십니다. 그러니 교수님께서 국제법 학자로서 우리나라 유엔 외교 활성화에 새로운 장을 여신다는 생각으로 수락해주시면 고맙겠습니다."

백 교수는 다시 한 번 신각수 국장을 바라보았다. 쉽게 결정할 수 있는 문제가 아니었다. 그는 할 말을 잊은 채 잠시 생각에 잠겼

1994~1995년 당시 아프가니스탄의 모습. 당시 아프가니스탄은 무장한 군인들이 거리를 점령하고 있었다.

다. 신각수 국장이 조용한 목소리로 말을 이었다.

"교수님, 솔직히 저는 우리나라와 외교 관계도 없고, 계속되는 내전으로 위험한 상황이 도처에서 벌어지고 있는 아프가니스탄의 인권 특별보고관직 추천을 승낙해달라고 부탁하는 일이 매우 송구합니다. 비록 유엔의 보호를 받는다고 해도 언제 무슨 일을 당할지 모르는 위험한 곳입니다. 그렇지만 교수님만 한 적임자가 없으니 꼭 수락해주시길 부탁드립니다."

당시 우리나라는 아프가니스탄과 외교 관계가 없었다. 1973년 12월에 외교 관계를 수립하고 1975년 카불에 상주 대사관을 개설했지만 1978년 9월 17일 아프가니스탄의 공산 정권 수립으로 외교 관계를 단절하고 공관을 폐쇄했다. 백충현 교수는 바로 확답하지 않았고, 신 국장은 무거운 마음으로 학장실을 나왔다.

● 아프가니스탄 Islamic Republic of Afghanistan

아프가니스탄은 지형적으로 서쪽의 유럽, 동쪽의 중국, 남쪽의 인도를 연결하는 문명의 교차로이자 국제 교역의 통로인 실크로드의 요충지이다. 기원전 2200년경부터 기원후 2세기경에 걸친 동서 문명의 교류로 그리스 문화와 불교 문화의 영향을 받았다. 불교의 발상지인 인도와 간다라미술의 발상지인 파키스탄의 영향으로 적게는 수천, 많게는 수만 개의 불교 유적이 산재해 있다. 다양한 민족과 파벌로 구성되어 있는 아프가니스탄은 1978년부터 쿠데타와 내전을 거듭했다. 1978년 4월에는 공산 세력에 의한 쿠데타가 일어나 타라키Nur Muhammad Taraki 정권이 수립되었고, 1979년 9월에는 궁정 쿠데타로 아민Hafizullah Amin 정권이 수립되었다. 같은 해 12월 기존 정권 수호라는 명분 아래 구소련군이 침공하였고 구소련의 군사 개입 아래 카르말Babrak Karmal 정권이 성립되었다. 뒤이어 구소련군을 몰아내려는 여러 반군 단체들이 게릴라전을 벌였으며, 1989년 2월 10만여 명의 구소련군이 제네바 합의에 근거하여 철수했다. 이때부터 각 지역의 무자헤딘mujahedin 반군 세력은 대대적인 군사 공격을 개시하여 1992년 4월 25일 친소 정권인 모하마드 나지불라Mohammad Najibullah 정권을 무너뜨렸다. 이로써 1978년부터 계속된 장기간의 내전은 무자헤딘 측의 승리로 끝났다. 그러나 다양한 파벌로 구성된 무자헤딘 세력은 신정부 구성을 둘러싸고 주도권 다툼을 벌이며 대규모 무력 충돌을 벌였다. 구舊정부군 중 해산하지 않은 일부와 마수드파派는 랍바니Burhanuddin Rabbani 정부를 지지하였으나 헤크마티아르파 · 도스툼파 등은 별도의 무장 세력을 유지하는 등 안정을 이루지 못했다.

1996년 이슬람 원리주의를 표방하는 탈레반('학생들'을 뜻하는 페르시아어)이 수도 카불을 점령하였고 정부를 해산한 후 회교 국가를 수립하였다. 전 국토의 90퍼센트까지 점령한 탈레반은 이후에도 북쪽 지방에 주둔한 소수파 중심의 반反탈레반 연합 세력(북부동맹)과 내전을 지속했다. 2001년 9월 11일, 아프가니스탄에 근거지를 두고 있던 오사마 빈 라덴Osama Bin Laden은 미국에서 항공기를 이용한 대규모 테러를 저질렀다. 미국은 탈레반에게 오사마 빈 라덴을 양도할 것을 요구하였으나 거부당하자 10월 7일부터 영국과 함께 공격을 감행했다. 이와 함께 북부동맹도 공격을 강화하여 2001년 11월 수도인 카불을 점령하고 탈레반 정권을 무너뜨렸다.[52]

백 교수는 며칠 동안 깊은 생각에 빠졌다. '아프가니스탄 인권 문제 특별보고관'은 유엔을 대표해 아프가니스탄의 전반적인 인권 실태를 조사해 유엔총회에 보고하는 것이 주요한 임무였다. 만약 선임된다면 한국이 국제사회에 기여할 수 있고, 유엔에서 한국의 존재를 부각시킬 수 있는 좋은 기회임에 틀림없었다. 신각수 국장 말대로 그 임무를 잘 수행한다면 한국 인사들의 유엔 진출에 디딤돌도 될 수 있을 것이므로 단순한 명예직이 아니었다. 그러나 아프가니스탄을 방문해 인권 실태를 살핀 후 보고서를 작성해야 하는 것도 만만한 일은 아니었다. 무엇보다 그는 국제법 학자인 자신이 그런 막중한 임무를 잘 수행할 수 있을지 자신이 서지 않았다. 그의 고민은 깊어졌고, 아프가니스탄의 인권 상황에 대해 구할 수 있는 자료는 모두 살펴보았다.

아프가니스탄의 인권 문제는 단순한 종교적, 민족적, 정치 세력 간의 갈등에서 빚어지는 피상적인 인권 침해뿐만 아니라 이로 인한 아동 문제, 여성 문제로까지 확산되는 '총체적 인권 침해' 상황을 보여주고 있었다. 그렇다면 이 문제는 단순히 아프가니스탄만의 문제가 아니었다. 이는 우선 아프가니스탄 내부의 사회적 통합에 지장을 주고, 이로 인해 인근 국가들뿐 아니라 국제적으로도 불안정을 가져오는 요인이 되고 있었다. 결국 아프가니스탄의 인권 문제는 국제법이 추구하는 국제 평화와 안정, 인류의 행복과 연결되는 문제였다.

그리고 특정 국가의 인권 문제가 국제적 문제로 보편성을 획득하면 자신이 오랜 시간 관심을 갖고 있던 일본군 위안부 문제와 강제 징용 문제도 국제적인 관심을 환기시킬 계기가 될 수 있을 것 같았다. 그뿐 아니었다. 그동안 우리나라가 국제사회에 취약점으로 지적되었던 부분이 인권 문제였다. 1970년대와 1980년대에 비해 개선이 되고는 있었지만 경제 발전 속도에 비해 인권 개선에 대한 정부의 노력은 부족했다. 따라서 유엔인권위원회에서 '인권 문제 특별보고관' 임무를 수행하면 한국 정부도 인권에 대한 인식 전환과 함께 인권에 대해 더 많은 관심을 가지고 법적으로 개선하는 계기가 될 수 있을 것 같다는 생각도 들었다.[53]

그러나 이 문제는 자신이 혼자 결정할 문제가 아니고, 아내의 동의가 필요하다고 생각했다. 백 교수는 저녁 식사를 마친 뒤 이명숙에게 물었다.

"여보, 당신에게 허락을 받아야 할 일이 있어."

"허락이라뇨? 제가 언제 당신 하시는 일에 반대한 적 있어요?"

이명숙은 갑자기 웬 뜬금없는 소리냐는 듯한 표정으로 남편을 바라보았다.

"아니, 그런 뜻이 아니라 이번에는 좀 다른 사안이라서."

백 교수가 말끝을 흐리자 이명숙은 무슨 일인가 싶어 남편의 입을 주시했다.

"여보, 내가 말이지. 좀 위험한 일을 겪을 수도 있는 일을 해야 할지도 모르는데, 그래도 괜찮겠어?"

이명숙은 눈을 동그랗게 뜨며 얼른 되물었다.

"아니, 위험한 일을 겪을 수도 있다는 게 무슨 말씀이에요? 사람 답답하게 하지 마시고 구체적으로 말씀해보세요."

백 교수는 아내에게 외무부에서 자신을 유엔인권위원회의 '아프가니스탄 인권 문제 특별보고관'에 추천하려고 한다는 이야기와 아프가니스탄의 내전 상황에 대해 설명했다. 그러자 이명숙은 가느다란 한숨을 내쉬었다. 평생 국제법 학자로만 살 줄 알았던 남편이었다. 그런데 국제법 때문에 이런 역할도 해야 할 때가 있다는 것이 믿어지지 않았다. 자신과 두 아들을 생각하면 말리고 싶지만 나랏일이라는 것을 생각하면 말리기도 어려웠다. 그리고 남편이 자신에게 이런 상의를 할 때는 어느 정도 결심을 굳혔기 때문일 것이다. 그녀는 조그만 목소리로 물었다.

"유엔에서 보호해줄 테니까 괜찮겠죠?"

백 교수는 고개를 끄덕이며 아내의 손을 잡았다. 이명숙의 눈에 눈물이 비쳤다. 그러나 얼른 표정을 고치며 남편의 손등을 어루만졌다.

"우리나라 외교 발전에 도움이 되는 일이고, 앞으로 당신이 디딤돌이 되어 유엔에 더 많은 인재들이 진출할 수 있다면 그렇게 하세요. 그러나 안전 문제는 꼭 보장을 받으세요."

백 교수는 대답 대신 아내의 손을 다시 한 번 꼭 잡았다.

4월 18일, 유엔인권위원회는 백충현 서울대학교 법대 학장을 아프가니스탄 인권 문제 특별보고관으로 임명했다. 열흘 후 외무부는 한국 최초의 유엔 고위직 진출을 각 언론사에 알리면서 5월

국제법 학자, 그 사람 백충현

4일 외무부 기자실에서 기자 간담회를 하겠다고 발표했다. 백 교수는 정장을 하고 마이크 앞에 앉았다.

"유엔인권위원회가 저에게 부여한 정식 지위는 '아프가니스탄 인권 문제 특별보고관'입니다. 유엔을 대표해 아프가니스탄의 전반적인 인권 실태를 조사해 유엔총회에 보고하는 것이 주요한 임무입니다. 현재 유엔인권위는 아프가니스탄, 르완다, 이라크, 수단 등 인권 상황이 열악한 20개국을 대상으로 임기 3년의 국가별 특별보고관을 두고 있습니다. 그 이유는 특정 국가의 인권 문제는 우선 해당 국가 내부의 사회적 통합에 지장을 줄 뿐만 아니라 인근 국가를 비롯한 지역 안보와 지역 정세의 불안정을 가져오는 요인이 되기 때문입니다. 결국 국제적으로 인권 문제가 해결되지 않으면 궁극적인 국제 평화와 안정, 인류의 행복이 보장될 수 없기 때문에 인권 문제는 이제 한 국가 내부의 문제가 아니라 세계가 관심을 갖고 해결해야 할 문제입니다."

그가 발언을 마치자 기자들의 질문이 시작되었다.

"아프가니스탄 인권 상황을 간략히 설명해주십시오."

"아프가니스탄은 오랜 기간의 전쟁이 끝나고 독립을 이뤘는데, 그동안 단결했던 각 정파와 교파 등이 한꺼번에 반목 투쟁하는 상황에서 개인의 인권 침해가 심각합니다. 특히 군수 물자 마련 등을 위해 마약과 같은 국제범죄도 횡행하고 있습니다."

"아프가니스탄 인권 특별보고관으로 어떤 활동을 펼칠 생각이십니까?"

"우선은 5월 말 제네바에서 개최되는 유엔인권위 특별보고관 회의에 참석하고, 8월 중에 유엔 인권사무국으로부터 업무 브리핑을 받은 후 현지 조사를 떠날 예정입니다. 그리고 9월 유엔총회까지 아프가니스탄의 인권 상황을 종합 정리한 보고서를 작성, 제출하는 것이 앞으로의 공식적인 업무 일정입니다. 제 임무는 이런 활동을 통해 아프가니스탄의 인권 개선을 돕는 겁니다."

"우리나라의 인권 상황도 국제적으로 시빗거리가 되고 있는데, 어떻게 생각하십니까?"

진보적 성향의 언론사 기자의 질문이었다. 백 교수는 평소에 갖고 있던 생각을 말했다.

"우리나라는 경제적으로 선진국에 가깝지만 인권과 문화는 국제 수준에 미흡합니다. 그러나 최근 들어 활발한 대내외 인권 개선 노력에 따라 인권 3등 국가에서 2등 국가로 발전하고 있습니다. 물론 선진국 수준이 되려면 인권에 대해 더 많은 관심과 법적 개선, 인권에 대한 인식 전환이 시급하다고 봅니다."

"인권 문제 특별보고관과 국제법 학자로서 우리나라의 국가보안법을 어떻게 보십니까?"

"국가보안법은 분단이라는 특수 상황을 염두에 두고 봐야 합니다. 그러나 남북한의 화해와 통일을 지향하는 과정에서 발전적 변화가 있어야 할 것입니다."

"북한의 인권은 어떻게 보십니까?"

"북한의 폐쇄성으로 인해 전반적인 인권 상황을 파악하기 어렵습니다. 또 북한의 인권 관련 이야기도 탈북자 등 특수 상황에 처한 사람으로부터 나오는 경우가 많아 과연 엄밀히 객관성을 유지할 수 있느냐는 의문이 있습니다. 그러나 국제사면위 등에서 나오는 보고 등으로 볼 때 극한 상황에 처해 있는 것으로 보입니다."

기자들의 질문이 끝나자 백 교수는 마침 발언을 했다.

"저는 개인적으로 국제법 학자로서 과거 한일 관계에서 얼룩진 일본군 위안부와 한국인 강제 징용 등의 인권 침해에 관심이 많습니다. 일본은 그동안 일본군 위안부와 한국인 징용 문제에 대해 강제성이 없었다는 이유를 내세워 책임을 회피해왔으나 최근 몇 년 사이에 일본이 강제로 징용했다는 사실이 밝혀지면서 일본의 주장은 전혀 설득력이 없어졌습니다. 이런 문제가 해결되지 않고는 한일 간의 진정한 우호가 있을 수 없고, 일본은 인권 문제 3등 국가의 자리를 벗어날 수 없습니다. 일본은 과거사에 대한 책임을 회피해서는 안 됩니다. 작년 유엔인권위에서는 '전쟁 중에 중대한 인권 침해가 있었을 경우 침해 국가는 책임지고 피해자에게 보상해야 하고 그 시효 기간을 적용하지 않는다. 인권 침해 책임자를 재판에 부쳐 처벌해야 한다'고 결의했습니다. 물론 일본의 과거사 문제는 제가 직접 담당하는 분야는 아니지만 유엔인권위 활동을 하면서 제가 할 수 있는 노력을 하려고 합니다."[54]

기자 간담회가 끝나자 신각수 조약국장을 비롯한 외무부 관계자들이 다가와 다시 한 번 고맙다는 인사를 건넸다. 백 교수는 미약한 힘이지만 열심히 해서 나라 망신을 시키지 않겠다고 대답했다.

5월 초, 백 교수는 스위스 제네바로 떠났다. 그리고 그때부터 9월 유엔총회가 끝날 때까지 열의와 사명감을 갖고 아프가니스탄 인권 문제 특별보고관으로서의 역할을 수행했다.

15

포화 속의
아프가니스탄에 가다

1996년 3월 초, 그는 유엔인권위원회 연례 회의에 참석했다. 인권위원회 사무국에서는 백 교수에게 아프가니스탄과 대규모 난민 캠프가 있는 이란과 파키스탄의 현지 방문 의사를 물었다. 5명의 수행원과 유엔 차량을 제공할 수 있다고 했다. 그리고 현지에 도착하면 유엔난민기구(UNHCR), 유엔세계식량계획(WFP), 유엔개발계획(UNDP)의 현장 사무국에서도 협조를 받을 수 있다고 했다. 물론 원하지 않으면 안 가도 된다고 했다.

당시 아프가니스탄에서는 내전이 치열하게 벌어지고 있었다. 1992년 친소련의 나지불라 정권이 붕괴된 뒤 소련에 힘을 합쳐 맞섰던 수십 개 회교 반군 세력들이 재차 분열되면서 내전은 끝을 모른 채 계속되었다. 이슬람 원리주의를 표방하는 탈레반(수니파)

도 1994년 가을부터 내전에 본격 개입했다. 파키스탄에서 군사 지원, 사우디아라비아에서 재정 지원을 받으며 불과 6개월도 안 되어 33개 주 가운데 절반 이상을 수중에 넣었고, 수도 카불을 점령하기 위해 외곽 지역에서 치열한 공방전을 벌이고 있었다.

탈레반은 점령 지역에서 '공포 정치'를 펼치며 인권 탄압을 자행했다. 남자에게는 선지자 마호메트의 전통을 따른다며 수염을 기를 것을, 여자에게는 검은색 차도르로 온몸을 가리게 하는 완벽한 회교식 복장을 하게 했다. 그러나 30도 가까운 더위 속에서 온몸을 감싸는 복장보다 더 심한 인권 탄압은 중학교 이상 여학생의 등교 및 여성의 직장 활동 금지였다. 여자의 노동이 가정의 주요 수입원인 아프가니스탄에서 일을 못하게 한다는 것은 가족의 생

유엔인권위원회 특별보좌관에 임명되어 파키스탄에 도착한 백충현 교수와 보좌관들.

국제법 학자, 그 사람 백충현

존권을 위협하는 일이었다. 그들은 조국을 떠나 인접국인 파키스탄과 이란으로 향했다. 내전이 시작된 뒤 전체 인구 1,300만 명 중 400만 명이 조국을 떠났고, 100만 명 이상의 사상자가 발생했다.

백 교수는 아프가니스탄 상황이 아무리 위험해도 인권 문제 특별보고관 직무를 충실히 수행해야 한다고 생각했다. 현장에는 안 가고 책상에 앉아 보고서만 쓴다면 유엔에서 한국에 대한 이미지가 나빠질 뿐 아니라 한국인들의 유엔 진출에 장애가 될 수도 있을 것이다. 6.25 전쟁 때 피난 갔던 대구에도 피난민촌이 있었고 유엔에서 구호물자를 보내주었던 일이 생각나 그는 아프가니스탄 난민촌을 방문해 국제사회의 도움을 주고 싶다는 생각도 들었다.[55]

백충현 교수의 현지 방문 일정은 여름 방학 기간인 7월 14일부터 29일까지로 정해졌다. 그때까지 그는 인권위원회 본부와 긴밀하게 연락하면서 자료를 살펴보기로 했다.

7월 초, 백 교수는 제네바로 떠날 준비를 했다. 그는 가방에 옷가지를 챙겨주는 아내 이명숙을 착잡한 심정으로 바라보았다. 아내에게는 유엔에서 안전을 보장해주기 때문에 전혀 위험하지 않다고 안심을 시켰지만 마음 한구석 불안감이 없지 않았다. 불과 며칠 전인 6월 26일, 탈레반이 수도 카불에 로켓포 공격을 했다는 보도가 나왔다. 포탄은 대통령궁과 국방부 청사, 외교 단지, 인터컨티넨탈호텔 주변 지역에 떨어졌다. 정부군도 카불 남쪽 교외의 탈레반 지휘부를 향해 보복 공격을 가했고, 양측에서 많은 사상자가 발생했다. 백 교수는 정부군과 탈레반이 치열하게 교전을 벌이고 있는 상황에서 탈레반 고위 지도자를 만나는 것이 마음에 걸렸다. 그러나 그는 마음을 다잡으며 서재로 가서 책상을 정리했다.

백 교수가 제네바에 도착하고 며칠 뒤인 7월 10일, 사우디 반체제 인사로서 서방과 아랍국 정부로부터 테러 배후 지원 혐의를 받고 있는 빈 라덴(당시 40세)이 아프가니스탄 산악 지역 게릴라 근거지에서 영국의 〈인디펜던트The Independent〉지 기자와 회견을 했다. 빈 라덴은 사우디아라비아 주둔 프랑스군과 영국군이 철수해야 할 것이라고 경고하면서 사우디아라비아에서 미군을 몰아내기 위한 성전聖戰(지하드)을 벌일 것임을 밝혔다. 이슬람 극단주의자인 빈 라덴이 수단에서 수백 명의 게릴라를 이끌고 아프가니스탄에 들어온 것이 알려지면서 아프가니스탄의 정세는 점점 더 혼란 속으로 빠져들어 갔다.

7월 14일, 백 교수는 5명의 보좌진들과 함께 이란에 도착했다. 150여만 명의 아프가니스탄 난민들의 수용소를 둘러본 후 파키스탄의 수도 이슬라마바드로 향했다. 백 교수와 일행은 외무부 아프가니스탄 담당 국장을 만나 난민들의 현황에 대한 설명을 들었다. 그리고 파키스탄 관계자들과 함께 자동차로 3시간 거리의 북서쪽 국경 부근 페샤와르를 방문했다. 페샤와르는 불교 미술과 고대 실크로드의 십자로 역할을 하면서 교역과 문화, 예술의 중심지이자 군사상의 요충지 역할을 해온 도시다. 아프가니스탄의 카불을 연결하는 도로상에 놓여 있는 중요한 교통 요지로, 국경을 따라 1,100킬로미터에 걸쳐 펼쳐진 이 도시에는 카불강이 흐르고 있다.

페샤와르는 아프가니스탄과의 국경에서 불과 17킬로미터 거리에 위치해 있기 때문에 300여 만 명이 거주하는 대규모 난민촌이 있었다.

백 교수는 광활한 벌판에 끝도 없이 펼쳐진 난민촌을 바라보며 이곳은 난민촌이 아니라 거대한 난민 지역이라고 생각했다. 이곳에서는 유엔세계식량계획을 비롯해 여러 유엔 구호단체와 민간 구호단체들이 활동하고 있었다. 그러나 300만 명의 식량을 해결하는 문제는 쉬운 일이 아니었다. 의료진과 약품 부족도 심각했다. 포장 상자를 펴놓고 아기를 출산하는 여인도 있었고, 영양실조에 걸린 아이들의 숫자는 파악조차 못하고 있었다. 백 교수와 일행은 이틀 동안 난민 지역을 돌아보며 인터뷰를 했다.

파키스탄에 있는 아프가니스탄인 난민 캠프의 모습.

탈레반 점령 지역에서 탈출한 여성들은 아버지나 오빠의 동행 없이는 외출도 못한다고 하소연하면서 살기 위해서 조국을 떠났다고 울부짖었다. 동행했던 유엔 관계자들은 내란으로 가족의 생계를 책임져야 하는 과부들이 카불에만 3만~4만 5,000여 명이나 되어 그 가족들이 큰 곤경에 처해 있다고 했다. 또 유엔 구호 기관의 직원 대부분이 여성이어서 구호 활동도 실질적으로 중단될 위기에 놓여 있다며 한숨을 내쉬었다.

이란과 파키스탄에 있는 난민촌을 둘러보며 아프가니스탄에서 벌어지고 있는 인권 탄압 실상을 파악한 백 교수는 자동차로 국경을 넘어 아프가니스탄으로 향했다. 카불 북부 지역 탈레반 사령부에서 고위급 장성인 물라 압둘 아하드Abdul Ahad를 만났다. 백 교수는 그에게 탈레반이 국제사회와 공존하기 위해서는 고문과 학살 그리고 아동 학대와 가혹한 여성 정책이 중지되어야 한다며, 특히 여성들과 아동들의 문제가 매우 염려스럽다는 의견을 전달했다. 그러자 그는 "서방 언론들에 의한 와전"이라면서 "평화와 안전이 보장되면 여성들은 직장으로 복귀할 수 있을 것"이라고 말했다. 백 교수는 그의 말을 믿지 않았다. 그래서 그에게 자신의 의견을 탈레반 고위층에 전달해달라고 부탁했다. 두 사람은 악수를 하며 헤어졌다. 백 교수는 물라 압둘 아하드와의 대화에서 그가 비록 이슬람 원리주의자로 탈레반 장성이지만 나름대로 유연한 사고를 가지고 있어 대화 창구가 될 수 있을 것 같다고 생각했다. 그러나 그는 석 달 후 카불 북부 지역 전투에서 전사했다.[56]

국제법 학자, 그 사람 백충현

7월 30일, 백 교수와 일행은 제네바 유엔인권위원회 본부로 돌아왔다. 백 교수는 아직도 지구상에서 잔학한 전쟁이 벌어지고 있고, 수백만 명의 난민이 텐트 속에서 비참한 삶을 연명하고 있다는 사실이 실감나지 않았다. 마치 영화를 보고 온 듯한 느낌이었다. 백 교수만 그런 것이 아니었다. 함께 갔던 직원들 모두 할 말을 잃은 듯 서로 아무런 말도 하지 않았다. 아프가니스탄에서는 내전이 계속되었다.

9월 24일, 탈레반은 아프가니스탄 수도 카불 동쪽의 전략 요충인 사로비를 함락한 데 이어 동쪽과 남쪽, 남서부쪽 3개 방면에서 카불에 대한 총공세에 들어갔다.

9월 27일, 아프가니스탄 정부군은 수도 카불을 포기하고 퇴각했다. 탈레반은 대통령궁을 장악했지만 부르하누딘 랍바니 대통령과 굴부딘 헤크마티아르Gulbuddin Hekmatyar 총리, 아흐마드 샤 마수드Ahmad Shah Massoud 군사령관 등은 카불 북부 70킬로미터에 있는 자발울 세라지에 피신한 뒤였다. 탈레반은 과거 공산 정권을 이끌던 나지불라 전 대통령을 은신해 있던 유엔 사무소에서 끌어냈다. 나지불라는 1979년 국내 정정 불안을 빌미로 구소련을 끌어들여 아프간을 공산화한 뒤 1992년 무자헤딘 반군에 의해 축출당하기 전까지 10여 년간 아프간을 내전 상태로 몰고 간 장본인이었다. 구소련의 지원을 받아 공산 정권을 이끈 나지불라는 반대자들의 상당수를 자신의 손으로 직접 살해한 일 때문에 '카불의 도살자'로 불렸다. 그는 1,000여 명의 시민이 지켜보는 가운데 수도 카불을 장악한 탈레반에 의해 구타를 당해 유혈이 낭자한 모습으로 교수형에 처해진 후 대통령궁 정문의 교통 통제소 앞에 매달렸다.

9월 30일, 탈레반은 최고 지도자 물라 무함마드 오마르Mullah Mohammed Omar를 위원장으로 하는 과도정부 성격의 6인 탈레반 고위위원회를 구성했다. 그리고 여성들에 대한 취업 금지와 베일 착용, 음주자와 간통자 처형 등 강경 이슬람 정책을 공포하며 이슬람 공화국을 선포했다. 파키스탄은 탈레반이 과도정부를 구성한 지 몇 시간 만에 아프간에 대표단을 파견할 것이라고 말해 탈레반 정부를 사실상 승인했으며 인도 카슈미르주의 회교 분리주의 세력들도 탈레반의 카불 점령을 환영했다.

10월 1일, 탈레반은 국제사회에 탈레반 정권을 합법적인 정부로 승인해줄 것을 촉구하고 유엔의 아프가니스탄 의석을 탈레반 대표에게 부여할 것을 요청했다. 같은 날 미국 정부는 탈레반 정부와 접촉하기 위해 아프가니스탄에 외교관을 파견할 것이라고 밝혔고, 니콜라스 번스R. Nicholas Burns 미 국무부 대변인은 "미국은 수일 내에 아프간에 외교관을 보내 현지 미 대사관을 재개설하는 방안을 논의할 것"이라고 발표했다.

카불 시민들은 처음에는 탈레반이 내전을 종식시킬 것이라는 희망을 품었다. 그러나 탈레반이 율법 통치를 천명하면서 그 희망은 절망으로 바뀌었다. 카불 시민들은 지난 정권이 어느 정도 세속적 자유를 허용하는 정책을 펴왔기에 자유분방한 생활에 익숙한 상태였기 때문에 눈앞에서 벌어지는 율법 통치는 가히 충격이었다.

탈레반은 여학교를 폐쇄하고 여성들을 아예 일터에서 추방했다. 여 교사들이 차지하는 비율이 70퍼센트나 되는 학교 교육은 마비 상태에 빠졌다. 여성들의 경우 머리부터 발끝까지 가리고 다니라는 지시가 내려진 가운데 여성들의 모습은 거리에서 찾기조차 어렵게 되었다. 탈레반은 여자와 대화하는 것을 금기시했고, 여자와 같은 사무실, 같은 방에 있는 것도 금지시켰다. 그뿐 아니었다. 여러 차례의 방송을 통해 살인, 마약 거래, 간통은 사형에 처해질 것이며, 절도를 저지르면 신체를 절단당할 것이라고 경고했다. 공포에 질린 수십만 명의 시민이 짐을 쌌다. 거리에는 카불을 떠나는 시민들로 인산인해였다.

10월 8일, 아프가니스탄 북부를 장악하고 있는 압둘 라시드 도스툼Abdul Rashid Dostum 군벌은 축출된 부르하누딘 랍바니 대통령의 구정부군과 연합하기로 합의했다. 이때부터 아프가니스탄의 3분의 2를 장악한 탈레반과 도스툼 군벌 연합은 다시 치열한 내전에 돌입했다. 구정부군과 도스툼 연합군이 카불을 공격하기 시작했다.

10월 11일, 아프가니스탄 구정부군과 도스툼 군벌 연합군, 탈레반의 전투가 카불 근교 지역에서 치열하게 전개되었다. 유엔은 국제기구 직원들에게 카불에서 떠날 것을 명령했고, 탈출을 위한 항공기를 파견했다.

10월 14일, 탈레반 측은 카불 북부 지역에서의 패퇴를 시인하면서 교전 도중 고위 사령관 물라 압둘 아하드가 전사했다고 밝혔다.

백 교수가 만났던 사령관이었다.

10월 21일, 노버트 홀Nobert Hall 유엔 특사가 아프가니스탄 평화 협상을 중재하기 위해 카불에 도착했고, 탈레반은 옛 정부군을 지원하고 있는 군벌 압둘 라시드 도스툼이 제시한 휴전안을 조건부로 수락했다. 이때부터 휴전과 전투가 반복되었다.

백 교수는 아프가니스탄에서 돌아온 후 10월 유엔총회에 보고할 보고서를 작성해야 했지만 아프가니스탄 상황이 계속 악화되고 있어 일단 중간 보고서를 제출했다. 아프가니스탄을 다시 한 번 방문해 상황을 좀 더 자세히 파악한 뒤 내년 봄 제네바에서 열리는 유엔인권위 전체 회의에 최종 보고할 생각이었던 것이다. 그러나 유엔인권위에서는 카불에 있던 유엔 사무국들이 철수를 했다며 안전을 이유로 그의 방문을 보류했다.

1997년 1월 6일, 백충현 교수는 유엔인권위원회 직원들과 제네바를 출발했다. 백 교수에게 주어진 특별보고관의 임무는 크게 두 가지였다. 하나는 내란 상태에서 발생하는 무차별 학살과 같은 인권 침해 상황에 대한 보고였다. 또 하나는 난민들이 처한 상황에 대한 보고였다. 난민들이 처한 극단적 궁핍은 생명에 대한 문제였을 뿐 아니라 식량이나 의약품 지원과도 직결된 문제였기 때문이다.

그러나 백 교수에게는 수행해야 할 임무가 더 있었다. 지난해 말 프랑스 파리에서 열린 유네스코의 '아프가니스탄 문화 보존을 위한 특별 회의UNESCO Task-Force Meeting on Protection of Afghan Cultural Properties'에서 그를 바미안Bamyan 석불石佛 보존을 위한 유네스코 대표로 촉탁했다.[57]

아프가니스탄은 동양과 서양을 연결하는 실크로드의 요충지이자 문명의 교차로 역할을 하던 곳에 있어 찬란한 고대 문화를 가진 나라였다. 간다라미술의 발상지인 파키스탄의 영향을 받아 아프가니스탄 전역에 적게는 수천, 많게는 수만 개의 불교 유적이 있었고, 카불 서북쪽 230킬로미터 지점에 위치한 바미안 계곡[58]에는 주요 불교 유적이 많았다. 불상을 안치한 850여 동굴(석굴石窟)과 석불 벽화 그리고 마애磨崖에 조각한 2대 석불(높이 35미터의 동대불과 53미터의 서대불)이 있었다. 2~5세기경에 제작된 것으로 추정되는 석불은 자연석에 조각된 것으로 그리스 의상을 하고 있었다. 인도 및 중앙아시아, 알렉산드로스Alexandros 대왕의 정복에 영향을 받아 헬레니즘 문화가 융합된 것으로 평가받았다. 그런데 극단적 이슬람 원리주의를 신앙하는 탈레반이 이를 '우상'이라며 파괴하려 한다는 정보가 있었다. 이에 따라 백 교수는 인권 특별보고관으로서 아프가니스탄에 가면 탈레반 정권에게 석불을 파괴하지 않도록 설득하는 임무가 주어진 것이다. 백 교수는 인권 특별보고관으로 가서 문화재 보존까지 신경을 쓸 여지가 있을지 모르겠지만 최대한 노력해보겠다며 위촉을 수락했다.

백 교수와 일행은 작년에 이어 파키스탄의 페샤와르 난민촌을 방문했다. 지역 담당자는 작년에 비해 60만 명이 더 유입되어 총

360만 명이 거주하고 있다고 밝혔다. 탈레반의 점령 지역이 많아질수록 난민의 숫자도 늘어난 것이고, 국민들은 탈레반의 엄격한 이슬람 율법 적용에 공포를 느끼고 있다는 뜻이었다.

1월 8일, 백 교수와 일행은 아프가니스탄의 수도 카불에 도착했다. 유엔에서 준비한 차량을 타고 탈레반의 외무부 장관과 검찰총장을 만나기 위해 시내로 향했다. 거리에는 짐을 들고 카불을 떠나는 주민들이 보였고, 지난해 치열한 격전으로 파괴된 건물들은 그대로였다. 길거리에는 어린아이들이 신문지를 편 채 과일이나 깨진 도자기 파편을 수북이 쌓아놓고 팔고 있었다. 백 교수는 유네스코의 우려가 기우가 아니라는 생각이 들었다.

백 교수 일행을 만난 외무부 장관은 아프가니스탄 북부 지역에 기반을 둔 군벌 압둘 라시드 도스툼 장군의 반탈레반 세력들이 휴전 협정을 위반하며 카불 인근에 폭격을 하고 있고, 하루 전에는 세계보건기구(WHO) 소속의 한 여성 요원도 포탄 공격으로 사망했다고 흥분하며 설명했다. 백 교수는 그들의 울분이 가라앉기를 기다렸다. 그리고 부드러운 목소리로 국제사면위원회 보고서에 언급된 1,000명 이상의 시민들에 대한 납치와 실종 그리고 고문과 학대에 대한 유엔의 우려를 전달하면서 이들의 신변이 매우 우려된다고 지적했다. 아울러 지나치게 강력한 회교 율법을 적용하는 탈레반 통치에 대한 국제사회의 우려도 전달했다. 그러자 검찰총장이 나서서 인권 탄압과 유린은 반탈레반 세력이 저지르고 있다면서 그들이 무차별 처형한 탈레반 민병대 숫자는 셀 수 없을 정도라며 반박했다. 원하면 학살의 증거가 남아 있는 현장으로 데리고 가겠다고 했다. 백 교수는 계속해서 절도범들에 대한 신체 절단형, 음주자에 대한 가혹한 처벌에 대한 우려를 전달했지만 검찰총장은 코란의 율법대로 하는 것이라며 국제사회가 자신들의 종교에 대해 존중할 줄도 알아야 한다고 주장했다.

백 교수는 탈레반 정부 관계자들의 안내로 고아원과 병원, 교도소를 방문했다. 그는 교육부 장관과 보건성 장관을 만나 어린이들과 여성들의 교육에 대한 국제사회의 우려를 전달하며 개선을 위해 힘써달라고 부탁했다. 교도소 소장에게는 수감자들의 인권을 존중해달라고 부탁했다. 그는 이외에도 탈레반 법관, 변호사, 이슬람 학자를 만났고, 탈레반과 간헐적으로 교전을 벌이고 있는 도스툼 장군이 장악하고 있는 지역으로 가서 여러 관계자들을 만나, 교전 중 체포한 탈레반 민병대들에게는 전쟁 포로 대우를 해줄 것을 요청했다.[59]

1월 13일, 탈레반은 반군들이 장악하고 있는 카불 북부 전략 요충지인 바그람공군기지를 재탈환하기 위해 치열한 전투를 벌였다. 반군들은 러시아제 수호이 22로 보이는 제트기 2대를 동원, 카불의 와지르 아크바르 칸 지구에 5, 6발의 폭탄을 투하했다. 카불강 건너편에 있는 시장에서는 폭탄이 터져 수십 명의 사상자가 발생했다. 탈레반은 백 교수와 일행에게 더 이상 신변을 보장해줄 수 없다며 카불을 떠날 것을 권고했다. 백 교수는 유네스코에서 부탁한 바미안 석불 보호 요청을 할 기회를 만들지 못한 것이 아쉬웠지만 다음 기회로 미룰 수밖에 없었다. 백 교수와 일행은 남은 일정을 취소하고 다시 파키스탄으로 향했다. 그리고 이틀 동안 그곳에 머무르며 난민들의 실태에 대해 보다 구체적인 조사를 한 후 다시 제네바로 돌아갔다.

16
한국 컴퓨터를
유엔 전산화 계획에 지원하다

제네바로 돌아온 백 교수는 1996년 7월과 지난 1월의 방문을 종합한 인권 보고서를 준비했다. 그러나 유엔 인권센터에는 속속 들어오는 자료들을 정리할 컴퓨터가 없었다. 복사기로 카피를 한 후 타이프라이터로 정리해야 했다. 백 교수가 그의 일을 도와주는 직원에게 유엔 기구에 컴퓨터가 없다는 것을 이해하기 힘들다고 푸념 섞인 말을 했다. 그러자 그 직원이 말하길, 전산화 계획을 세워 50만 달러의 예산도 잡았는데 유엔이 생각보다 가난해 늦어지고 있다면서, 현재 제네바 주재 일본 대표부에서 일본 기업으로부터 인권위 본부에 컴퓨터 기증이 가능한지를 알아보고 있는 중이라고 했다. 백 교수는 그 소리를 듣는 순간, 일제 컴퓨터가 인권위 책상 위에 놓이는 장면이 눈앞을 스쳤다. 그리고 앞으로 자신도 이곳에 설치된 일제 컴퓨터로 서류를 작성할 생각을 하니 맥이 풀렸다. 그는 검토하던 서류를 책상 위에 놓고 생각에 잠겼다. 한국도 일본 못지않은 컴퓨터 생산국 아닌가.

백 교수는 주 제네바 대표부에 근무하는 조태열 참사관에게 전화를 해서 저녁 약속을 했다. 한국은 제네바의 세계무역기구, 유엔 구주사무소 및 여타 국제기구와 관련된 업무를 담당하기 위해 대표부를 설치하고 있었다. 조태열 참사관은 청록파 시인의 한 명인 조지훈 시인의 차남으로 백 교수의 후배이자 제자였다. 마침 조 참사관이 대표부에서 인권 업무 쪽을 맡고 있어 서로의 업무가 직간접적으로 연결되어 있었다.

"교수님, 이렇게 자주 오시니까 서울에 계실 때보다 자주 뵙습니다."

"맞아요. 서울에서는 서로 바빠 설날에나 보곤 했는데, 요즘에는 올 때마다 만나니까. 그리고 조 참사관이 여기 있어서 마음이 든든해요."

백 교수는 제자라도 그가 공직에 진출한 후에는 경어를 썼다.

"저도 교수님께서 특별보고관으로 오셔서 업무가 수월해졌습니다. 그리고 이렇게 식당에서 오붓하게 뵈니까 제가 결혼을 앞뒀을 때 사모님과 함께 저희 두 사람을 종로 2가 YMCA 레스토랑에 초대해서 좋은 점심을 사주시면서 따뜻한 축하 말씀을 해주시던 일이 생각납니다."

"하하. 나도 그때 기억이 나요. 그게 1982년이던가요?"

"예, 교수님. 맞습니다."

"그러니까 벌써 15년 전이라니. 세월이 참 빨리 지나가요. 일을 할 때는 한 달, 일 년이 긴 것 같은데 지나고 보면 언제 지나갔나 싶어요."

백 교수의 나이도 곧 환갑이다. 세월이 유수와 같다는 말이 실감 났다.

"저도 결혼식을 마치고 며칠 후 김포공항에서 교수님과 사모님의 배웅을 받으며 영국에 유학을 떠났던 일이 엊그제 같은데, 지금은 이곳 대표부에 근무하면서 교수님을 뵙고 있으니 그 세월이 실감이 나질 않습니다."

그의 말에 백 교수가 고개를 끄덕이며 빙그레 웃음을 지었다.

"맞아요. 우리 모두 바쁘게 살아서 그럴 거예요. 그래도 조 참사관은 아직 할 일이 많으니 건강을 잘 유지하세요."

"예, 교수님. 그런데 아프가니스탄 현지 사정은 어떤가요?"

"탈레반이 이슬람 원리주의를 표방하기 때문에 인권 상황이 매우 안 좋아요. 여학교를 폐쇄했고 가혹한 이슬람식 처벌 제도 부활, 아동 학대 등 인권 침해가 심각해요."

"위험하지는 않으셨어요?"

조 참사관이 걱정 어린 표정으로 물었다. 그러나 백 교수는 여유 있는 표정으로 대답했다.

"나도 사람이니까 처음에는 걱정이 되었어요. 혹시라도 잘못되면 가족들이 힘들 텐데 하는 생각도 들고, 아직 아이들이 미혼이라

애들 혼사도 걱정되었지요. 그러나 특별보고관이라는 사람이 위험하다고 현장 방문을 안 하면 유엔에서 어떻게 생각하겠어요? 한국인들의 유엔 진출에 디딤돌이 아니라 걸림돌이 되는 건 불문가지죠. 그래서 용기를 냈는데, 탈레반도 정권 수립 후 유엔과의 관계를 잘 유지하기 위해 철저하게 신변 보호를 해주더군요. 유엔 깃발이 달린 차를 타고 다녔는데, 앞뒤에서 기관총으로 무장한 군대 트럭이 함께 움직였으니까요. 하하."

백 교수가 웃으며 대답하자 조태열 참사관은 스승이 자신을 안심시키기 위해 여유를 보이는 것이라고 생각했다. 그는 제네바로 들어오는 외신을 통해 아프가니스탄 상황이 얼마나 위험하게 진행되고 있는지 알고 있었다. 그때 백 교수가 물었다.

"근데 조 참사관, 내가 오늘 사무실 직원에게 들은 얘긴데 일본 대표부에서 유엔인권위원회 본부에 일본 컴퓨터를 지원하려고 준비 중이라는데, 들은 얘기 있어요?"

그의 말에 조 참사관이 자세를 고쳐 앉았다.

"교수님도 전산화 계획 얘기를 들으셨군요."

조 참사관은 잠시 말을 멈추면서 가느다란 한숨을 내쉬었다.

"사실 그 생각을 하면 맥이 좀 빠집니다. 일본 대표부에 있는 외교관들이 유엔인권위원회에 컴퓨터를 지원할 수 있는 곳은 일본 기업밖에 없다며 얼마나 큰소리를 치며 다니는지 어떤 때는 속에서 화가 치밀기도 합니다."

"그럼 확정이 된 건가요?"

"아닙니다. 일본에는 컴퓨터를 만드는 기업이 여럿이다 보니 서로 자기네 제품을 지원하겠다고 경쟁이 붙은 상황으로 알고 있습니다. 사실 유엔에 설치되면 홍보 효과가 세계적이니까 일본 기업으로서는 몇 십만 달러가 큰돈이 아니거든요."

그때 주문한 음식이 나왔다. 두 사람은 스테이크를 자르며 이야기를 계속했다.

"아직 확정이 안 된 상황이라면 한국 컴퓨터를 지원할 여지가 있을까요?"

조 참사관이 스테이크를 자르던 칼을 내려놓으며 얼른 되물었다.

"교수님, 무슨 방법이 있으세요? 만약 방법이 있으시다면 제가 가능성 여부를 알아보겠습니다."

이번에는 백 교수도 칼을 내려놓았다.

"아니, 아직 확실한 대답을 할 수 있는 건 아니에요. 그러나 현재 삼성에서는 100메가헤르츠 팬티엄급 컴퓨터를 만들고 있고, 얼마 전에는 세계 최초로 1기가 D램 개발에 성공했잖아요. 그런 상황에서 유엔인권위에 삼성 컴퓨터가 설치되면 브랜드 이미지를 세계에 알리는 효과가 있지 않겠어요?"

조 참사관은 눈이 휘둥그레져 백 교수를 바라보았다. 공직자로서는 생각해내기 힘든 발상이었다.

"교수님, 그거 정말 좋은 생각이십니다. 만약 삼성에서 지원을 해준다면 그건 삼성의 이미지뿐 아니라 유엔에서 우리 한국의 이미지도 좋아질 것 같습니다. 그런데 삼성에서 지원을 할까요?"

"귀국해서 이야기해봐야지요. 우리 생각에는 삼성도 좋고 우리나라 국격도 올라가는 좋은 일일 것 같은데, 기업 입장은 어떤지 모르니까."

"삼성 입장에서 보면 브랜드 이미지를 세계적으로 알릴 수 있는 정말 좋은 기회죠. 사실 삼성이 우리나라에서는 큰 기업이지만 아직 세계적으로 알려진 브랜드는 아닙니다. 아직도 유럽에서는 한국을 인형이나 만들고 옷이나 수출하는 나라로 알고 있고, 전자 제품은 일제를 쳐줍니다. 그러나 저희는 오해의 여지가 많아 그런 일을 추진할 수 없는데, 교수님은 민간인이시고 유엔 고위직 신분이시니 이런 일을 추진하기에는 최적격자이신 것 같습니다. 이번에 귀국하시면 한번 추진해보시죠."

백 교수의 머릿속에서는 누구를 만나 어떻게 설득할지에 대한 생각으로 가득했다. 그래도 백 교수는 여유 있는 웃음을 띠며 조 참사관과 맥주잔을 부딪쳤다.

3월 초, 백 교수는 서울로 돌아왔다. 그는 다른 일을 제쳐두고 고등학교와 대학교 3년 후배인 현명관 삼성물산 총괄 부회장을 만났다. 지난해까지 그룹 비서실장을 지낸 후배였다. 백 교수가 안내를 받아 부회장 방으로 들어서자 현명관 부회장이 반갑게 맞으며 자리를 권했다.

"선배님, 오랜만에 뵙습니다. 선배님 동정은 언론을 통해 잘 보고 있습니다. 정말 여러 가지로 수고가 많으십니다."

"무슨 말씀을요. 비서실장에서 총괄 부회장이 되셨으니 영전이

시죠? 축하합니다. 하하."

"고맙습니다. 그런데 제가 선배님을 찾아뵈어야 하는데 이렇게 회사로 오시게 해서 송구합니다."

"아니에요. 바쁜데도 이렇게 시간을 내주어서 고마워요. 그럼 제가 뵙자고 한 용건을 말씀드릴게요."

"예, 선배님. 편하게 말씀하시죠."

백 교수는 비서가 준비해 온 차를 마시며 제네바 주재 일본 대표부에서 유엔인권위에 일본 컴퓨터를 지원하려는 움직임과 일본 회사들의 경쟁에 대해 설명했다. 그리고 전체 예산이 50만 달러 정도 될 것이라는 말도 덧붙였다.

"그래서 우리나라 대표부 참사관에게 알아보게 했더니 만약 우리나라 기업에서 빨리 결정하면 제공이 가능한 상황이라고 해서 현 부회장을 만나자고 한 겁니다."

현명관 부회장은 백 교수의 설명에 연신 고개를 끄덕이다 얼른 그의 말을 받았다.

"선배님, 정말 고맙습니다. 사실 우리 삼성 컴퓨터가 작년부터 미국 최대 유통 업체인 월마트에 납품을 하고 있습니다. 그런데 솔직히 말씀드리면 아직 우리 전자 제품에 대한 인지도가 약해 그런 결정을 얻어내기까지 정말 힘이 들었습니다. 그런데 저희 컴퓨터가 유엔에 들어가게 된다면 그건 브랜드에 날개를 다는 격입니다. 이런 제안을 해주신 선배님께 정말 고맙습니다."

현명관 부회장은 백 교수에게 고개를 숙이며 감사의 뜻을 표시했다.

"그럼 내가 청탁을 하러 온 게 아니라 특혜를 주려고 온 게 되는 겁니까?"

백 교수가 너털웃음을 터트리자 현명관 부회장도 따라 웃었다. 백 교수 특유의 위트였다. 그는 이런 위트 있는 말로 엄숙한 회의 분위기를 부드럽게 바꾸고는 했다.

"솔직히 이건 아주 고급 정보입니다. 하하. 기업 입장에서는 놓칠 수 없는 기회입니다."

"삼성에서 도와준다면 유엔인권위원회가 숙원 사업인 전산화 계획을 일거에 해결했다며 고마워할 거고, 제네바 주재 우리나라 대표부에서도 국격이 올라가게 되었다고 좋아할 겁니다. 그런데 삼성에도 도움이 된다면 모두에게 좋은 일이 되는 거지요."

"선배님, 사실 미국 텔레비전에 광고 잠깐 하는 데도 몇 십만 달러의 비용이 듭니다. 그런데 우리 컴퓨터가 국제연합인 유엔의 인권위원회 본부와 20여 국가의 현장 사무소에 배치된다면 그 광고 효과는 돈으로 환산하기 힘듭니다. 그리고 저희가 컴퓨터 지원뿐 아니라 앞으로 신제품이 나올 때마다 업그레이드도 해드리겠다고 전해주십시오. 사실 요즘 컴퓨터는 몇 달이면 새로운 모델이 나오기 때문에 업그레이드와 기술 지원이 매우 중요합니다."

"그렇게 해주시겠다면 금상첨화겠지요. 그럼 제가 언제쯤 제네바 주재 우리 대표부 참사관에게 연락해도 되겠어요?"

"선배님, 이런 기회를 일본에게 빼앗길 수 없으니까 제가 내일

국제법 학자, 그 사람 백충현

당장 보고를 올려 재가를 받은 후 연락드리겠습니다. 선배님, 정말 고맙습니다."

"그렇게 생각해주시니 제가 기쁘고 보람을 느낍니다. 연락 주시는 대로 제네바에 연락하겠습니다."

그때 비서가 사무실 문을 살짝 열고 다음 약속이 있다는 신호를 보냈다. 백 교수는 일어났고, 현명관 부회장은 엘리베이터 앞까지 배웅을 나왔다.

며칠 후 백 교수는 조태열 참사관에게 삼성에서 컴퓨터를 지원하고 업그레이드까지 책임지기로 했다는 소식을 전했다. 얼마 후 조 참사관은 유엔인권위에서 삼성 컴퓨터로부터 지원을 받기로 결정했다는 소식을 전해왔다. 그는 전화로 "교수님의 민간외교 덕분에 한국과 주 제네바 대표부의 위상이 올라갔다"며 기뻐했다. 아울러 일본 대표부는 빨리 결정하지 못하고 미적거리다 한국에 기회를 빼앗겼다며 초상집 분위기라는 말도 전했다.[60] 백 교수는 그 말을 들으며 제네바 외교가에서 한껏 자랑을 하고 다닐 조 참사관의 모습을 생각하며 흐뭇한 미소를 지었다.

백 교수는 다시 일상으로 돌아갔다. 작년 말로 학장 보직도 끝났기 때문에 한결 홀가분했다. 학장 보직과 유엔 보고관 일로 그동안 걸음이 뜸했던 서울국제법연구원에도 자주 나갈 수 있게 되었다. 일상으로 돌아왔지만 파키스탄의 거대한 난민 지역의 모습과 폭격으로 폐허가 된 카불 시내의 건물들이 주마등처럼 스칠 때가 많았다. 특히 서울 시내 밤거리의 불야성을 보면 어둠 속에 잠겨 있는 난민들의 텐트가 겹쳐지곤 했다. 길거리에서 신문지를 펴놓고 도자기 파편을 팔던 어린아이들도 자꾸 눈에 밟혔다. 찬란한 문화유산이 오랜 내전으로 파괴되었고, 길거리에 도자기 파편이 굴러다니게 된 현실이 안타까웠다. 여름에 다시 들어가면 바미안 석불에 대한 문제를 꼭 알아보아야겠다고 생각했다.

17

아프가니스탄의 집단 학살을
세계에 알리다

서울로 돌아온 백 교수는 외무부를 통해 아프가니스탄 상황을 주시했다. 1997년 휴전이 와해되고 다시 전투가 벌어졌다. 탈레반이 수도 카불과 남부 지역을 포함한 전 국토의 3분의 2를 장악한 채 힌두쿠시산맥 등 북부 지역을 거점으로 저항하고 있는 군벌세력들과 밀고 밀리는 접전이 거듭되었다. 그러나 지난 20년간 계속된 내전의 최대 피해자는 각종 질병과 영양 부족 등으로 고통을 겪고 있는 340만 명의 어린이들이었다. 당시 세계보건기구와 유엔아동기금(UNICEF) 등에 따르면 아프가니스탄 어린이 가운데 약 50퍼센트가 홍역, 디프테리아, 파상풍 등 각종 질병을 앓고 있으며, 아프가니스탄은 세계에서 가장 높은 사망률을 기록하고 있었다. 탈레반은 여성의 취업을 금지하고 외출도 제한하는 등 엄격한 회교 율법을 실시하고 있어 여성의 어린이 양육에도 적지 않은 지장을 초래했다. 결국 탈레반과 북부 군벌 세력은 아프가니스탄의 미래를 책임질 어린이들의 희생이 점점 늘어나자 유엔의 제안을 받아들여 어린이들의 소아마비 백신 예방 접종을 위해 4월 중순부터 일시적으로 휴전을 했다. 그러나 탈레반의 공세가 북부 지역으로 확대될수록 인접 국가로 탈출하는 난민들의 숫자는 늘어났고, 북부 국경에만 10만 명 이상의 난민이 집결해 있다는 소식이었다.

1997년 5월 25일, 탈레반은 군벌 압둘 라시드 도스툼이 장악하고 있던 북부 지역의 쿤두즈주와 사만간주를 점령했다. 반탈레반 세력의 중심 역할을 했던 도스툼은 측근, 가족들과 함께 터키의 수도 앙카라로 피신했고, 부르하누딘 랍바니 전 대통령도 이란으로 탈출했다.

그러나 이때 탈레반에 쫓기던 반탈레반 세력들이 거대한 석불이 있는 바미안 계곡으로 숨어들었다. 탈레반은 이들을 섬멸하기 위해 전투기를 동원해 무차별 폭격을 했고, 이때 석불의 얼굴이 훼손되었다. 유네스코 문화유산보존국에서는 바미안 석불이 보존될 수 있도록 국제사회의 관심과 지원을 요청하면서 "이 석불은 단지 아프가니스탄 고유의 유적이 아니라 세계인들의 유적이라는 사실을 전 세계 사람들이 깨달았으면 하는 바람"이라는 성명을 발표했다.

이 소식을 접한 백 교수는 하루빨리 아프가니스탄에 들어가 탈레반에 석불의 보존을 요청하고 싶었다. 그러나 내전이 끝난 줄 알았던 아프가니스탄에서는 6월부터 다시 치열한 전투가 벌어졌다. 터키로 피신했던 북부 군벌 지도자 도스툼은 아프가니스탄으로 돌아와 탈레반 진영에 가담했고, 반탈레반 세력은 다시 연합해 북부 지역의 탈레반 점령 지역을 재탈환하면서 수도 카불을 위협했다. 결국 탈레반은 '북부 정파'에게 아프간 북부 지역의 통제권을 양보했지만 반탈레반 세력은 아프가니스탄 신정부 구성을 선언하고 지식인들과 전문 관료들의 지지를 촉구했다.

7월 말에는 반탈레반 세력의 전폭기들이 카불 시내에 폭탄을 투하하면서 카불을 공격했고, 유엔과 국제 구호 요원들은 철수했다. 카불에서 북쪽으로 50킬로미터 떨어진 바그람비행장과 64킬로미터 떨어진 차리카르도 반탈레반 동맹군이 점령했다. 그러나 탈레반은 카불을 지켰고, 내전은 다시 소강상태로 접어들었다.

1997년 9월 중순, 백 교수는 외무부를 통해 제네바의 유엔인권위에 연락을 했다. 아프가니스탄 특별보고관으로서의 역할을 수행한 지 올해로 3년째였다. 내년 3월 유엔인권위 총회 때 사의를 표명하고, 정년 때까지는 연구에 전념하고 싶었다. 그래서 올해 아프가니스탄을 방문해 현지 조사를 마무리하고 싶다는 의사를 전달했다. 한편으로는 탈레반을 만나 유네스코에서 부탁한 바미안 석불 문제도 해결하고 싶었다. 그러나 제네바 유엔인권위 사무국에서는 입국을 늦추는 것이 좋겠다는 답신을 보내왔다. 9월 22일, 카불을 방문했던 유럽연합(EU) 여성 고등판무관 엠마 보니노Emma

Bonino와 그 일행이 구속되었다 풀려난 일이 발생했다고 했다. 유럽연합 인권사무소의 올해 지원액은 3,000만 달러에 이르렀지만 여성 병원을 방문해 비디오 및 사진 촬영을 금지하는 법을 어겼다는 이유로 구속까지 했던 것이다. 그뿐 아니라 여자는 커튼 뒤에서 얼굴을 가린 채 발언해야 한다는 현지 관리의 명령에 항의하면서 정부와의 회담에 불참한 유엔 난민 고등판무관 대표 3명을 추방한 사건도 있었다고 했다.[61]

그러나 백 교수는 앞으로의 한국인 유엔 진출을 위해 유종의 미를 거두고 싶었다. 그래서 인권위 사무국에 자신은 이미 여러 차례의 입국으로 탈레반 고위 관료들과도 친분이 있기 때문에 올해 안에 입국해서 현지 조사를 하고 싶다는 의사를 밝혔다.

11월 30일, 백 교수는 유엔인권위 관계자들과 아프가니스탄의 수도 카불에 도착했다. 제네바에서 만난 유엔 관계자들은 탈레반이 지난 1년 동안 100만 카불 시민에게 준 것은 수염과 터번 그리고 AK 소총뿐이고, 카불시는 1,000년 전 회교 전통 사회로 돌아간 듯한 착각이 들 정도로 음산하다고 했다. 실제로 탈레반은 아프가니스탄의 32개 주 중 반군이 장악한 북부 지역을 제외한 22개 주에서 엄격한 회교 율법을 집행하고 있었다. 여성들은 머리끝부터 발끝까지 가리는 부르카(burka, 일종의 차도르)를 입어야 했고, 고개를 들어 남자를 쳐다보거나 말을 거는 것이 발각되면 체포해서 감옥에 보냈다. 학교를 다닐 수도, 일자리를 구할 수도 없다. 시장 가는 것을 제외하고는 외출도 엄격히 금지되고 있었다. 군인들과 종교 경찰은 시내를 순찰하면서 남자들이 덥수룩하게 기른 수염을 제대로 다듬었는지 검사하고, 서구식 음악을 듣거나 카드놀이를 하면 태형에 처했다. 유엔 구호단체 남자 직원들도 아프가니스탄 여성들은 고용할 수 없었고, 구호품을 나눠주기 위해 여성들과 접촉하면 곧바로 추방되었다.[62]

백 교수는 탈레반 외무부 고위 관리들에게 다시 한 번 국제사회의 우려를 전달하며 여성과 아동들에 대한 탄압을 중지하는 것이 좋겠다는 의사를 전달했다. 그러나 그들은 지난번 방문 때처럼 "반군을 격퇴하면 여성의 권리를 회복시켜주겠다"는 말만 되풀이했다. 보건 장관 압바스Abbas는 "반군과 평화 협정을 맺어 모든 국민이 참여하는 선거를 통해 의회를 구성, 자신들의 생활방식을 결정하는 길밖에 없다"고 말했다. 탈레반의 장관급 인사들이 이렇게 이야기하는 이유는 반군의 공격에 희생되는 탈레반 민병대의 숫자가 계속 증가하고 있기 때문이었다. 탈레반 군 당국자들은 백 교수에게 반군들에게 탈레반 민병대가 어떻게 그리고 얼마나 많이 학살을 당했는지를 보여주겠다며 현장으로 안내하겠다고 했다.

그 말을 듣는 순간 백 교수는 깜짝 놀랐다. 집단 학살genocide은 심각한 전쟁 범위이자 가장 잔혹한 인권 탄압이었다. 그래서 1946년 제1회 유엔총회에서 '국제법 범죄'라고 선언했고, 1948년의 제3회 총회에서는 '집단 살해 죄의 방지와 처벌에 관한 협약'이 채택되어 1951년에 발효되었다. 백 교수는 어느 쪽에 의해서든 집단 학살이 있었다면 유엔을 통해 국제사회에 알려서 더 이상의 희생을 막을 대책이 논의되어야 한다고 판단했다. 그는 보다 정확하고 객관적인 현장 조사를 위해서는 전문가와 카불에 있는 외신 기자의 동행이 필요하다고 생각했다.

"카불 주재 서방 국가 대사관에 연락해 군 의무관과 법의학 전문가의 지원을 요청해주세요."

백 교수가 함께 온 유엔인권위 관계자에게 지시했다.

도스툼 장군은 탈레반과 최대 적대 관계에 있던 북부 군벌 사령관이었으나 1996년 7월 탈레반과 연합했다.

며칠 후 백 교수는 유엔인권위 관계자와 전문가 2명과 함께 탈레반의 안내를 받아 아프가니스탄 북부 지역에 위치한 마자르 이 샤리프의 동쪽에 위치한 쉬베르간에 도착했다. 작년 5월 탈레반과 연합해 북부 지역을 관리하고 있는 도스툼 장군이 안내를 맡았다. 도스툼 장군은 백 교수 일행에게 집단 학살의 책임자는 자신과 경쟁 관계에 있던 북부 군벌로 이란으로 탈출한 압둘 말리크Abdul Malik라며 집단 학살이 매우 끔찍하게 이루어졌다고 상황을 설명했다.

지난 5월, 탈레반들이 북쪽 지역을 장악하기 위해 총공세를 폈다. 이때 마자르 이 샤리프까지 진격해 북부동맹군을 무장해제를 시키려다 오히려 탈레반 민병대 3,000여 명이 포위되어 포로가 되었다. 포로들은 자신들이 교환된다는 말을 듣고 끌려나간 뒤 15미터 깊이의 구덩이에 강제로 들어가야 했다. 이를 거부하면 즉각 사살되었다. 포로들이 구덩이에 80~100명 정도 채워지면 수류탄을 던지고 흙으로 구덩이를 메웠다.

백충현 유엔 특별보고관과 도스툼 장군. ⓒ 〈중앙일보〉

　도스툼 장군은 백 교수 일행을 데리고 구덩이로 추정되는 곳으로 데려갔다. 탈레반 민병대가 구덩이를 파자 포로들의 시신이 드러났다. 너무 끔찍해 모두들 고개를 돌렸다. 그러나 함께 온 군 의무관과 법의학 전문가는 마스크와 손 장갑을 끼고 현장을 자세히 살폈다. 도스툼 장군의 증언대로 100여 구의 시체가 있었다. 백 교수 일행은 그런 구덩이 9개를 발견했다.

　백 교수 일행은 반탈레반 연합군이 지난 9월 민간인을 학살한 현장도 조사했다. 그러나 한 마을에서는 탈레반 민병대가 민간인들에게 무기를 내놓으라며 무려 53명을 사살했다는 증언도 나왔다. 탈레반도 북부 지역을 점령한 후 보복 학살을 한 것이다. 백 교수는 그들의 증언을 들으며 시신이 매장된 구덩이에는 탈레반 민병대와 반탈레반군이 섞여 있을지도 모른다는 생각을 했다. 내전이 오랜 세월 지속되면서 서로 복수를 하는 동안 종족 간의 갈등이 커졌다. 같은 이슬람교도라도 시아파와 수니파 간의 종교 갈등도 원인이었다.

1,000명 이상의 시신이 있는 학살 현장을 본 백 교수 일행은 망연자실한 채 카불로 돌아왔다. 20세기가 끝나가는 현대에도 이런 잔학한 일이 벌어진다는 사실이 실감나지 않았다. 수백만 명의 아프가니스탄인들이 어렵게 파키스탄과 이란의 국경을 넘어가 난민 생활을 하는 이유도 이해할 수 있었다. 이 내전을 누가 끝낼 수 있단 말인가! 백 교수는 머리를 감쌌다. 그러나 비탄에 잠겨 있을 수만은 없었다. 그는 내전에서의 인권 침해 방지와 난민에 대한 인도적 지원에 대한 보고의 의무가 있는 특별보고관이었다.

백 교수는 인권위원회 관계자들과 동행했던 군 의무관과 법의학 전문가들과 회의를 했다. 전문가 2명에게는 법의학적 소견을 물으면서 유엔에서 공식 발표가 있을 때까지는 대외적으로 발표하지 말아줄 것을 부탁했다. 그리고 인권위 관계자들에게는 녹음했던 부분들을 정리하고 비디오로 촬영한 것은 유엔에 제출할 수 있도록 편집해줄 것을 부탁했다.

백충현 교수는 탈레반 당국자에게 바미안 석불에 대한 유네스코의 우려를 전달하면서 현지 방문을 하고 싶다는 의견을 전달했다. 이 문제에 대해서는 제네바에서 메리 로빈슨Mary Robinson 유엔 인권 고등판무관에게 설명을 한 후 현지를 방문해도 좋다는 양해를 구했다.

이틀 후 백 교수는 통역 요원과 함께 바미안 계곡에 있는 높이 53미터의 석불 입구에 도착했다. 석불 곳곳에 총알 자국이 있었지만 세계 최대의 석불다운 위용을 과시하며 우뚝 서 있었다. 그러나 탈레반 민병대는 이 석불이 우상이라며 파괴할 준비를 하고 있었다. 석불 밑에 탄약을 설치했고, 대공 미사일은 머리 부분을 향하고 있었다. 백 교수는 통역과 함께 현장 지휘관을 만났다.

"장군님, 아프가니스탄에 불교 신도가 몇 명입니까?"

"한 명도 없소."

"그렇다면 이 석불이 왜 우상입니까?"

"불교도들의 우상이오."

"아프가니스탄에는 불교도가 한 명도 없는데, 어떻게 우상이 됩니까?"

"……"

백 교수는 숨을 고른 후 그를 설득했다.

"장군님, 이 석불은 당신들 조상이 2,000년 전에 만든 것으로 어느 나라도 흉내 낼 수 없는 찬란한 문화 창조물입니다. 따라서 이 석불은 현재 및 미래의 아프가니스탄 사람들의 문화적인 자부심이 되고 민족의 정체성 형성에도 도움이 되니 보존해야 됩니다."

지휘관은 잠시 생각하더니, 카불에 있는 사령부에 보고하겠다는 대답을 했다. 백 교수는 고맙다는 인사를 하고, 꼭 보존될 수 있도록 힘써달라는 부탁을 하고 카불로 돌아왔다. 12월 12일, 백 교수가 카불을 떠나기 전날, 외무부 담당자는 바미안 석불은 파괴되지

바미안 석불이 보이는 입구에 서 있는 탈레반 민병대.

않을 것이라고 했다. 백 교수의 설득이 주효했던 것이다. 그러나 탈레반은 그로부터 4년 후인 2001년에 결국 바미안 대석불을 파괴해 많은 이들에게 충격을 주었다.

12월 13일, 제네바로 돌아온 백 교수는 아프가니스탄의 집단 학살 보고서를 정리해 유엔인권위에 제출했고 인권위원회에서는 이를 유엔총회에 보고했다.

12월 16일, 존 밀스John Mills 유엔 대변인은 "지난달 30일부터 지난 13일까지 유엔이 임명한 특별보고관으로 아프가니스탄을 방문한 한국의 백충현 교수에 의해 아프가니스탄의 이슬람 근본주의 세력인 탈레반 소속 병사 1,000여 명이 구덩이에 생매장되는 등 집단 학살을 당한 사실이 밝혀졌다"고 발표했다. 인권위원회

대변인이 아닌 유엔 대변인이 이를 발표한 것은 그만큼 사안이 중대했기 때문이다. 밀스 대변인은 집단 학살이 매우 끔찍하게 이루어졌다고 발표하면서 "백충현 교수가 종합한 목격자들의 증언에 따르면 포로들은 자신들이 교환된다는 말을 듣고 끌려나간 뒤 15미터 깊이의 구덩이로 강제로 들어

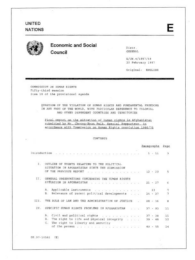

백충현 특별보고관이 유엔인권위원회에 제출한 보고서.

가야 했다. 만약 이를 거부하면 즉각 사살되었다. 포로들이 구덩이에 채워지면 수류탄을 던진 후 흙으로 구덩이를 메웠다. 백 교수는 100여 구의 시체가 들어 있는 구덩이를 9개나 발견했다. 이를 막기 위한 국제사회의 노력이 절실하다"고 덧붙였다.

밀스 유엔 대변인의 발표는 전 세계에 타전되었다. 우리나라 각 언론에서도 비중 있게 보도했다. 백 교수는 이날 저녁 제네바 주재 한국 대표부의 조태열 참사관을 만났다.

"교수님께서 아프가니스탄의 인권 침해 실상을 전 세계에 알리셔서 유엔 중심의 인권 보호 활동이 활기를 띠게 되었습니다. 그리고 교수님의 활약 덕분에 한국인의 유엔 진출이 큰 힘을 받게 되었습니다. 고맙습니다."

아프간 탈레반포로로 집단학살

수백명 생매장된 구덩이 발견
유엔 특별조사원 백충현교수 밝혀

【제네바=AP 연합】아프가니스탄의 이슬람근본주의 세력인 탈레반 소속 병사 수백명이 구덩이에 생매장되는 등 집단학살을 당했다고 존 믹스 유엔대변인이 16일 말했다. 이같은 사실은 지난달 30일부터 지난 13일까지 유엔이 임명한 특별조사원(Special rapporteur)으로 아프가니스탄을 방문한 한국의 백충현 교수에 의해 밝혀졌다.

백 교수는 아프가니스탄 북부지역에 위치한 마자르이샤리프의 이크 동중지역에서 수당…

신뢰으며 탈레반측은 이란에 집단학살의 책임자인 압둘 말리크의 추방을 요구하고 있다.

믹스 대변인은 집단학살이 『매우 끔찍하게 이루어졌다』고 말했다. 백 교수가 종합한 목격자들의 증언에 따르면 포로들은 자신들이 고문된다는 말을 듣고 끌려 나간 뒤 15m 깊이의 우물로 강제로 들어가야 했다. 만약에 이를 거부하면 즉각 사살됐다. 포로들이 구덩이에 채워지면 수류탄이 던져졌으며 그 다음에는 흙으로 구덩이를 메웠다. 백 교수는 1백 구의 시체가 들어 있는 구덩이들 9개나 발견했다.

한편 백 교수는 탈레반 반군이 지난 9월 민간인의 학살한 현장도 조사했다. 한 마을에서…

아프가니스탄의 대표로 승인했다. 이번에 대량학살의 시체들이 무더기로 발견된 마즈르이사리프 지역은 우즈베키스탄의 지원을 받는 북부 군벌의 세력권. 이 북부군벌은 탈레반과 협력하는 대가로 무장해제를 하지 않고 독자적인 봉게런을 갖는다는 협정을 맺었다. 그러나 군벌 내부에는 이에 반대하는 세력도 있다. 이번 학살도 탈레반과의 화해를 반대하는 군벌 내부의 일부세력이 저지른 것으로 보인다.

아프가니스탄에는 이외에도 이란의 지원을 받는 시아파 이슬람 세력들이 무장하고 있어…

아프가니스탄의 집단 학살을 보도한 〈조선일보〉 1997년 12월 17일
자 기사.

조 참사관이 백 교수의 잔에 맥주를 가득 부었다. 백 교수는 그와 잔을 부딪쳤다. 그러나 그때까지도 아프가니스탄에서 본 구덩이들이 계속 눈에 밟혔다.

"조 참사관, 내가 그런 디딤돌이 되었는지는 모르겠지만 지난 3년 반이란 세월이 참 길었어. 내년 2월 인권위원회 총회에서 사의를 표명해야 할 것 같아."

조 참사관은 아무 대답도 하지 못했다. 스승이 얼마나 멀고 험난한 길을 다녔는지 알기 때문이었다. 그는 안타까운 눈길로 다시 학문의 세계로 돌아가는 스승을 바라보았다.

제4부

민족과 국가의 자존심을
지키기 위하여

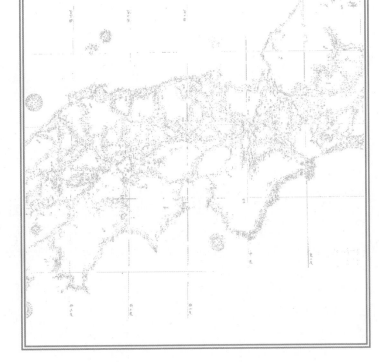

국가 간의 분쟁은 외교의 힘으로 해결하려고 믿기쉽다.
그러나, 외교의 힘는 가상 법적 이론이 뒷받침될 때
비로소 헌실적 방법으로 평가된 수 있다. 백 충현

18

드디어 나타난
〈관판실측일본지도〉

일본은 1996년 10월 20일에 치러진 일본 중의원 선거에서 하시모토 총리가 이끄는 자민당이 승리했다. 이틀 후인 10월 22일에는 일본 외무성 대변인이 정례 기자회견에서 "독도는 일본 영토"라고 주장했다. 자민당은 '독도 영유권 주장'을 총선 공약으로 내걸었다. 당시 우리 정부는 외무부 대변인 논평을 통해 "자민당이 전례 없이 독도 문제를 선거 공약으로 천명한 것은 공당으로서 무책임한 태도이며 우리 정부는 절대 용납지 않을 것"이라며 강경하게 대응할 방침임을 밝혔다. 시민 단체와 종교 단체에서도 규탄성명을 발표했다. 그러나 자민당 정권은 들은 체도 하지 않았다. 11월 1일, 일본은 독도에서의 부두 공사에 유감을 표하며 즉각 중단해달라는 의사를 우리 정부에 전달했다. 독도 영유권 문제는 다시 양국의 '현안 문제'가 되었다.

　백 교수는 점점 극우 보수화의 길로 치달으며 계속 영유권 분쟁을 일으키는 일본의 행태가 안타까웠다. 이런 상황이 계속되면 양국 간의 진정한 우호 관계를 기대할 수 없다는 것이 역사의 교훈 아니던가. 그러나 영토 분쟁은 어느 한 나라가 포기하지 않는 한 끝나지 않는 싸움이었다. 포기하지는 않겠지만 독도가 일본의 영토가 될 수 없다는 명백한 증거가 많아지면 일본도 힘이 빠지면서 잠잠해질 것이다.

　1997년 4월의 주말, 백충현 교수는 도쿄 간다 지역 고지도 서점을 방문했다. 서점을 샅샅이 뒤질 각오로 편한 복장인 청바지를 입고, 제자 2명도 함께 갔다. 일본은 17세기부터 네덜란드와 교역을 시작하면서 나가사키항을 개방했다. 네덜란드인 거류를 위해 이 지역에 '데지마'라는 인공 섬도 만들었다. 데지마를 통해 측량술, 조선술 등 다양한 서양의 학문이 일본에 전해졌다. 서구의 측량술을 배운 일본은 18세기에 이르러 에도 막부 관찬 지도인 〈형보일본도〉, 사찬 지도인 나가쿠보 세키스이의 〈신각일본여지노정도〉, 〈개정일본여지노정전도〉와 하야시 시헤이의 〈삼국통람여지노정전도〉, 〈대삼국지도大三國之圖〉 등을 발간했다.

　백 교수가 간다 서점가를 찾아온 것은 〈관판실측일본지도〉를 찾기 위한 것이었지만 그동안 어느 서점에서도 연락은 없었다. 어쩌면 한국인에게는 팔지 않겠다는 고서점 주인들의 묵계가 있을지도 모를 일이었다. 그러나 백 교수는 포기하지 않고 제자들과 서

점을 샅샅이 훑으면서 지도
란 지도는 다 꺼내서 살펴
보았다. 독도가 조선 영토로
표기된 다른 관찬 지도라
도 찾게 되면 헛걸음은 아
닐 것이다. 그렇게 하루 종
일 지도를 찾아다니다가 숙
소로 돌아오면 탈진 상태가
되었고, 그래도 다음 날이면
어김없이 다시 고서점 순례
를 했다.

일본 고서점에서 자료를 찾는 백충현 교수의
모습.

"〈관판실측일본지도〉를
실측한 이노우 다다타가의
또 다른 지도가 있는데 보시겠습니까?"

들던 중 반가운 소리였다. 백 교수가 밝은 얼굴로 고개를 끄덕이
자 서점 주인이 그를 사무실로 안내했다. 귀한 지도라 서가에 두
지 않고 사무실에 보관하고 있었던 것이다. 주인이 꺼낸 지도는 이
노우 다다타가가 17년 동안 일본 전역을 다니며 실측한 작업을 다
담아내지 못한 것으로 알려진 〈대일본연해여지전도〉였다. 축척
1:432,000로 된 3장의 소지도와 축척 1:216,000로 된 8장의 중지
도였다.

백 교수는 먼저 독도 부분을 살폈다. 〈관판실측일본지도〉에서처

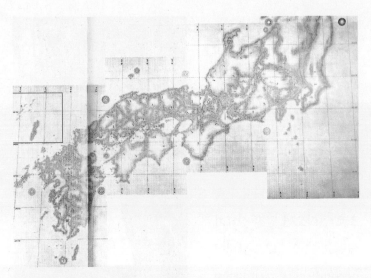

〈대일본연해여지전도〉의 모습.

럼 경상도 남쪽은 표기되어 있지만 그 오른쪽에 울릉도와 독도는 없었다. 일본 서북쪽에 오키섬은 표기되어 있었다. 백 교수는 꼼꼼하게 지도에 표기된 섬을 살폈다. 그러나 〈관판실측일본지도〉에 있던 일본 남쪽의 오가사와라제도는 없었다. 일본에서 일본 전역을 다 담은 지도가 아니라고 주장할 수 있는 지도였다. 그는 낮은 한숨을 내쉬었다. 그래도 참고 자료로서의 가치가 있어 값을 물어 보았다. 우리나라 돈으로 2,000만 원이라고 했다. 백 교수는 잠시 생각에 잠겼다. 이 지도가 2,000만 원이라면 네 권으로 된 〈관판실측일본지도〉가 나타나면 값을 얼마를 달라고 할지 가늠이 되지 않았다. 물론 그 기회가 올지 안 올지는 모르는 일이지만 그때를 생각하면 국제법적 증거 가치가 낮은 〈대일본연해여지전도〉는 구입하지 않는 것이 낫다는 결론을 내렸다. 백 교수는 주인에게 자신의 생각을 솔직하게 이야기했다. 그렇게 해야 〈관판실측일본지도〉가 나타났을 때 연락을 해줄 것이라는 믿음 때문이었다.

8월 중순, 일본 도쿄에 있는 고지도 전문점 충경당의 주인 이마이 데츠오今井哲夫 씨로부터 국제전화가 왔다.

〈대일본연해여지전도〉 중 조선 부분.

〈관판실측일본지도〉가 매물로 나왔으니 구입 의사가 있으면 와서 직접 보라는 내용이었다. 백 교수는 벌렁거리는 가슴을 진정시키며 고맙다는 인사를 하고 다음 날 아침 비행기로 출발하겠다고 했다. 이때부터 백 교수는 지도 값이 얼마나 될지를 생각했다. 그러나 한 가지 확실한 것은 자신의 월급은 서울국제법연구원 운영비로 들어가기 때문에 지도 구입은 아내의 도움을 받아야 한다는 사실이었다.

백 교수는 저녁을 먹은 후 아내에게 〈관판실측일본지도〉의 중요성에 대해 설명하면서, 가격이 매우 비쌀 수도 있다고 했다.

"그동안 당신이 그 지도 찾겠다며 시간 날 때마다 일본에 갔는데, 드디어 나타났다니 정말 다행이에요. 걱정하지 말고 다녀오세요. 여유가 좀 있어요. 부족하면 적금 해약하면 돼요."

"적금은 애들 결혼 비용이라고 했잖아."

백 교수는 적금을 깨겠다는 말에 걱정스러운 목소리로 말끝을 흐렸다.

"그건 걱정하지 마세요. 공부 끝나고 취직하면 월급 모아서 하라고 할 거예요."

아내는 그게 무슨 걱정이냐는 듯 대수롭지 않게 대답했다.

데츠오 사장은 백 교수와 악수를 한 후 이층에 있는 자신의 사무실로 안내했다. 그리고 사무실 안쪽 방에서 네 권으로 된 푸른색 표지의 〈관판실측일본지도〉를 들고 나왔다.

"백 교수님, 이 지도가 바로 백 교수님께서 찾으시던 〈관판실측일본지도〉입니다. 이노우 다다타가 선생이 17년간 전국을 다니며 실측한 일본 최고의 관찬 지도입니다. 일본 정부에서는 이 지도를 한국인이 소장하는 걸 원하지 않는다는 걸 알고 있습니다. 그러나 저는 이 서점을 처음 시작하신 아버님으로부터 귀한 지도는 그 가치를 알고 꼭 필요로 하는 분에게 가야 한다는 가르침을 받았습니다. 그래서 백 교수님께 먼저 연락을 드린 겁니다."

"데츠오 사장님, 저에게 먼저 기회를 주셔서 고맙습니다. 그럼 자세히 볼 수 있을까요?"

"예, 백 교수님. 시간을 갖고 편안히 살펴보십시오."

백 교수는 벅차오르는 가슴을 진정시키며 지도를 한 권 한 권 펼쳤다. 메이지대학교 박물관에서 보았던 판본과 같은 지도였다.

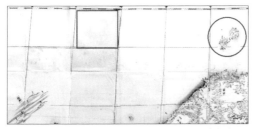

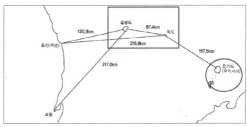

〈관판실측일본지도〉의 조선 동쪽과 일본 북쪽 부분. 네모 칸이
울릉도와 독도가 있는 곳이다. 당시 독도가 일본 영토로 인식
되고 있었으면 오른쪽의 오키섬처럼 표기가 되어 있어야 한다.

경상도 지방의 산 이름도 표기되어 있었지만 그 오른쪽에 울릉도
와 독도는 없었다. 그리고 오른쪽으로 가면 일본 서북쪽에 있는 오
키섬만 있었다. 지난번 구입하지 않았던 〈대일본연해여지전도〉에
빠져 있던 도쿄에서 남쪽으로 1,000킬로미터 떨어진 오가사와라
제도 부분도 메이지대학교에서 본 것처럼 자세하게 표기되어 있
었다. 한 장의 낙장落張도 없는 완벽한 지도였다.

　백 교수는 독도를 일본의 영토로 표기하지 않은 이 지도가 독도
가 우리 영토라는 '결정적 단서'이고, 이로써 영유권 분쟁에서 절
대적 우위를 차지할 수 있게 되었다고 생각했다. 당시 한국과 일본
은 1995년 유엔 해양법 협약 발효로 인한 200해리 배타적 경제수

역을 1996년에 각각 선포한 후 두 나라 사이에 겹치는 구역을 조정하기 위해 협상을 계속하고 있었다. 그리고 일본은 협상에서 유리한 위치를 점하기 위해 독도가 자신들 고유의 영토라는 것을 대대적으로 선전하고 있었고 자민당에서는 이를 선거 공약으로 내걸었다. 이런 상황에서 현 일본 정부와 직접적인 연결성을 가진 메이지 정부에서 편찬했고, 제목처럼 이노우 다다타가가 도쿄 남쪽 1,000킬로미터 떨어진 오가사와라제도까지 가서 실측한 〈관판실측일본지도〉에 일본 본토에서 250킬로미터 떨어진 곳에 있는 독도가 표기되지 않았다는 것은, 일본이 주장하는 '고유 영토론'에 결정적 타격을 줄 수 있는 확실한 증거였다. 일본 정부에서 공개를 꺼리고, 메이지대학교에서도 촬영을 못하게 하는 〈관판실측일본

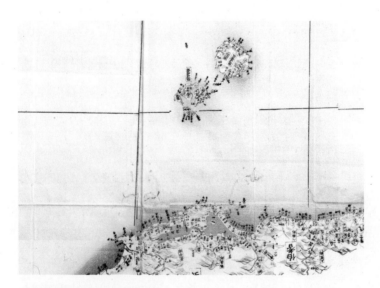

〈관판실측일본지도〉의 오키섬 부분.

국제법 학자, 그 사람 백충현

지도〉는 이제까지 알려진 그 어느 지도보다 그 가치가 높았다. 그러나 아직 기뻐하기는 일렀다.

"데츠오 사장님, 완벽합니다. 제가 일전에 메이지대학교에서 본 지도와 완전히 일치합니다."

"백 교수님께서 그렇게 말씀해주시니 고맙습니다. 역시 제가 백 교수님께 먼저 연락을 드리기를 잘한 것 같습니다."

데츠오 사장이 잔잔히 미소를 띠며 공손하게 대답했다. 백 교수는 심호흡을 했다. 그리고 최대한의 예의를 갖춰 물었다.

"데츠오 사장님, 이 지도의 가치를 어느 정도로 평가하시는지 말씀해주실 수 있겠습니까?"

데츠오 사장이 백 교수를 바라보았다. 그리고 차분한 목소리로 대답했다.

"백 교수님, 아시다시피 이 지도는 일본 최고의 권위가 있는 관찬 지도이고, 다케시마 영유권 문제에 대한 중요한 단서가 포함되어 있습니다. 그리고 무엇보다도 이 지도가 매물로 나오는 경우는 매우 드뭅니다."

데츠오 사장은 잠시 말을 멈추고 생각에 잠기는 듯했다. 그는 고지도 서점 주인들의 모임인 '수레바퀴 문고회(文車ふぐるま)の会)'의 창립 멤버 7인 중 한 명이었다. 그의 서점에서는 '충경당 고지도 목록'이라는 소책자를 꾸준하게 발행했고, 이 책은 일본 학자들에게 고지도와 서지의 기초 자료로 활용되었다. 그는 〈관판실측일본지도〉의 가치를 정확히 알고 있었고, 이 지도가 그의 서점에 매물

로 나온 것은 우연이 아니라 그의 신용과 실력 때문이었다.

"백 교수님, 저도 이 지도의 가치에 대해 많이 생각해보았습니다. 고심 끝에 그 가치를 1,000만 엔으로 책정했습니다."

당시 환율로 1억 원이었다. 백 교수가 어느 정도 예상했던 가격이었지만 1억은 큰돈이었다. 백 교수가 미소를 띠고 데츠오 사장을 바라보았다. 데츠오 사장도 백 교수의 미소와 눈빛이 무엇을 의미하는지 알고 있기에 차분한 목소리로 말했다.

"백 교수님, 적당한 가격을 말씀드린 겁니다."

데츠오 사장은 놓치지 말고 구득하는 것이 더 중요하다는 듯한 눈빛으로 백 교수를 바라보았다.

"데츠오 사장님, 이 지도가 그 정도의 가치가 있다는 것에는 동의합니다. 그리고 저에게 먼저 기회를 주셔서 고맙습니다. 그런데 저희 한국에는 외환 관리법이 있어서 제가 출국할 때 지참할 수 있는 외화 액수에는 제한이 있습니다. 따라서 한국에서 법적 절차를 거쳐 송금을 받아야 하는데, 얼마나 시간을 주실 수 있으신지요?"

데츠오 사장이 고개를 끄덕이며 대답했다.

"백 교수님, 무슨 말씀이신지 알겠습니다. 그러나 저 역시 이런 귀한 물건을 오래 서점에 놔두는 건 무리입니다. 며칠이면 준비가 되시겠는지요?"

이번에는 백 교수가 생각에 잠겼다. 그러자 데츠오 사장이 전화를 가리키며 국제전화를 해도 된다고 했다. 백 교수는 고맙다며 아내에게 전화를 했다. 그러나 아내도 송금을 해본 적이 없다며 차남인 영진의 친한 친구가 은행에 근무하고 있으니 얼른 알아보고 전화를 주겠다며 충경당 전화번호를 물었다. 그 사이 백 교수는 다시 한 번 〈관판실측일본지도〉를 살폈다.

오키섬과 대마도 부분을 보며, 이노우 다다타가 17년간 전국을 다니며 실측했다는 말이 헛말이 아니라는 것과 일본 최고의 관찬 지도라는 명성을 괜히 얻은 것이 아니라는 생각이 들었다. 보면 볼수록 감탄이 나왔다. 그때 아내에게서 전화가 왔다. 충경당 거래 은행 이름과 계좌번호를 알려주면 내일 오전에 5,000만 원을 송금하고, 하루 이틀 후에 나머지 5,000만 원을 송금할 수 있다고 했다.

며칠 후 백 교수는 〈관판실측일본지도〉를 앞에 두고 데츠오 사장과 기념사진을 찍고 바로 하네다공항으로 향했다. 보통 때 같았으면 주 일본 한국 대사관에 들러 제자들을 만났겠지만 이날은 서둘러 공항으로 향했다. 공항에서 지도의 반출을 막을 법적 근거는 없지만 그래도 한시라도 빨리 〈관판실측일본지도〉를 한국 땅으로 옮기고 싶다는 생각뿐이었다. 그래서 그는 기내로 가지고 들어갈 수 있는 가방에 지도를 넣고 비행기에 올랐다.

잠시 후 비행기는 굉음을 내며 하네다공항 활주로를 이륙했다. 그는 고개를 등받이 의자에 기댔다. 스르르 눈이 감겼다. 그러나 잠은 오지 않았다. 얼마나 시간이 흘렀을까. 비행기는 한국 상공으로 접어들었다. 조그만 창문 아래로 한국의 검푸른 바다가 넘실거리고 있었다. 언제 봐도 아름답고 푸근한 우리 바다, 우리 영토였다. 백 교수는 자리 위 선반 캐비닛을 바라보았다. 〈관판실측일본

백충현 교수와 데츠오 사장이 〈관판실측일본지도〉를 들고 찍은 사진.

지도〉를 가지고 국제법적 논리로 일본의 '독도 영유권' 주장이 얼마나 억지인가를 밝히는 논문을 쓸 생각에 가슴이 벅차올랐다.

서울에 온 백 교수는 외무부에 있는 제자들을 저녁 식사에 초대했다. 그가 제자들에게 〈관판실측일본지도〉를 보여주자 모두들 기뻐하며 스승의 노고를 치하했다. 백 교수는 저녁 식사를 하며 내년까지 논문을 완성해서 국제회의에서 발표하겠다는 의사를 밝혔다. 그러자 제자들이 조심스럽게 입을 열었다. 현재 한일 간에 진행되고 있는 신新한일어업협정과 중간수역(中間水域, intermediate zone)의 진행 상황에 대해 설명하면서, 독도 영유권에 대해 당분간 외교적 마찰을 피하자는 일종의 '신사협정'이 이루어지고 있다고 했다. 백 교수는 그 말이 무엇을 뜻하는지 알고 있었다. 물론 사적인 자리에서의 대화였지만 일본이 공개를 극도로 꺼려 하는 〈관판실측일본지도〉를 내세워 논문을 발표하면 독도 영

● 신新한일어업협정과 중간수역(中間水域, intermediate zone)

한일 양국은 국회와 의회에서 유엔 해양법 협약을 비준하고 각각 200해리 배타적 경제수역을 선포했지만 두 나라 사이에 영구적인 경계 획정이 쉽지 않았다. 한일 양국은 오랜 협의 끝에 신한일어업협정을 맺었다. 1998년 11월 28일, 서명을 거쳐 1999년 1월 22일부터 공식 발효되었다. 이 협정에서 한일 양국은 연안수역을 배타적 전관수역으로 하고, 그 나머지 가운데 수역을 중간수역으로 설정했다. 중간수역에서는 상대국의 국민과 어선에 대해 자국의 법령을 적용하지 않고, 공동으로 어업 자원을 보존·관리하게 되어 있다.

그러나 이때 체결된 한일 간 신어업협정에서는 '독도의 영토적 지위에 아무런 영향도 주지 않는다'라고 명시함으로써 독도에 대한 두 나라 사이의 영유권 주장을 피해 갔다.

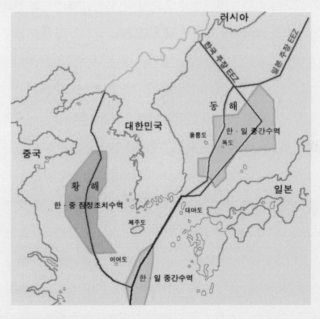

신한일어업협정에 따른 중간수역을 표시한 지도.

유권 문제는 다시 한 번 두 나라 사이에 현안으로 부상하면서 협상에 지장을 줄 수도 있다는 뜻이었다. 백 교수는 고개를 끄덕이며 제자들의 설명을 들었다. 그에게는 개인의 영예보다는 국가의 이익이 먼저였다.

"무슨 말인지 알겠어요. 이제 우리에게 〈관판실측일본지도〉가 있다는 걸 염두에 두고 좀 더 자신 있게 협상에 임하세요. 우리가 꿀릴 게 없잖아. 논문 발표 시기는 협상 진전을 봐가면서 하기로 하지."

그러나 신한일어업협정이 끝나고 나면 일본은 틀림없이 신사협정을 깨트리고 다시 영유권 주장을 할 것이다. 그때 논문을 발표해 일본의 코를 납작하게 해주면 될 일이었다.

19

외규장각 의궤의 반환만이
올바른 해결책이다

    1998년 6월 25일, 제3차 한불 포럼이 서울 홍은동 스위스그랜
드호텔에서 열렸다. 프랑스국립도서관에 있는 외규장각 의궤 반
환 문제는 1994년 3월 25일, 우리나라 외무부가 프랑스 측에 교
환 전시할 도서 목록을 세 차례에 걸쳐 제시했지만 프랑스 측이
"등가等價의 수준에 미치지 못한다(가치가 낮다)"는 이유로 거부한
후 진전이 없었다. 1995년 김영삼 대통령이 프랑스를 방문해 미테
랑 대통령과 정상회담을 할 때도 언급했지만 "약속은 지킨다"는
원론적인 답변만 돌아왔을 뿐이다. 정부 간 교섭이 난항에 부딪치
자 1996년부터는 '한불협회'에서 포럼을 통해 반환에 대한 논의를
지속했다.

    백 교수는 1997년 4월, 프랑스 파리에서 열렸던 제2차 한불 포

럼에서 '외규장각 도서 반환 문제의 국제법적 성격'을 발표했다. 그는 먼저 '문화재 보호에 관한 국제법 발달'에 대해 설명한 뒤 '문화재의 국제적 보호와 유출 문화재'의 반환에 대해 각국의 예를 들었다. 그는 '외규장각 의궤 반환'에 대해 1) 1866년 병인양요 당시 조선과 프랑스 사이에 국제법이 적용되는 이유, 2) 외규장각 의궤 반출 행위의 국제법적 성격, 3) 전시 약탈 문화재의 반환과 관련해 프랑스가 독일에 요구한 반환 요청, 4) 한국 정부의 반환 청구와 국제법적 근거 등에 대해 조목조목 설명했다. 그리고 결론에서는 국제법과 외교 협상의 조화를 강조하며 아래와 같이 주장했다.

"1866년 병인양요라는 조선과 프랑스 간 무력 투쟁 과정에서 프랑스가 약탈해간 외규장각 도서들의 반환을 오랜 세월이 지난 오늘에 해결할 수 있는 방안은 역사적 정당성과 국제법적 이론을 기초로 한 지혜로운 외교 협상으로만 실현될 수 있는 문제다.

회수 방안의 출발점은 병인양요 당시 불법적으로 약탈된 외규장각 도서에 대하여 현재 프랑스 측이 점유를 계속할 수 있는 합법적 근거나 정당성을 가지고 있지 않기 때문에 원상회복, 즉 완전한 반환만이 국제 법규에 타당한 정의로운 해결책이다.

프랑스 정부는 국내법을 이유로 국제법상의 '정당한 의무 이행'을 거부하면 안 된다. 그러나 프랑스가 외국 문화재의 최대 보유국으로서 현재 여러 국가로부터 반환 요청을 받고 있는 사정을 고려할 때 외규장각 도서만 해결하는 명분과 방안의 선택에는 각별한 지혜가 필요하다.

따라서 프랑스 정부는 프랑스 국내법으로 반환이 가능하도록 '외규장각 도서'를 프랑스 문화재 지정 취소 또는 양도 가능한 재산으로 전환시키는 것이 국제법에 따른 권리 회복에 해당할 것이다."[63]

지난해 파리에서 열린 제2차 한불 포럼에는 양국의 당국자들도 참석했다. 프랑스 경제 재무 장관 갈랑Eve Galland은 방위산업 분야 등의 경제협력을 의식해서 원만한 해결책을 모색하고 있다는 원칙론적인 발언을 했다. 베르트랑 두페르코Bertrand Dufourco 외무부 차관도 양국의 국익을 위하여 조속한 해결을 희망한다고 말했지만 반환이 아니라 교환에 무게를 두고 있음을 시사했다. 한국 측에서는 국민감정을 거론하며 의궤 반환이 이루어지지 않으면 양국 간의 전반적인 교류에 영향을 줄 것이라며 프랑스를 압박했다. 그러나 2차 포럼 역시 구체적인 진전을 이루지 못하고 서로의 입장차만 확인했을 뿐이었고, 백 교수는 허탈한 마음으로 귀국했다.

올해 초 김대중 대통령 취임 후 런던에서 개최된 ASEM(아시아-유럽 정상회담) 총회에서 한불 정상회담을 했다. 김 대통령은 다시 외규장각 의궤의 반환을 요청했고, 시라크Jacques Chirac 프랑스 대통령은 외교 교섭의 효율적인 진전을 위한 전문가 간의 논의를 제안했다. 백 교수는 이 소식을 듣고 내심 반가웠다. 서울대학교에서 외무부로 반환 요청 협조 공문을 보낼 때마다 사학자, 서지학자, 국제법 학자로 구성된 지원 체제를 건의했었기 때문이다. 그러나 우리 정부에서는 별다른 반응을 보이지 않았고, 이번에 서울에서 제3차 한불 포럼을 개최하게 된 것이다.

홍은동 스위스그랜드호텔에서 열린 제3차 한불 포럼에 참가한 한국 대표들은 이구동성으로 조건 없는 반환을 촉구했다. 그러나 포럼에 토론자로 참석한 프랑스 문명 비평가 기 소르망Guy Sorman, 한불의원친선협회 회장 파스칼 테라스Pascal Terrasse 의원(사회당)은 "한국뿐 아니라 중국·이집트 등도 고문서 반환 요구를 해오고 있기 때문에 외규장각 고문서 반환은 어려움이 많다"는 일관된 대답을 했다. 포럼은 아무 성과 없이 끝났고, 국내 모든 언론에는 프랑스의 '문화적 양심'을 비판하는 기사가 실렸다. 백 교수는 기자들에게 "프랑스의 외규장각 고문서 반출 및 점유 행위는 전시국제법이 금지하고 있는 위법 행위"라며 원상 복귀를 다시 한 번 강조했다. 그리고 이때부터 이태진 교수와 함께 외규장각 의궤 문제를 내외적으로 알리기 위한 논문 준비에 몰두했다.

1999년, 백충현 교수는 60세가 되었다. 새해 아침 세배를 하러 온 제자들이 축하연 이야기를 꺼냈지만 그는 손사래를 쳤다.

1월, 장 폴 레오Jean-Paul Réau 주한 프랑스 대사는 프랑스 정부가 외규장각 도서 반환 문제의 조속한 타결을 위해 교섭 책임자로 자크 살루아Jacques Sallois 감사원 최고위원을 내정하고 타결 시한은 금년 내로 잡고 있다고 밝혔다. 내년 ASEM에 참석하는 시라크 대통령의 방한을 의식한 조치였다. 장 폴 레오 대사는 교섭의 기본 틀은 '약탈 문화재의 반환'이 아니라 '등가등량等價等量의 문화재를 서로 교환하는 임대' 방식이 이미 합의된 사항이라고 못 박았다.

그 소식을 접한 백충현 교수는 1월 28일자 〈조선일보〉에 '불佛 약탈 외규장각 책 임대 아니라 반환을'이라는 제목으로 장문의 칼럼을 기고했다. 그는 "1866년 병인양요 때의 외규장각도서 유출은 국제법을 위반한 약탈 행위이며, 정의의 회복과 문화재의 존중이야말로 시대적 책무라는 생각에서 출발해야 한다"면서 한국과 프랑스 양

"佛약탈 외규장각 冊 임대 아니라 반환을"

주한 프랑스대사 장 폼 레오는 프랑스 정부가 외규장각도서 반환 문제의 조속한 타결을 위해 고섭책임자로 자크 살로 와씨를 내정하고 타결 시한은 금년내로 잡고 있음을 시사하였다. 내년 아시아·유럽정상 회담(ASEM)에 참석하는 시라크 대통령의 방한을 의식한 배려로 보인다. 교섭의 기본틀은 「약탈문화재의 반환」이 아니라 「등가등량(等價等量)의 문화재를 서로 교환하는 임대」 방식이 이미 합의된 사항이라고 못박고 있다.

1991년 이 문제를 처음 제기한 서울대학교는 「1866년 병인양요의 외규장각도서유출」은 국제법을 위반한 약탈행위이며, 정의의 회복과 문화재의 존중이야말로 시대적 책무라는 생각에서 출발하였다. 여기에 양국이 교섭과정에서 명심하여야 할 역사적 사실과 원칙 여섯 가지를

관」의 소장품이 원래 소장국에 반환되거나 외교적 분쟁의 대상으로 확산될 것을 우려하고 있다. 따라서 프랑스는 조상의 불법행위를 공식적으로 인정하는 명분에는 인색할 수밖에 없으므로, 오히려 130년 이상의 점유로 정당한 소유권이 확립되었다고 주장하려 한다. 「반환」이 아니라 다른 문화재와 「등가등량 교환」하자는 주장에는 이러한 의도가 강력하게 담겨있다.

여섯째로 우리 정부는 처음부터 「약탈문화재 반환의 문제」라는 원칙을 고수하면서, 문화교류 증진의 계기로 삼아 별도의 「양국 문화재의 상호 교류전시」를 병행하여 논의하였다. 그러나 프랑스는 「외규장각도서와 한국의 문화재만을 등가수준에서 교환전시하자」

'等價等量 교환' 받아들이면
국제법 위반 묵인하는 꼴
문화재 반출도 있을 수 없어

〈조선일보〉 1999년 1월 28일자에 실린 백충현 교수의 칼럼.

국이 교섭 과정에서 명심하여야 할 역사적 사실과 원칙 여섯 가지를 제시했다.

"첫째로 외규장각 도서는 왕실(국가)의 기록 문서로서 어떠한 경우에도 그 소유권 양도가 불가한 성질의 문화재라는 점이다. 즉 매매나 양도의 방법으로 해외 유출이 가능한 다른 문화재와 구별되는 특성이 있다. 둘째로 병인양요 때는 물론이고 오늘날 더욱 강화되고 있는 전시국제법은 문화재의 약탈을 엄격히 금지하고 있으며, 만약에 전리품으로 약탈하였을 경우에도 반드시 원소유국에 반환하여야 할 법적 의무를 진다. 셋째로 프랑스의 오랜 관행을 보

면, 특히 20세기에 들어 베르사유 조약 등을 근거로 독일 등과 전시에 약탈당한 문화재를 반환받거나 외국에 반환해준 선례가 많다. 넷째로 약탈 문화재가 국가 재산으로 등재되어 반환의 대상이 될 수 없다는 프랑스의 핑계는 그 자체가 무효일 뿐이며 국제적인 정당성을 인정받을 수 없다. 프랑스는 1950년대에 기메박물관 소장품의 국유 상태를 해소하고 합법적인 반환의 길을 모색한 사례가 있다.

다섯째로 프랑스는 영국 등과 함께 외국 문화재 보유 부국富國으로서 루브르박물관의 소장품이 원래 소유국에 반환되거나 외교적 분쟁의 대상으로 확산될 것을 우려하고 있다. 따라서 프랑스는 조상의 불법 행위를 공식적으로 인정하는 명분에는 인색할 수밖에 없으며, 오히려 130년 이상의 점유로 정당한 소유권이 확립되었다고 주장하려 한다. '반환'이 아니라 다른 문화재와 '등가등량 교환'하자는 주장에는 이러한 의도가 강력하게 담겨 있다.

여섯째로 우리 정부는 처음부터 '약탈 문화재 반환의 문제'라는 원칙을 고수하면서 문화 교류 증진의 계기로 삼아 별도의 '양국 문화재의 상호 교류 전시'를 병행하여 논의하였다. 그러나 프랑스는 '외규장각 도서와 한국의 문화재를 등가 수준에서 교환 전시하자'고 유도하는 것이다. 우리 외교부가 당초에 제시한 '영구 임대 방식'은 1980년대 초 영국이 대영박물관 소장 약탈 문화재를 이집트에 돌려줄 때의 방식, 즉 영국 측 소유권의 법적 명분을 지키면서 이집트에 실질적으로는 반환하는 지혜를 외교 교섭에 활용하

국제법 학자, 그 사람 백충현

자는 뜻이었다."

백 교수는 결론에서 "만약에 '등가등량 교환'의 방식으로 해결한다면 이는 '프랑스가 약탈하여 불법으로 소유하고 있는 우리 문화재와 한국 내에 정당하게 보존하고 있는 우리의 문화재'를 교환하는 결과가 된다. 병인양요 때 불법으로 약탈한 외규장각 도서의 합법적인 취득과 소유를 후손들이 국가의 이름으로 공인하는 것이며, 동시에 문화재 보호법이 금지하는 문화재의 해외 반출을 국가 차원에서 공조하는 엄청난 결과를 초래하게 된다"며 '등가등량 교환'의 불가를 강조했다.

3월 23일, 정부는 외규장각 도서 반환 협상 대표로 한상진 한국정신문화연구원장을 임명했다. 아울러 한 원장은 지난 1월 지명된 프랑스 쪽 협상 대표인 자크 살루아 감사원 최고위원과 4월 말 서울에서 만나 외규장각 도서 반환 협상에 들어갈 예정이라고 발표했다. 외교통상부 당국자는 "이번 협상 대표 회의는 정치적 결단이 가미된 협상이 될 것"이라고 한상진 원장의 임명 배경을 밝혔다.[64]

한상진 원장은 임명 소감을 묻는 기자들에게 "정부의 임명은 지금까지와는 달리 좀 더 '넓은 시각'에서 이 문제에 접근할 필요성을 느꼈기 때문일 것"이라고 밝혔다. 이때부터 언론과 학계에서는 한 원장이 언급한 '넓은 시각'이 학문적 의미인지, 정치적 의미인지에 대한 우려를 나타냈다. 일부 언론에서는 김대중 대통령과 가까운 한상진 원장의 협상 대표 임명에 대해 외규장각 도서 반환 문제를 정치적으로 해결하려는 것 아니냐는 문제 제기를 했다. 외규장각 의궤 반환 문제가, '반환'에만 초점을 두어 우리나라에 있는 다른 문화재와 교환하는 형식을 취함으로써 내년 10월 ASEM 참석차 서울에 오는 시라크 대통령의 방한 선물로 전락해서는 안 된다는 것이었다.

4월 20일, 백충현 교수는 이태진 교수와 함께 지난해부터 준비했던 외규장각 도서 관련 논문을 출간했다. 《외규장각 도서 무엇이 문제인가?》라는 제목으로 출간된 121쪽짜리 책은 두 교수의 글이 국문과 함께 영문으로 번역되어 실렸다. 백 교수는 프랑스군에 의한 이런 약탈 행위를 통해 외규장각 고문서가 불법 유출된 것이 명백한 만큼 이를 돌려받을 수 있는 국제법적 근거가 무엇인가를 다루었다. 역사학자인 이태진 교수는 강화도 외규장각의 역사와 여기에 소장된 수많은 왕실 도서가 병인양요 때 불타고 일부가 약탈당해 프랑스 파리국립도서관에 소장되게 된 경위를 상세히 규명했다. 이상택 서울대학교 규장각 관장은 간행사를 통해 "1866년 프랑스 군대의 외규장각 도서 탈취 경위를 프랑스인들에게 널리 알릴 필요가 있고 또한 때마침 정부가 반환 교섭을 재개하려는 시점에 맞추어 간행하게 되었다"고 밝혔다. 4월 29일, 서울에서 열리는 한국과 프랑스 민간 대표자 1차 회담에 맞추어 여론을 환기시키고 우리 정부와 협상 대표가 학문적 원칙을 지키게 하려는 의도에서 서둘러 발간한 것이다.

백 교수는 이 책에서 다시 한 번 "외규장각 도서 반환의 정당성과 권리를 포기하면서 일시적으로 국내에서 전시하거나 동질의 문화재를 대가로 지불하는 우를 범하는 일은 이 문제를 미결의 상태로 유지하는 것보다도 무모한 처사가 될 것"이라고 경고하면서 "끝까지 지켜져야 할 기본 원칙은 프랑스가 소장하고 있는 외규장각 고문서가 국제법상 불법 점유 상태이며 완전한 반환만이 정의를 회복하는 길"임을 강조했다.

《외규장각 도서 무엇이 문제인가?》의 표지.

4월 29일, 한국과 프랑스 민간 대표 회담이 정신문화연구원(현재 한국학중앙연구원)에서 열렸다. 이 회의에서 한상진 원장은 프랑스의 약탈 행위에 대해 언급했다. 프랑스 협상 대표 자크 살루아 감사원 최고위원도 가만히 듣고만 있지 않았다. 대원군이 천주교인 8,000명을 처형한 1866년 병인박해 때 프랑스 신부 9명이 참수당한 사실을 언급하며 설전을 시작했다. 이틀 동안 서로의 잘잘못을 따졌고 결국 협상은 기본 방향에 대한 언급조차 못하고 끝났다.[65]

협상 후 한상진 원장은 기자회견을 통해 "양국은 프랑스 해군이 외규장각 고문서를 가져간 1866년의 병인양요를 객관적이고 균형 잡힌 시각에서 이해하기 위해 양국의 학자와 종교인들이 참여하는 공동 연구진을 이달 안에 구성키로 하는 등 3개항에 합의했다"고 발표했다. 외규장각 의궤 반환을 위한 회담의 초점이 병인양요의 역사적 성격 규명에 맞추어진 것이다. 한상진 원장은 나머지 합의 사항은 "외규장각 고문서 반환을 위해 양국에 유익한 방향으로 노력한다", "21세기 한국과 프랑스 간 문화 교류를 위해 생산적인 토의를 계속한다"는 것이라고 발표했다.

프랑스 측 대표인 자크 살루아 감사원 최고위원은 기자들에게 "외규장각 도서 반환은 프랑스 정부가 마음대로 할 수 있는 사안이 아니라 이를 지금 보존·관리하고 있는 도서관 관계자들이 결정할 문제"라며 "세계 어디서나 서지학자들이 그 나라의 컬렉션을 관리하는 것이 원칙"이라고 강조하면서 자신의 역할이 제한적임을 시사했다.

일부 언론에서는 협상 결과에 대해 "병인양요에 대한 공동 연구가 외규장각 도서 반환 협상에 긍정적으로 기여할 전망을 현재로서는 확신할 수 없다"며 우려를 나타냈다.[66]

백 교수는 언론 보도를 보며 가슴이 답답했다. 그러나 가끔 언론을 통해 여론을 환기시키면서 협상을 지켜보는 것 외에는 다른 방법이 없었다.

그 무렵 백 교수는 시력이 급격히 떨어지는 것을 느껴 안과에 가서 진찰을 받다가 뇌에 종양이 생긴 것을 발견했다. 의사는 이것이 시신경을 눌러서 그렇다며 신경외과에 가서 자세히 진찰을 받아보라고 했다. 진찰 결과 커다란 종양이 발견되었다. 그동안 시력이 조금씩 떨어져도 바쁘다는 이유로 참은 것이 종양을 키운 것이었다. 의사는 너무 깊은 곳에 있어 개절 수술은 위험하다며 코를 통한 수술을 권했다. 위험한 수술이 아니니 걱정하지 않아도 된다고 했다.

7월 14일, 백 교수는 뇌하수체 종양 제거 수술을 받았다. 수술은 성공적으로 끝났고, 그는 오랜만에 휴식을 취하며 몸을 회복시켰다. 시력은 다시 정상으로 돌아왔다.

20
맞교환 합의에
분노하다

2000년 7월 18일 한불 민간인 3차 협상이 경기도 성남에 있는 정신문화연구원에서 열렸다. 1, 2차 협상에서 진전이 없자 반기문 외교통상부 차관과 로익 엔느킨Loïc Hennekine 프랑스 외무 차관의 합의에 따라 재개된 것이다. 10월 서울에서 열리는 제3차 ASEM에서 예정된 한불 정상회담 전에 외규장각 도서 반환 협상을 마무리 지으려는 의미였다.

우리 측 대표인 한상진 정신문화연구원장은 프랑스 대표 자크 살루아 감사원 최고위원과 이틀 동안 다섯 차례에 걸쳐 회의를 진행했다. 그리고 '등가 교환'이라는 대원칙에 의견 접근을 보고 프랑스에 있는 외규장각 반환 도서에 대한 목록과 우리 측에서 프랑스에 건네줄 도서 목록 등에 대해서는 양국 대표들이 협의를 거쳐

국제법 학자, 그 사람 백충현

추후 발표하기로 했다.

　백 교수는 그 소식을 듣고 깊은 한숨을 내쉬었다. 그는 국제법을 어기고 약탈한 문화재를 등가 교환하는 것은 사실상 프랑스의 불법 행위를 앞장서 인정하는 것일 뿐 아니라 앞으로 다른 해외 한국 문화재의 반환 협상에서도 나쁜 전례를 만들 수 있다고 생각했다. 한국의 외규장각 도서가 원천적으로 반출할 수 없는 국가 문화재란 점에서도 의궤 대 의궤의 맞교환은 있을 수 없는 발상이었다. 만약 최종적으로 맞교환을 합의한다면 언론과 학계 등에서 범사회적으로 저지에 나서야 할 것이다.

　10월 19일, 김대중 대통령과 자크 시라크 프랑스 대통령은 청와대에서 정상회담을 했다. 양국의 현안 중 하나는 외규장각 도서 반환 문제였다. 두 정상은 양국 실무자 간 합의한 파리국립도서관이 보관 중인 외규장각 도서 296권 전체와 이에 상응하는 한국 문화재의 장기 임대 교류 방안을 2001년까지 타결하기로 노력한다는 데 합의했다고 발표했다. 아울러 한국은 프랑스의 테제베가 중국의 베이징-상하이 노선 건설 사업 등 제3국에 진출할 때 한국 기업이 합작 형태로 참여할 수 있도록 했고, 프랑스는 부산-거제도 간 민자 도로 사업에 프랑스 기업을 참여시키기로 합의했다. 양국의 교역 규모를 확대하자는 취지였다.

　김대중 대통령과 시라크 프랑스 대통령의 한불 정상회담은 실질적 경협 분야가 최대의 관심사였다. 한국은 EU 의장국인 프랑스의 경제협력에 대한 기대가 컸다. 프랑스 측이 부산 가덕도와 거

제도 간의 거가대교 건설 등 한국의 사회간접자본 시설에 투자하기를 원했다. 그리고 지식산업, 항공, 고속철도 등 첨단산업 분야에서 프랑스의 세계적 기술과 한국 기업의 산업 생산력을 결합할 수 있기를 기대했다. 물론 프랑스도 한국의 차세대 잠수함 사업과 차세대 전투기 사업에 프랑스 기업의 진출을 요청하고 있었다. 이런 경제협력 현안이 산적해 있었지만 우리 국민감정은 외규장각 의궤 문제로 프랑스에 호의적이지 않았다. 그래서 김대중 대통령은 측근인 한상진 정신문화원장을 협상 대표로 내세워 어떻게든 타결되기를 원했고, 결국 맞교환이란 합의를 도출한 것이다.

김 대통령은 양국 정상 오찬에서 한불 교역량이 독일의 43퍼센트, 영국의 54퍼센트에 불과하다는 점을 지적하며 교역 확대의 필요성을 강조했다. 시라크 대통령은 답사에서 프랑스 로렌 지방에 대규모 한국 투자가 이루어진 것에 대해 감사를 표하면서 "외규장각 도서 반환 문제는 양국이 신뢰를 바탕으로 노력해 한국 국민이 역사의 한 부분을 되찾는 데 진전을 보았다"고 협상 결과에 만족을 표시했다.

이 소식을 들은 백충현 교수의 가슴에서는 참을 수 없는 분노가 치밀어 올랐다. 프랑스가 약탈한 후 100년이 넘도록 불법으로 점유하고 있는 역사의 한 부분을 되찾기 위해 또 다른 역사의 한 부분을 내줄 수는 없는 일이었다. 그것은 민족과 국가의 자존심이 걸린 문제였다. 그는 민족과 국가의 자존심이 무너지는 일은 어떻게든 막아야 한다고 생각하며 이태진 교수에게 전화를 걸었다. 마침

국제법 학자, 그 사람 백충현

연구실에 있었다. 백 교수가 이태진 교수 연구실을 찾아가 자리에 앉기도 전에 분통을 터뜨렸다.

"이 교수님, 어떻게 이런 말도 안 되는 결과가 나올 수 있나요? 이건 국가적 자존심과 국민적 자부심을 무너뜨린 최악의 결과입니다."

백 교수는 얼굴이 붉어진 채 언성을 높였다. 평소 '화를 내지 않는 사람'이라는 수식어를 달고 다녔던 그였지만 이런 굴욕은 참을 수 없었던 것이다. 화가 나 있기는 이 교수도 마찬가지였다.

"백 교수님 말씀이 맞습니다. 저희가 1991년에 이 문제를 제기했을 때는 약탈된 문화재를 돌려받기 위해서였습니다. 그런데 맞교환을 하겠다니, 저 역시 분통이 터집니다. 문화가 정치 논리에 휘말려서는 안 되는데, 우리 정부가 프랑스와의 경제협력 문제 때문에 이 문제를 서둘러 마무리 지으려다가 이런 어처구니없는 결과가 나온 것 같습니다."

"한상진 원장이 어제 해명성 보도 자료를 통해 '상호 교류와 대여' 원칙에 입각했음을 강조하며, 의궤 반출에 대해 '민족 전통 문화의 선양과 해외 연구를 지원한다'는 화려한 수식어를 동원해 설명했다는데, 저는 이 소식을 듣고 더욱 분통이 터졌습니다. 종래의 '등가등량 교환'의 원칙이란 말 대신 '교류와 대여'의 원칙이라고 말을 바꾸었지만 내용적으로는 맞교환입니다. 이런 교묘한 말장난으로 국내에 있는 문화재를 프랑스로 보낸다면 국가와 국민들의 자부심에 큰 상처를 남기는 일이 될 겁니다. 그런데 양국 대표들이 아직 목록을 교환하지 않았다고 하니, 목록이 확정되기 전에 이번 합의를 재고하도록 나서야 할 것 같습니다."

"백 교수님, 저도 같은 생각입니다. 오는 11월 파리에서 열릴 제 4차 양국 실무 협상에서 추가 재협상을 벌여야 마땅하다고 봅니다. 이번 합의 내용은 프랑스 외의 다른 국가와의 한국 문화재 반환 협상에도 나쁜 선례가 될 수 있습니다. 현재 학계와 국민 정서가 이번 합의를 굴욕이라고 생각하고 있으니, 백 교수님 말씀대로 우리가 나서야 합니다. 이제 우리가 믿을 건 국민과 언론밖에 없습니다."

"이 교수님 말씀에 전적으로 동의합니다. 언론을 통해 여론을 환기시켜야 합니다. 제 생각에는 이 교수님께서 칼럼을 한 편 써서 발표해주시고, 저는 기자들과 인터뷰를 하는 게 어떨까 합니다. 저는 지금 분통이 터져서 차분하게 글을 쓸 수 있는 상태가 아닙니다. 어젯밤에는 잠을 거의 못 잤을 정도입니다."

백 교수는 손수건을 꺼내 이마의 땀을 닦았다.

"알겠습니다, 백 교수님. 제가 얼른 한 편 써서 언론에 기고하겠습니다."

백 교수는 의자에서 일어났다. 그리고 마음의 평정을 조금 찾은 듯, 문을 나서며 이 교수를 향해 오른손 주먹을 불끈 쥐며 말했다.

"이 교수님, 파이팅입니다."

이태진 교수도 미소를 지으며 백 교수를 향해 주먹을 불끈 쥐었다.

백 교수가 연구실로 돌아오자 기자들의 전화가 빗발쳤다. 그는 "약탈당한 우리 것을 찾아오기 위해 우리 것을 다시 내주는 것은 저쪽의 행위를 정당화해주는 꼴이 될 뿐"이라며 "우리의 정당성과 권리를 포기하면서까지 동질의 문화재로 대가를 지불한다면 이는 이 문제를 미결의 상태로 유지하는 것보다 무모한 처사가 될 것"이라고 목소리를 높였다. 그는 "외규장각 고문서는 국제법상 불법 점유 상태이므로 완전한 반환만이 해결책"이라는 것을 강조하며 정부에 대해서는 "맞교환이라는 말도 안 되는 목표에 따른 성과주의부터 버려야 한다"고 일침을 가했다.

다음 날부터 언론에서는 이번 협상 결과가 굴욕적이라는 기사가 쏟아져 나왔다. 백 교수의 인터뷰뿐이 아니었다. 규장각 도서를 관장하는 정옥자 관장도 동참했다. "문화재를 돌려받기 위해 또 다른 문화재를 반출한다는 발상 자체가 납득이 안 간다. 규장각에서 소장한 문화재를 프랑스에 보낼 생각은 추호도 없다"고 잘라 말했다.[67] 한상진 대표가 원장으로 있는 정신문화연구원의 장서각에서도 "소장 도서를 절대로 프랑스에 빌려줄 수 없다는 방침이 확고하다"고 발표했다.

〈한국일보〉는 10월 20일자에 이태진 교수의 '외규장각 도서 반환 협상 이대로는 안 된다'는 특별 기고를 실었다. 이 교수는 기고에서 "1991년 이 문제를 처음 제기한 한 사람으로 상황이 이렇게 된 데 대해 긴급 발언을 하지 않을 수 없다. 첫째, 이 교류 방식은 본래의 뜻과는 전혀 배치되는 것으로 재고를 요망한다. 이것은 약탈당한 우리 것을 찾아오기 위해 우리 것을 다시 내주는 형상이며, 따라서 저쪽의 약탈 행위 자체를 정당화해주는 결과가 되는 위험천만한 일이다"라고 언급하면서 협상의 문제점을 지적했다. "진정한 협상의 진전을 위해 현재의 단일 협상 대표 체제를 재고하기 바란다. 이 문제의 관련자들은 모두 복수의 전문가들로 협상 팀이 구성될 것을 기대했다. 이 문제는 역사, 문화재, 국제법, 국제 관계 등이 얽혀 있기 때문에 한 사람의 전문가로는 감당하기 어려운 것이기 때문이다. 그런데 결정은 1인 대표제로 났고, 양측 대표가 몇 차례 만나 내놓은 결과는 프랑스 측 입장이 일방적으로 관철된 형태가 되었다. 이 문제는 우리로서는 국가적, 국민적 자부심이 걸린 문제이기 때문에 중지를 모아도 부족할 판인데, 1인 협상 체제로 결과가 이런 꼴이 되었으니 한탄스럽다"는 내용이었다. 같은 날 〈문화일보〉에서는 '외규장각 도서, 등가 교환 안 된다'는 제목의 사설에서 "우리는 원칙적으로 이번 합의에 대해 부적절한 것으로 본다"면서 "이번 합의 내용은 학계와 국민이 납득할 수 있는 방식이 아니다. 따라서 우리는 오는 11월 파리에서 열릴 제4차 양국 실무 협상에서 추가 재협상을 벌여야 마땅하다고 본다"고 주장했다.

백 교수는 10월 22일자 〈조선일보〉와의 인터뷰에서 정부의 외교 교섭이 한계에 이른 것 같다며, 반환을 전제로 한 협상이 실패하면 국제사법재판소 등을 통한 국제법적인 해결도 함께 모색해야 한다는 방안을 제시했다.

국회 문화관광위원회에서도 상임위원회를 열어 관계자들을 출

국제법 학자, 그 사람 백충현

석시켰다. 한나라당 심규철 의원은 "우리 것을 주고 도서를 반환받는 것은 문화재 관련 공무원들의 민족적 자존심이 결여된 결과"라며 "유괴당한 자식을 찾아오기 위해 또 다른 자식을 인질로 주는 경우가 어디 있는가"라고 추궁했다. 같은 당 남경필 의원도 "등가 교환은 '교환에 의한 반환'이라는 굴욕 외교의 선례를 남기는 죄악"이라며 "전문가의 참여 없이 밀실에서 비전문가가 결정한 결과"라고 외교 관계자들을 힐책했다.

언론은 계속 비판 기사를 내보냈고, 여론은 들끓었다. 10월 23일 여론조사 결과 응답자의 81퍼센트는 '반대한다'고 답변했으며 14퍼센트는 '찬성한다', 5퍼센트는 '모르겠다'고 각각 응답한 것으로 나타났다."[68]

이태진 교수가 백충현 교수를 찾아왔다.

"백 교수님, 혹 외교통상부 쪽을 통해서 들으신 말씀 있으세요?"

"가깝게 지내던 후배나 제자들이 거의 모두 해외에 나가 있어서 요즘은 소식을 못 듣습니다. 그러나 프랑스 쪽이 적극적이지 않다는 얘기는 얼핏 들었습니다. 3차 협상에서 맞교환에 대한 원칙적 입장이 정해졌음에도 프랑스 대표인 살루아가 확답을 안 주고 프랑스에 돌아간 뒤 정상회담 직전에야 수락했다고 합니다. 결국 지난번 미테랑 대통령 때와 마찬가지로 정상회담을 위해 마지못해 합의를 했을 가능성이 많다고 봅니다. 그래서 11월 7일 파리에서 열리는 4차 협상에서 중요한 의제가 '양국 정상 간 합의에 따른 구체적인 내용의 문서화'라는데, 글쎄요. 저는 그동안 프랑스의 태도로 봤을 때 이번에도 어떻게 변할지 모르겠어요. 우리 정부가 너무 서두르는 것 같아요."

이 교수는 고개를 끄덕이다가 찾아온 용건을 말했다.

"백 교수님, 역사학계에서는 이대로 가다가 곧 열리는 제4차 협상에서 완전 합의를 할지도 모른다는 우려가 많습니다. 그래서 여러 역사 관련 학회에서 공동성명을 발표하려고 하는데, 백 교수님께서 국제법 관련 학회들도 동참할 수 있도록 도와주실 수 있겠는지요? 이런 일까지 하고 싶지는 않지만 상황이 너무 안 좋게 돌아가고 있어서 어쩔 수 없이 선택한 방법입니다."

백 교수는 이 교수의 말에 반색을 하며 대답했다.

"이 교수님 말씀이 옳으십니다. 학자들이 단체로 나서서 성명을 발표해야 한다는 현실이 안타깝지만 이런 상황에서는 어쩔 수 없는 고육지책입니다. 당연히 동참하겠습니다. 저도 법학 관련 학회 몇 군데에 얘기하겠습니다."

"고맙습니다. 그럼 제가 공동성명 초안을 준비한 후 연락드리겠습니다."

"예, 이 교수님. 수고를 부탁드립니다. 그런데 제 생각에는 성명서에 협상 대표가 프랑스 쪽에 제시할 수 있는 마지노선을 제시해 주는 게 좋을 것 같은데, 이 교수님 생각은 어떠세요?"

백 교수는 외교통상부에 근무하는 후배나 제자들과의 대화를 통해 협상에서 중요한 것은 근본적인 목표를 유지하면서 타협의 방법을 찾는 것이라는 사실을 알았다. 그래서 노련한 외교관들은 협상에서 서두르지 않고 시간을 길게 잡았다. 상대방을 자극하지 않는 선에서 상대방과 지속적인 대화를 통해 방법을 찾아야 하는 것이다. 그 과정에서 상대를 설득할 수 있는 명분을 찾아야 협상이 원만하게 타결될 수 있다. 물론 정부와 외교관의 능력과 아이디어도 중요했다. 그러나 현재 한상진 대표는 상대를 설득할 수 있는 카드가 없다고 생각해 조급하게 '맞교환'이라는 최악의 방법을 택했을 것이다. 그래서 백 교수는 협상 대표에게 상대를 설득할 카드를 쥐어주어야 한다고 생각한 것이다.

"마지노선이라시면 구체적으로 어떤 내용을 말씀하시는지요?"

"지난 1980년대 초 영국과 이집트 간에도 문화재 반환을 둘러싼 갈등이 있었습니다. 영국이 150년 전에 이집트에서 훔쳐온 소형 스핑크스와 관련, 이집트가 영국 고고학자의 이집트 입국을 금지하는 조치를 취했습니다. 그러자 영국의 국제법 학자들이 영구 임대 방식으로 반환하자는 의견을 제시했고 정부가 이를 받아들였습니다. 영국은 반환이 아니라 영구 임대라는 형식을 취했고, 이집트는 다른 조건 없이 소형 스핑크스를 돌려받은 겁니다. 물론 무조건 반환은 아니었지만 맞교환과는 엄청난 차이가 있는 해결책이지요. 우리도 이 정도 선에서 타결을 본다면 괜찮을 것 같은데, 이 교수님 생각은 어떠신지요? 프랑스가 그 제안에 응할지는 모르겠지만 협상 대표가 상대를 설득하면 불가능한 일도 아니라고 생각됩니다."

이태진 교수는 잠시 생각에 잠겼다.

"몇 년 전에 문화재청에서 외교부에 이와 비슷한 건의를 한 적이 있다고 들었는데, 다른 나라에 이미 선례가 있는 줄은 몰랐습니다. 제가 학회 분들과 의논해보겠습니다."

"예, 이 교수님. 그럼 계속 수고해주세요."

"곧 다시 연락드리겠습니다."

백 교수는 이태진 교수를 배웅한 후 다시 생각에 잠겼다. 외교관도 아니고, 역사학자나 국제법 학자의 조언에 귀를 막고 협상 타결에만 급급한 한상진 대표가 프랑스 대표를 잘 설득하기를 바라지만 쉽지 않을 것이다.

11월 3일, 한국사연구회, 역사학회, 한국공법학회, 한국18세기학회 등 역사학 및 국제법 관련 11개 학회가 서울 정동 세실레스토랑에서 공동 성명을 발표했다. 이태진 교수가 성명을 낭독했다. 성명에서는 '첫째, 한 사람의 민간 협상 대표 대신 외교통상부에 특별 전담 부서를 두어 협상에 임할 것, 둘째, 협상의 하한선을 영구 임대 방식으로 삼을 것, 셋째, 협상 진전이 어려울 때는 국제사법재판소를 이용한 법적 대응도 불사하는 적극성을 보일 것' 등을 요구했다. 그리고 만약 프랑스가 저지른 문화재 약탈의 불법 행위를 정부가 나서서 묵인해줄 경우 앞으로 다른 나라와의 문화재 반환 협상에 나쁜 선례가 된다는 점 등을 지적하면서 '7일 프랑스 파리에서 열리는 제4차 민간 대표 협상에서 정상 간 구두 합의 내용의 문서화 작업은 중지되어야 한다'고 강조했다.

국제법 학자, 그 사람 백충현

"교환도서 41종 국내 유일본"

'외규장각 협상' 반대 확산

11개 학술단체 성명서
항의서명 등 시민운동

프랑스 소재 '외규장각 도서'
의 굴욕적인 맞교환협상을 중단
하고 약탈문화재의 무조건 반환
을 촉구하는 움직임이 시민운동
으로 비화할 조짐을 보이고 있다.
역사 관련학회들이 집단적으로
협상중단을 촉구하고 나섰고, 교
수·학생들이 프랑스 정부에 대한
항의 서명운동을 시작할 태세다.
이런 가운데 우리 협상대표단이
프랑스측과 교환대상으로 지목한
국내 비외람용 의궤 중 41종이 복
본(複本)이 아니라 국내 유일본

○역사학회 진단학회 한국공법학회 등 11개 학술단체 관계자들이 3일 외규장각
도서 협상 중단을 촉구하는 성명서를 발표했다./李應琰기자paryoan@chosun.com

구했다.   환을 촉구하는 운동이 확산되고

공동성명 발표 현장을 담은 2001년 11월 4일자 〈조선일보〉.

　백 교수는 기자회견에서 "지난 1954년 전시국제법을 종합한 헤
이그 협정에 따르면 전시에 약탈해간 문화재는 그 약탈 국가나 개
인의 소유가 될 수 없으며 약탈당한 국가로 반환해야 한다. 헤이그
협정 이전 전시 약탈물은 국제관습법에 의해 반환된 예가 있고, 프
랑스도 독일로부터 돌려받은 예가 있다"고 밝혔다. 그는 계속해서
"프랑스가 약탈하고 100년이 넘도록 불법 점유한 우리 문화재를
두고 상호 임대니 뭐니 하는 방법으로 교환한다면 이는 국제관습
법상으로도 있을 수 없는 일"이라면서 "정황상 약탈품임이 확실
해도 이를 입증할 증거가 없다면 반환과 관련, 국제법상 논란의 여
지가 있겠지만 외규장각 의궤의 경우 1866년 병인양요 때 로제 제

독이 훔쳐간 문화재의 목록까지 작성했고 그 기록이 존재하는 명백한 약탈품"이라고 밝혔다. "맞교환 형식으로 우리 문화재가 반출된다면 '전시 목적으로만 2년간의 반출이 허용되고, 꼭 필요한 경우 2년 연장이 가능하다'는 문화재 보호법 제20조를 위반하는 명백한 불법 행위"라고 지적했다. 아울러 특별 전담 부서에 대해서는 "협상의 일관성을 위해 외교통상부 안에 '문화재 반환 협상 담당 차관보' 같은 직책을 만드는 것이 좋을 것"이라는 의견을 제시했다.

11월 8일, 한상진 정신문화연구원장은 기자회견을 갖고 "프랑스 측이 소장하고 있는 의궤 297권에 대한 정보를 프랑스 측에 요구했으나 아직 회신이 없다"며 "이에 따라 9∼10일 파리에서 열릴 예정인 4차 회담은 지연될 수밖에 없게 되었다"고 밝혔다 . 아울러 그는 "프랑스에 외규장각 도서 반환을 강제할 수 있는 국제법이 있는 것도 아니기 때문에 상대방을 압박할 카드가 별로 없다"고 토로했다. 이 말을 들은 백 교수는 다시 한 번 깊은 한숨을 내쉬었다. 국제법이란 상대가 인정하지 않으면 법으로서 성립하지 않는 것은 사실이었다. 그러나 국제법은 외교 협상에서 상대국과의 이론 대결에서 유리한 고지를 차지해 국가와 국민을 위한 최선의 결과를 얻어낼 수 있는 '무기'였다. 그래서 그는 후배나 제자들에게 "국가 간의 분쟁은 외교의 힘으로 해결된다고 믿기 쉽다. 그러나 외교의 힘은 항상 법적 이론이 뒷받침할 때 비로소 정당한 방법으로 행사될 수 있다"고 강조했고, 외교부에서는 그에게 중요한 사안이 생기면 국제법적 자문을 요청했던 것이다. 백 교수는 국제법의 기본을 모르는 협상 대표가 어떻게 국제 협상을 이끌어갈지 답답했다. 결국 외규장각 의궤 반환 협상은 또다시 해를 넘겼다.

21

일제의 한국 병합 불법성을
세계에 알리다

2001년 새해 오후, 백 교수의 집으로 제자들이 하나둘 모여들었다. 그들은 세배를 하며 이구동성으로 건강하시라는 인사를 건넸다. 어느덧 그의 나이 62세가 되었고, 2년 전에는 뇌하수체 종양 제거 수술까지 했기 때문에 제자들로서는 걱정이 되지 않을 수 없었다. 그러나 백 교수는 특유의 천진난만한 표정으로 제자들 한 명 한 명에게 새해에는 좋은 일만 가득하기를 바란다는 덕담을 건넸다. 세월이 흐를수록 나이 든 제자들의 발걸음은 뜸했다. 그들도 어느덧 세배를 받을 나이가 되었기 때문이다. 간혹 부부 동반에 아이들까지 데리고 오는 제자도 있었지만 대부분은 대학이나 외교통상부에 진출한 지 얼마 안 된 젊은 축에 속하는 제자들이었다.

"교수님, 작년에 외규장각 도서 반환 때문에 힘드셨을 텐데 올

국제법 학자, 그 사람 백충현

해는 좀 쉬엄쉬엄 하시지요. 저희들이 걱정이 큽니다."

외교안보원에 근무하는 김덕주 교수가 말문을 열었다. 그러자 백 교수가 너털웃음을 지었다.

"나도 그랬으면 좋겠는데, 내 팔자가 개미 팔자인지 일이 끊이질 않아."

그의 농담에 모두들 웃으며 다음에 나올 계획에 귀를 기울였다.

"올해는 1월 중순에 저기 앉아 있는 이근관 교수와 하와이대학교에 가서 '한국 병합의 불법성 연구' 워크숍에 참석하고, 10월에는 하버드대학교에 가서 발표해야 해. 그래서 지난해부터 영어로 논문 준비하느라 정신이 없었어. 이러니 개미 팔자지. 하하."

그는 지난해 6월에 한국·미국·일본 등의 역사학자, 국제법 학자, 국제정치학자들과 함께 '일제의 한국 병합에 대한 불법성을 연구 발표하기 위한 국제 학술회의 개최'를 위한 모임을 결성했다. 우리나라에서는 국제법 학자로는 백 교수와 이근관 교수, 역사학계에서는 이태진 교수와 김기석 교수, 국제정치학자로는 이용권 교수 등이 논문을 준비하기로 했다.

모임에서 국제 학술회의는 한일 당사국보다는 미국과 같은 제3국이 주관하는 것이 바람직하다는 결론을 내리고, 하버드대학교에 있는 한국연구소, 일본연구소, 동아시아법연구소, 아시아센터 등 4개의 연구소와 하와이대학교에 있는 한국학센터, 일본학센터 두 곳 등 모두 6개 연구 기관이 공동 주관하기로 했다.[69] 구체적인 방법은 2001년 10월에 하버드대학교에서 '한국 병합의 역사적,

국제법적 재검토'라는 국제 학술회의를 개최하고, 그 준비 작업으로 1차 워크숍을 1월 25일부터 28일까지 하와이대학교에서 열기로 결정했다. 북한 측에도 참석을 요청했다.

"교수님, 이건 저희들끼리라 드리는 말씀인데요. 이미 한 세기 전에 발생한 그리고 역사의 영역에 속하는 문제를 재론하는 것이 실용주의적 관점에서 의미가 있을까요?"

김덕주 교수가 물었다. 백 교수는 고개를 끄덕이며 대답했다.

"김 교수, 충분히 그렇게 생각할 수 있는 문제야. 그런데도 내가 당시 병합에 대해 조명하겠다고 생각한 이유는, 정의와 부정의의 관점에서 시작부터 잘못된 문제에 대한 올바른 역사적, 법률적 판단을 내리지 않는다면 한일 양국 간 현안들에 관한 접근이나 해결이 쉽지 않기 때문이지. 그래서 현재 과거사 문제나 독도 문제가 풀리지 않는 거라고 생각하고 있고, 올바른 관계 재정립을 위해서 한일 양국의 전문가들뿐만 아니라 제3국의 역사학자들과 국제법 학자들이 참여하는 학제 간 교류를 통해 넓은 관점을 포괄하는 연구를 하고, 그 결과가 한일 양국의 정부에 전달되어 정책을 결정하는 데 참고가 되게 하려는 거지."[70]

그의 말에 제자들은 고개를 끄덕였다. 새해 첫날이었지만 제자들 대부분이 학자이거나 외교관이다 보니 덕담보다는 국제법의 근황이나 외교 현안에 대한 대화를 많이 했다. 그러다 기타를 갖고 온 제자가 노래를 부르면 함께 불렀고, 백 교수는 다른 제자들이 오면 아내와 함께 방으로 가서 세배를 받았다.

국제법 학자, 그 사람 백충현

1월 25일, 하와이 알라모아나호텔에서 '한국 병합의 역사적, 국제법적 재검토' 1차 워크숍이 열렸다. 백충현 교수의 경위 보고를 시작으로 한 나흘간의 일정이었다. 백 교수는 "세계사 속의 한일관계는 21세기를 맞아 새롭게 전개되어야 한다는 생각이 학자들 사이에 공감대를 이루고 있다"면서 "이번 워크숍은 아직도 그 중심 과제로 남아 있는 '일본의 한국 병합 문제'를 국제사회가 객관적으로 조명해보기 위한 행사"라고 의미 부여를 했다. 그는 당사국인 남북한과 일본의 학자들은 국제사회 학계가 공유할 수 있는 자료의 완성을 위해 두 차례의 워크숍을 개최한 후 10월 하버드 대학교에서의 본 회의를 연다고 밝히면서 "두 차례의 워크숍 중 하와이에서 열리는 1차에서는 한국 측이, 4월에 일본에서 열리는 2차에서는 일본 측이 자료 수집과 발표를 맡는다고 설명했다.

첫날 발표자인 이태진 교수는 '1876년~1910년 한일 간 조약사와 문제점'이라는 제목으로 1876년 수호 조규에서 1910년 병합 조약에 이르는 모든 1차 자료를 체계화하면서 사료의 핵심 내용을 정리했고, 주요 쟁점 제기와 관련된 2차 자료들을 완벽하게 제공했다. 이 교수가 소개한 자료 중에는 일본 역사학자조차 처음 알았다고 혀를 내두른 내용도 있었다.

둘째 날 발표자인 김기석 교수는 '1905년~1965년 보호 조약 무효화 운동'이라는 논문을 통해 병합 과정에서 대한제국이 독립 국가를 유지하기 위해 국제적으로 노력한 황제의 밀서와 특사들의 활동 자료 그리고 미국-일본 간의 외교적 술수가 진행된 새로운 자료 여러 편을 생생한 사본으로 보여주었다.

마지막 날 발표자인 이근관 교수는 '1876년~1910년 한일 간 조약들에 대한 국제법적 쟁점'을 발표하면서 여태껏 한 편에 불과했던 병합 조약에 관한 당시의 국제법적 무효 주장 논문을 8편까지 발굴해 소개하기도 했다.

북한에서는 북한 최고의 학술 기구인 사회과학원에서 역사와 법학 전문가 2명이 참가해 발표했다. 사회과학원 역사연구소 리종현 실장은 각종 병합 관련 자료들을 국제사회의 정의와 인류의 양심에 비추어 조명해야 한다고 강조했다. 사회과학원 법학연구소의 정남용 교수는 한일 병합이 당시 중립을 표방했던 대한제국에 대한 국제법 위반이자 침략이라고 밝혔다.

일본에서는 하라다 다마키原田環 히로시마여대 교수(한국 근세사)와 히라노 겐이치로平野健一郞 와세다대학교 교수(국제정치학) 등 5명이 참석해서 열띤 토론을 벌였다.

11월 16일, 백 교수는 미국 보스턴 셰라톤커맨더호텔에서 열리는 하버드대학교 4개 연구소 공동주최 '한일 병합의 역사적 국제법적 재검토'를 주제로 하는 국제 학술회의에 참석했다. 지난 1월 하와이에서 열린 1차 워크숍, 4월 도쿄에서 열린 2차 워크숍에서 발표 정리된 내용을 논문으로 발표하는 자리였다. 한국에서는 백충현 교수 외에 이태진 교수, 이근관 교수, 김기석 교수가 참가했다. 일본 측에서는 국제기독교대학교의 사사가와 노리가츠笹川紀勝(법학), 메이지대학교의 운노 후쿠주海野福壽(역사학), 히로시마대학교의 하라다 다마키原田環(한국사학), 스루가다이대학교의 아라이 신이치荒井信一(일본 근현대사), 와세다대학교의 히라노 겐이치로平野健一郎(국제정치학) 교수 등이 참가했다. 미국과 유럽의 학자들도 참석했다. 미국 MIT대학교의 존 W. 다우어John W. Dower(역사학), 하버드대학교의 카터 에커트Carter Eckert(역사학), 데이비드 맥캔David R. McCann(문학), 앤드류 고든Andrew Gordon(역사학), 하와이대학교의 존 M. 반 다이크John. M. Vandyke(국제법), 더비대학교의 앤서니 카티 Anthony Carty 교수(역사학) 등 저명한 학자들이 참가했고, '한일 병합' 문제에 관한 국제법적 관점에서의 합의를 이끌어내기 위해 국제사법재판소 판사인 제임스 크로포드James Crawford 영국 케임브리지 대학교 교수가 참가했다.

　백 교수는 '일본 한국 병합 조약의 효력에 관한 국제법적 고찰'을, 이태진 교수는 '1904~1910년 한국 국권 침탈 조약들의 절차상 불법성'을 발표했다. 일본 측 발표자들 대부분은 병합이 법적, 외교적으로 하자가 없는 절차였다고 주장했다.

　한일 양국 학자들의 입장 차이가 첨예하게 대립하자 이번 학술회의에 제3자로 참가한 서양학자들이 국제법상 합법과 불법의 기준, 역사적 반성의 의미 등 원론적인 문제들을 제기하며 이를 중재하려는 모습을 보였다. 하와이대학교의 반 다이크 교수는 한국과 일본의 병합과 하와이와 미국의 병합에 문제를 제기하고 그 해결책을 제안했다. 그는 두 병합을 비교 분석해 두 병합이 모두 강압에 의한 것이었음을 지적하고 "특히 한국의 병합 과정에서 자행된

'한국倂合의 불법성' 세계 토론의 場에…

하버드大 국제학술회의

1910년 일본 제국주의에 의한 한국병합은 국제법상 적법한 절차에 의해 이뤄졌는가. 16~17일 미국 케임브리지의 셰러튼 호텔에서 하버드대학 주최로 열린 한국병합 국제 학술회의는 한·일 양국과 미국·영국 등 서구학자들의 시각차가 엄존한다는 것을 확인시켰다.

이번 회의는 지난 1월 하와이, 4월 도쿄에서 진행된 워크숍에 이어 열린 본 회의로, 한국·일본은 물론, 서구의 역사학자와 국제법학자들이 처음으로 한데 일제 한국병합의 적법성에 관해 토론을 벌인다는 점에서 비상한 관심을 끌었다. 우리 측은 한국병합의 불법성을 조목조목 따졌고, 일본 학자들은 병합 과정은 도덕적·윤리적으로 문제가 있지만 합법이라는 '유효·부당론'을 내세웠다. 서구 학자들 중에는 강제병합이 불법이라는 우리 측 의견에 동조하는 주장이 주목을 끌었으나 당시 국제정세로 볼 때 한국 병합은 국제법상 유효했다는 등 의견이 갈렸다.

우리 측에선 백충현 김기석 이태진(이상 서울대) 이근관(건국대) 교수가, 일본에선 운노 후쿠주(海野福壽·전 메이지대 교수) 사사키와 노리카

○미국 캠브리지 셰리튼 호텔에서 열린 한국병합 관련 국제학술회의. 한국 병합의 불법성을 둘러싸고 한·일, 서구학자 400명이 열띤 논쟁을 벌였다. /黃c뉴특파원

韓, 강압으로 맺은 조약은 무효
日, 고종이 결정… 법적 유효

사죄와 보상을 하는 것이 과거 청산의 첫 걸음이라는 것이다. 하지만 하라다 다마키 교수는 당시 대한제국 국법체계상 화제

하버드대학교 주최 국제 학술회의의 내용을 소개한 2001년 11월 9일자 〈조선일보〉.

만행은 예를 찾아보기 어려운 것"이라고 강조했다. 그는 이를 국제법적으로 무효화할 수 있는지는 결론에 이르기가 어렵지만 "과거의 역사를 반성하며 화해를 모색하는 적극적 노력이 필요하다"고 강조했다. 반 다이크 교수는 미국이 하와이에 대해 해온 화해의 노력을 예로 들면서 "한일 간의 진정한 화해와 모든 사람들의 이익을 위해서는 국제법의 침해가 발생했음을 진심으로 인정하고 사과함과 동시에 이를 물질적, 정신적으로 보상하는 노력을 보여주어야 한다"고 발표했다. 그러나 이마저도 역부족이었고, 학술회의에서는 기대했던 것과 달리 결론을 이끌어내지 못했다.

백 교수와 이태진 교수는 이 같은 결과에 실망하지 않았다. 한국병합의 불법성에 대해 세계 학자들이 토론을 했다는 것만으로도

국제법 학자, 그 사람 백충현

의미가 있고, 서구학자들뿐 아니라 대부분의 일본 학자들이 "합법적일지라도 역사적으로 역사 청산이 문제로 남는다. 역사적, 인도적 차원에서의 잘못은 인정해야 하고, 합법 또는 불법과 별개로 인간이 인간을 지배한 데 대해서는 보상해야 한다"는 데 동의를 했다는 것도 큰 성과였다.

22

외규장각 의궤 맞교환
백지화되다

2001년 7월 23일, 제4차 외규장각 도서 반환 협상이 프랑스 파리의 프랑스학술원 회의실에서 이틀간 열렸다. 협상 대표인 한상진 대통령 자문 정책기획위원장과 자크 살루아 프랑스 감사원 최고위원은 문화재 상호 대여 형식으로 외규장각 도서를 반환하는 대신 이에 상응하는 국내 고문서를 대여하는 것을 주요 내용으로 하는 공동 합의문에 서명했다. 그리고 한국 전문가들이 프랑스 전문가 2명의 협력을 받아 9월부터 의궤 실사를 시작한다고 발표했다. 이 소식이 전해지자 국내 학계에서는 이구동성으로 "우리 문화재를 도둑질해간 프랑스에 면죄부를 주는 격"이라고 반발했다. 대부분의 언론도 "기본적인 협상 자세는 아무리 긴 세월이 소요될지라도 '원상회복'을 관철하겠다는 뚝심이어야 한다. 이집트는 이미 수십 년 동안 영국을 향해 '약탈 문화재 반환'을 요구하고 있다"면서 학자들의 의견에 동조했다. 언론뿐 아니라 대부분의 국민들도 같은 생각이었다.

백 교수는 언론과의 인터뷰에서 다시 한 번 '영구 임대' 방식을 거론했다. 양국의 자존심을 건드리지 않으면서도 실제적으로는 반환의 효과가 있다는 설명도 덧붙였다.

7월 30일, 합의에 대한 비판이 봇물처럼 터져 나오자 한상진 대표가 기자회견을 했다. 기자들이 작정을 한 듯 질문을 퍼부었다.

"약탈 문화재 반환 차원에서 명분 있는 싸움인데, 왜 성급히 외교문서화해서 향후 협상의 폭을 좁혔습니까?"

"양국 정상 간 합의가 아니라 협상 대표 간 합의이므로 정부의 최종 결정이 남아 있습니다. 올 9월부터 이루어지는 실사를 통해 자료의 전모를 파악한 뒤 새로운 협상 전략을 마련하겠습니다."

"이번 합의 서명은 전문가와 여론이 그토록 거부하는 '상호 대여'를 전제로 한 실사이기 때문에 결국 프랑스 측 입장대로 관철된 게 아닙니까?"

"1993년 이후 양국 정상 사이에 오갔던 대화 내용은 '상호 대여'입니다."

"대통령의 뜻과 국민의 뜻이 다를 땐 어느 편을 대변하시겠습니까?"

대표 임명권자인 대통령과 정부의 눈치만 보느라 여론을 무시하고 있는 게 아니냐는 질타성 질문이었다.

"그럼 외규장각 의궤 반환을 영구 미제로 놔둬야 합니까?"

기자들은 '상호 대여는 안 된다'는 것이 이미 공청회와 자문위원회의 의견 등을 통해 공론화되었는데도 합의를 밀어붙인 이유를 물었지만 한상진 대표는 구체적인 답변을 하지 않았다. 그 대신 실사 기간은 짧아도 1년 이상 걸릴 것으로 예상된다면서 "실사 과정을 청취하면서 토의 안건이 제기될 때 서울에서 5차 협상을 열 것"이라고 덧붙였다.[71]

기자회견 소식을 들은 백 교수는 협상이 1년 안에 마무리될 가능성은 없다고 판단하고, 이태진 교수와 함께 다각적인 방법을 찾기 시작했다.

8월 7일, 여론이 심상치 않자 외교통상부에서는 다시 자문위원회의를 소집했다. 백 교수와 이태진 교수 등 대부분의 자문위원단은 '맞교환 방식'을 통한 외규장각 의궤 반환에 강력 반발하며, 협상을 원점에서 다시 시작할 것을 요청했다. 프랑스에 있는 외규장각 의궤에 대한 실사도 9월에 시작하지 못하고 이듬해로 넘어갔다.

2002년 8월, 백충현 교수는 서울대학교 대학원장에 임명되었다. 그는 정운찬 총장에게 정년이 2년밖에 남지 않은 이에게 이런 큰 보직을 맡기면 어떻게 하느냐며 고사의 뜻을 밝혔다. 외규장각 문제, 독도 문제, 한국 병합 불법 문제 등을 마무리해야 하는데, 보직을 맡으면 연구할 시간이 절대적으로 부족하기 때문이었다. 그러나 정 총장은 1968년부터 30년 넘게 재직한 경험이 필요한 때라며 몇 번에 걸쳐 간곡히 부탁했고, 다른 이의 끈질긴 부탁을 거절하지 못하는 성품을 가진 백 교수는 결국 수락하고 말았다.

9월 30일, 유네스코 한국위원회는 문화재청과 공동으로 서울 장충동에 있는 타워호텔에서 외규장각 도서를 비롯한 유출 문화재 반환 촉진 및 불법 거래 방지를 위한 국제 전문가 회의를 개최했다. 이 회의에는 기도 카두치Guido Caducci 유네스코 문화유산국 국제법규과장, 어워스워 갈라Uthussu Galla 국제박물관협회 아태지역 위원장, 폴라린 실론Paalin Ceylon 나이지리아 이바단대학교 교수 등 국내외 전문가 25명이 참가했다. 문화재 반환의 법적 근거와 구체적 사례, 국제적 협력 강화 방안 등을 심도 깊게 논의하기 위해 열린 회의였다.

그동안 정부에서는 '맞교환' 주장을 철회하지 않았고, 1월부터 7월까지 몇 차례에 걸쳐 한국과 프랑스 관계자들이 프랑스국립도서관에 있는 외규장각 의궤와 한국에 있는 의궤에 대한 조사를 실시했다. 이런 진행을 지켜보던 백충현, 이태진 교수 등 여러 역사학자들과 국제법 학자들이 맞교환을 저지하기 위해 이번 국제회의를 준비한 것이다. 외규장각 의궤 문제를 국제 여론화하기 위해서였다.

외규장각 의궤 반환 문제는 10월 1일 회의에서 집중적으로 다루어졌다. 백 교수는 '외규장각 도서 반환 문제에 관한 국제법적 쟁점'에 대한 주제 발표를 했다. 토론에는 우리 측에서 이태진, 이근관 교수 그리고 한상진 대표가, 프랑스 측에서는 마리 코르뉴

Marie Cornue 국립중앙과학원 국제법률협력연구센터 연구실장과 파스칼 다이어스Pascal Dias 주한 프랑스 대사관 부문정관이 참석했다. 두 나라 참가자들은 치열하게 토론을 벌였다. 프랑스 측은 양국 정상회담에서의 합의를 근거로 맞교환에 아무 문제가 없다고 했다. 우리 측에서는 백 교수의 제자인 이근관 교수가 "양국 정상의 공동성명은 정치적 합의일 뿐 법적 구속력을 갖는다고 볼 수 없다"며 국제법적 논리로 맞섰다. 계속 협상 대표를 맡고 있던 한상진 대통령 자문정책 기획위원장도 "정상회담에서는 원칙만 합의했으며 양측 협상 대표가 몇 가지 합의안을 마련해 양국 정부에 권고했으나 아직 결론이 내려지지 않았다"고 밝혔다. 그동안 학계와 여론의 질타로 한 발 물러선 모습이었다.

분과회의 의장을 맡은 폴라린 실론 나이지리아 이바단대학교 법대 교수는 "약탈당한 문화재를 다른 문화재를 주고 받아오는 방식은 납득할 수 없다. 한국 문화가 담긴 외규장각 도서는 한국에 반환되어야 마땅하다"고 말해 우리 측에 힘을 실어주었다.

10월 4일, '국제 전문가 회의'는 4일간의 열띤 토론을 마치고 한국과 프랑스 정부에 외규장각 도서 반환을 위해 노력할 것을 촉구하는 내용 등을 담은 권고안을 발표했다.

"한국과 프랑스 정부는 1993년, 2000년 양국 정상이 보여준 협력 의지에 비추어 외규장각 도서 반환을 포함하는 우호적이고도 적정한 해결 방안을 마련할 수 있도록 새로운 노력을 기울여줄 것을 권고한다. 원산국의 기원과 문화를 이해하는 데 필수적인 문화재를 반환토록 촉구한 국제박물관협회(ICOM) 전문가 회의(1978년 세네갈 다카) 원칙을 상기해야 한다. 문화재 소유권에 관한 명백한 결정이 없더라도 영구 혹은 장기 대여 등을 통해 원산국에 물권을 양도하는 대안을 고려한다."

한국의 주장에 손을 들어주면서 '영구 임대' 방안까지 제시한 것이다. 물론 백 교수와 이태진 교수는 이번 회의에서 채택된 권고안이 법적 구속력을 갖는 것은 아니라는 사실을 잘 알고 있었다. 그러나 이 회의의 권고안을 통해 외규장각 도서 반환 문제에 관한 국제적 관심을 불러일으킴으로써 우리 정부의 협상 원칙과 프랑스의 입장에 변화를 줄 수 있을 것이라는 희망을 갖기에 충분했다.

2003년 4월 12일, 백충현 교수는 외교통상부 국제법 자문위원장에 임명되었다. 모두 12명의 위원으로 구성된 국제법 자문위원회에는 백 교수의 연희동 집 연구 모임 제자인 정인섭, 제성호 교수도 포함되어 있었다. 자문위원장과 위원의 임기는 2년이었고, 연임이 가능했다.

이때부터 백 교수는 회의가 열릴 때마다 한국과 프랑스 사이의 미해결 현안인 외규장각 의궤가 맞교환되어서는 절대 안 된다는 의견을 강력히 주장했다.

11월 12일, 외교통상부는 파리국립도서관에 있는 외규장각 의궤 297책에 대한 실사 결과와 최종 보고서를 공개했다. 2001년과 2002년 두 차례에 걸쳐 외규장각 도서에 대한 실사를 벌인 결과,

한국에 필사본이 없는 유일본은 30책, 원래의 비단 표지 장정이 그대로 남아 있는 선본善本 의궤는 12책으로 밝혀졌다는 내용이었다. 외교통상부 권용우 구주 1과장은 "파리 소재 의궤의 정확한 현황이 파악된 만큼 국내 학계의 의견 수렴, 반환 문제를 전반적으로 재검토하겠다"면서 "'맞교환한다'는 기존 정부 방침은 학계의 반대가 커 사실상 어려운 상태"라고 밝혔다.[72] 2001년 두 나라 민간 대표단이 합의한 맞교환 방식을 백지화한다는 뜻이었다.

이 소식을 들은 이태진 교수는 백충현 교수가 있는 대학원장실로 찾아왔다. 백 교수는 환한 얼굴로 이 교수를 맞았다.

"백 교수님, 그동안 애 많이 쓰셨습니다. 고맙습니다."

"무슨 말씀을요. 수고는 이 교수님께서 훨씬 많이 하셨지요. 하하."

"백 교수님께서 외교통상부 국제법 자문위원장에 임명되셨을 때 이런 결과를 기대했는데, 실제로 좋은 결과가 나와 다행입니다. 하하."

"지난 2월 노무현 대통령이 취임하면서 지난 정부 때의 민간인 대표 협상 체제는 끝났다고 봐도 무방합니다. 프랑스 측 대표가 있는데, 협상 체제를 해체하는 건 외교적 결례여서 직책을 유지하고는 있지만 실질적인 활동이 없기 때문에 머지않아 다시 정부 간 협상으로 바뀔 것 같습니다. 제가 전부터 얘기했던 차관보급 이상 고위직 외교관을 전담 대사로 임명해서 해결하자고 건의했는데, 정부 조직에서는 무슨 자리 하나 만들려면 총무처와 협의를 해야 하기 때문에 시간이 좀 걸린다고 합니다.”

"다행입니다. 그런 체제를 갖춰서 서두르지 말고 전문가들의 의견을 들어가면서 추진하다 보면 좋은 결과가 나올 겁니다. 그래도 맞교환은 막았으니 일단은 절반의 성공이라고 할 수 있을 것 같습니다.”

"맞습니다, 이 교수님. 저희가 한 건 한 겁니다. 하하하.”

백 교수가 호탕한 웃음을 짓자 이태진 교수도 따라 웃었다.

2004년 9월 8일, 정부는 프랑스에 한상진 대표가 합의한 사항을 받아들일 수 없다고 프랑스 쪽에 공식 통보하고[73] 한상진 교수를 민간인 협상 대표에서 해촉했다. 외교통상부 관계자는 외규장각 의궤 반환 협상을 위해 차관보급 이상 고위직 외교관을 전담 대사로 임명할 계획이라고 밝혔다.[74]

12월 6일, 프랑스를 방문한 노무현 대통령은 엘리제궁에서 자크 시라크 대통령과 정상회담을 갖고 외규장각 도서 반환 문제 해결을 위해 관심과 지원을 요청했다. 그리고 두 정상은 이 문제를 다루기 위한 당국 간 협의를 새로 시작하기로 했다. 그 후 우리나라에서는 장재룡 본부 대사를 팀장으로 하는 '외규장각 도서 반환 협상 태스크포스 팀'을 발족했다.[75] 그러나 장재룡 대사는 기자들에게 외규장각 의궤 반환에 대해 "두 나라 관계에 걸림돌이 되지 않도록 한다는 원칙 아래 협상에 임하겠다"고 밝혔다.[76] 반환 협상 전담 대사임에도 반환보다는 양국 관계 악화 방지에 중점을 두겠다는 뜻이었다. 결국 외규장각 의궤 반환은 노 대통령 임기 동안에 도 해결되지 못했다.

23

미완의 저서
《독도와 국제법》

2004년 8월 31일, 백충현 교수는 65세의 나이로 정년퇴직을 하고 명예교수에 임명되었다. 그때부터 '독도 영유권'에 대한 저서 집필을 준비했다.

그는 한일 관계에서 가장 민감한 사안이 독도 문제, 일본의 과거사 반성과 민간인에 대한 피해 보상이라고 생각했다. 그중에서도 독도는 영토 주권과 관련되어 있기 때문에 양국의 외교 교섭에 의해 해결할 수 있는 문제가 아니었다. 그렇다고 한국이 실효 지배를 하고 있으니 문제될 것이 없다고 무대응으로 일관할 수도 없는 일이었다. 일본은 계속 새로운 연구 자료를 발표하면서 이 문제를 국제사회에 알리고 있기 때문에 대응하지 않을 수도 없었다.

백 교수는 독도 문제는 역사 문제인 동시에 영유권 분쟁의 측면에서 보면 국제법적인 문제라는 인식을 갖고 있었다. 그래서 독도 영유권이 한국에 전적으로 귀속된다는 입증을 보다 철저하게 하기 위해서는 '역사적 사실'을 기초로 하여 '국제법적으로 완결'하는 작업이 필요하다고 생각했다. 그동안 자신이 축적한 역사적 자료와 지도를 국제법적 관점에서 소개하고 분석하겠다는 것이었다.

그때부터 그는 국제법적 이론 구성에 사용되거나 인용되는 자료는 원전을 확인한 후 사용한다는 원칙 아래 먼저 자료 정리를 시작했다.《조선왕조실록》을 포함한 기본 사료는 대부분 수집이 완료된 상태였다. 고지도의 경우에는 서울대학교 규장각이 소장하고 있는 울릉도·독도 관련 지도 목록과 국내 기관별로 소장하고 있는 박물관·도서관 고지도 목록도 파악하면서 사진 촬영도 마쳤다.

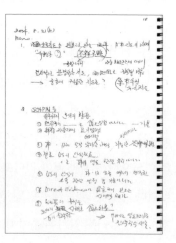

독도 저술 작업물 표지와 그 메모들.

그러나 문제는 일본 자료였다. 일본이 1905년 독도(리앙쿠르트 Liancourt, 竹島)를 영토 편입한 국가 기록은 상당 기간 동안 극비 문서로 분류되었다가 해제된 상태이나 외교 사료관, 공문서관公文書館, 방위청도서관, 국회도서관 등에 분산 소장되어 있어 체계적인 수집에 어려움이 있었다. 영토 편입의 원인이 된 청원서 등은 시마네현에 소장되었으며, 방증 자료들은 그보다도 하부 기관이 소장하고 있어 소재 파악 자체에 난점이 있었다. 그러나 지방에서 소장한 원본 자료의 발굴과 수집은 꼭 필요했다. 중앙 정부가 소장한 기록들은 영토 편입의 정당성을 위장하기 위해 가공한 기록이기 때문이었다.

백 교수는 그동안 수집한 자료를 분류 정리를 보완하고, 추가 자료 수집이 필요한 대상 지역과 기관의 목록을 작성했다. 공공 기관으로는 도쿄에 있는 외교사료관, 공문서관, 방위청도서관, 국회도서관 및 주요 대학 도서관의 자료에서 추가적으로 자료를 보충 수집할 계획을 세웠다. 독도 어업 진출의 기지였던 돗토리현, 시마네현 지역의 도서관, 박물관, 향토관을 방문해 소장된 원본 자료를 찾기로 했다. 그리고 시간이 날 때마다 일본을 방문해 추가 자료를 수집했다.

백 교수는 서양 도서관에 있는 독도 관련 지도나 자료를 찾기 위해 여러 차례에 걸쳐 유럽을 방문했다. 1602년, 예수회 소속 중국 선교사 마테오 리치Matteo Ricci 신부가 명나라 학자 이지조李之藻와 함께 만든 가로 533센티미터, 세로 170센티미터의 〈곤여만국

전도坤輿萬國全圖〉의 원본을 보기 위해 바티칸국립도서관을 방문했
다. 백 교수는 바티칸 주재 한국 대사관의 도움으로 〈곤여만국전
도〉 원본을 확인했다. 당시 우리나라에는 〈곤여만국전도〉 원본은
없고 숙종 34년인 1708년 관상감觀象監에서 필사한 〈곤여도병풍坤
輿圖屛風〉만 전해지고 있었다. 〈곤여만국전도〉에는 세계 모든 나라
의 존재를 알리는 지도답게 조선이 표시되어 있었고, 당시 중국에
서 전해지던 우리나라에 대한 설명도 있었다. 그러나 세계 지도였
기 때문에 울릉도나 독도와 같은 작은 섬은 표시하지 않았다. 원본
을 살펴본 백 교수는 박물관에서 1930년에 한정판 복사본을 출판

마테오 리치의 〈곤여만국전도〉.

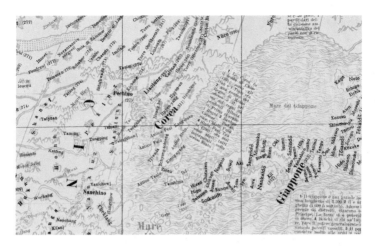

〈곤여만국전도〉 중 조선 부분.

했고, 박물관에 몇 부 남아 있다는 사실을 알게 되었다. 그는 원본
복사본을 구입할 수 있느냐고 물었다. 박물관 관장은 비록 복사본
이지만 한정판으로 제작한 원본 복사본이고 더 이상 출판하지 않
기 때문에 유럽의 고서점에서 몇 만 달러에 거래되고 있다며 난색
을 표했다. 그래도 그는 한국에 〈곤여만국전도〉가 없기 때문에 학
술용으로 꼭 필요한 자료라며 끈질기게 설득했다. 결국 바티칸박
물관에서는 백 교수에게 1930년 출판 당시의 가격으로 〈곤여만국
전도〉를 건넸다.

　그는 바티칸국립도서관 이외에도 프랑스의 파리국립도서관을
방문해 한국 관계 지도를 살폈고, 영국의 대영박물관에서는 방대
한 지도 자료 속에서 독도가 있는 지도를 발견하기도 했다. 물론
서양 지도는 국제법적 관점에서 큰 의미는 없었다. 그러나 당시 서

양에서 조선과 독도의 존재를 어떻게 인식하고 있었는지를 알게 하는 참고 자료의 가치는 충분했다.

2005년 6월 말, 백 교수는 외교통상부 자문역으로 독도 문제와 관련한 자료를 확인하고 새 자료를 찾아 워싱턴을 방문했다. 조지타운대학교 로스쿨에서 박사 과정을 마치고 미국 변호사 시험 준비를 하고 있던 제자 신범철 박사가 마중을 나왔다.

백 교수는 도착 다음 날부터 신 박사의 안내로 의회도서관을 방문한 뒤 미 국립문서보관소에서 5일 동안 자료를 살폈다. 그곳에 미국과 일본 간 태평양전쟁의 평화 조약 성격을 지닌 샌프란시코 조약의 협상 과정이 고스란히 담겨 있는 원본 서류가 있기 때문이었다. 백 교수는 혹시라도 독도 문제와 관련해 지금껏 밝혀지지 않은 새로운 내용이 있는지 확인하기 위해 아침부터 문을 닫는 저녁까지 깨알같이 작은 글씨로 쓰여 있는 문서들을 한 장씩 점검했다. 좀 더 구체적으로 알고 싶은 부분이 생기면 문서 담당 사서에게 보충 자료를 부탁했다.[77] 그는 국제법 이론 구성에 사용하는 자료는 철저하게 원본을 확인하는 작업을 거쳐야 한다고 믿었고 이를 실천했다. 그래서 그의 별명 중 하나가 '원전주의'였다.

워싱턴 출장을 마치고 돌아온 백 교수는 지난 1년 동안 수집한 보충 자료와 기존의 자료를 정리해 집필을 시작했다. 김원희 조교가 자료 정리를 도왔고, 국내 굴지의 학술 서적 출판사와 출판 계약도 맺었다.

그러나 백 교수는 그때부터 시력이 떨어지기 시작했다. 1999년, 종양 제거 수술을 받기 전과 비슷한 증상이었다. 그는 아내에게 자신의 증상을 이야기했다. 이명숙은 남편의 말을 듣는 순간 가슴이 덜컥 내려앉았다. 그러나 내색을 하지 않고 침착한 목소리로 남편을 위로했다.

"여보, 너무 걱정하지 말아요. 설사 재발이 되었다 해도 요즘은 의술이 발달되었으니까 지난번처럼 얼른 회복하실 수 있을 거예요."

아내의 말에 백 교수는 환한 표정을 지으며 대답했다.

"그렇겠지?"

"그럼요. 세상이 얼마나 좋아졌는데요."

그러나 이명숙은 마음 한 켠으로 불안감을 감출 수 없었다. 만약 종양이 재발한 것이라면 위험한 상황이 닥칠 수도 있었다. 그러나 그녀는 희망을 버리지 않고 다음 날 아침 지난번 수술을 한 의사에게 전화를 해서 진료 약속을 잡았다.

12월 9일, 백 교수는 제2차 뇌하수체 종양 수술을 받기 위해 수술실로 들어갔다. 그러나 수술을 받기에는 종양이 너무 퍼져 있었다. 집도의는 이명숙에게 그 사실을 통보했고, 그녀는 고개를 떨구고 눈물을 흘렸다. 입원실로 돌아온 백 교수는 마취가 깬 후 아내에게 물었다.

"수술은 잘 끝난 거지?"

"예, 여보."

그녀는 애써 늠름하게 대답했다. 그러나 백 교수가 자신의 상태를 아는 데는 그리 오랜 시간이 걸리지 않았다. 시간이 지나도 지난번처럼 시력이 회복되지 않았다. 그래도 그는 내색하지 않고 책상 앞에 앉아 원고를 집필했다. 이명숙은 그런 그의 뒷모습을 바라볼 때마다 억장이 무너져내렸다. 그녀가 할 수 있는 일은 남편 곁에 있는 일뿐이었다. 그녀는 이명숙 치과를 30년 만에 폐업했다.

2006년 5월, 백충현 교수는 아내와 함께 사직동에 있는 서울국제법연구원을 찾았다. 그는 회의실에 있는 긴 탁자 앞에 앉았다.

"여보, 부수언 교수가 이 탁자를 정말 잘 만들어줬어. 28년이 되었는데도 아직 튼튼하잖아."

"맞아요. 그때 부 교수님께서 이 연구원이 100년이 지나도 사용할 수 있는 탁자를 만들어주시겠다면서 정말 꼼꼼하고 튼튼하게 만들어주셨어요."

"그랬었지. 그래서 이 탁자에서 편안히 발표도 하고 토론도 했어. 그때만 해도 젊고 패기만만했는데."

이명숙은 아무 대답도 하지 못했다. 백 교수는 자신의 젊음이 담긴 책상을 말없이 쓰다듬었다. 잠시 후 백 교수는 일어나서 서가로 갔다.

"그때는 책도 참 열심히 사다 날랐는데."

"그럼요, 한번은 책을 들고 오시다가 허리도 다치셨잖아요. 당신 참 열심히 하셨어요. 그 덕분에 우리나라 국제법 수준도 많이 발전했고요."

"그게 그 시대의 내 역할이라고 생각했으니까. 그래도 당신이

국제법 학자, 그 사람 백충현

옆에서 도와주지 않았으면 힘들었을 거야."

"아니에요. 당신의 열정 때문에 오늘의 서울국제법연구원이 있는 거예요."

백 교수는 아내의 손을 잡았다. 자신이 하려고 하는 일에 한 번도 토를 달지 않았던 아내였다.

"여보, 우리 여행 갈까?"

"어딜 가고 싶으신데요?"

"우리가 신혼여행 갔던 제주도가 가고 싶어."

"그래요. 내일이라도 가요, 우리."

"가서 파도 소리도 듣고, 전복죽도 먹고. 요즘도 해녀들이 전복 따와서 바닷가에서 팔까?"

"가보면 알 거예요. 여보, 우리 내일 떠나요."

이명숙은 그의 손을 잡고 연구원을 나섰다.

● 《독도와 국제법》 집필 계획안[78]

제1부 영토 분쟁의 원인과 독도 분쟁의 전개 과정

제1장 영토 분쟁은 왜 일어나는가?
　　I. 과거 지배 사실과 영유권 주장
　　II. 근대국가의 탄생과 국경선
　　III. 불법한 영토 변경과 영유권 회복의 국제법

제2장 독도 영유권 다툼은 언제 시작되었나?

백 교수는 아내와 함께 제주도 대정마을 방파제에 앉아 멀리서 밀려오는 파도를 바라보았다. 희미했다. 그래도 아직 푸른색은 보였다. 그는 아내의 손을 잡았다.

"여보, 책을 어떻게 하지? 자료 정리도 끝났고 소제목까지는 정했는데, 이제부터는 쓰기만 하면 되는데."

이명숙은 먼 바다를 바라보다 작은 목소리로 대답했다.

"지금은 당신 건강이 먼저예요. 당분간 책 생각은 하지 마시고 편안히 지내시다 보면 회복될 수 있어요."

"정말 회복될 수 있을까? 조금만 더 보이면 그리고 몇 달만 보이면 책을 끝낼 수 있을 텐데."

이명숙은 아무 대답도 하지 못하고 고개를 숙였다. 평생 공부밖에 모르던 남편이었다. 그런 남편의 마지막 소원이 이렇게 꺾인다는 사실이 그녀의 가슴을 미어지게 했다.

"여보, 파도 소리도 좋고, 바닷바람도 참 좋다. 서울에서는 아무래도 신경 쓸 일들이 생기니까, 우리 제주도로 내려오면 좋겠어. 방 하나 구해서 파도 소리 들으며 산책도 하고, 바닷바람도 쐬면 회복될지도 모르잖아."

백 교수는 회복이 힘들다는 사실을 알고 있었다. 그래도 어떻게든 국제법적으로 완벽한 독도 책을 완성해 후대에 남겨주고 싶었다. 그래서 기적을 바라고 있었다.

"그래요 여보. 이렇게 공기 좋은 한적한 곳에 와서 쉬면 다시 회복되실 수 있을 거예요."

2007년 새해 아침, 몇몇 제자들이 제주도 백 교수의 거처에 와서 세배를 했다. 모두들 그의 건강을 염려하며 하루빨리 회복하시라는 인사를 했다. 백 교수는 허허 웃으며 이제 곧 회복되면 집필을 끝내고 서울로 올라갈 것이라며 제자들을 안심시켰다. 그러나 시간이 지날수록 그의 상태는 점점 더 악화되었다.

백 교수는 아내와 함께 바닷가로 나갔다. 파도 소리를 따라 지난 세월이 주마등처럼 눈앞을 스쳤다. 국제법의 수준이 발전되어야 외교력이 향상되고 그래야 우리 국민들의 삶도 좋아진다며 외교부 후배들과 열띤 토론을 벌이던 서교동 시절이 떠올랐다. 그때가 1972년, 35년 전이었다. 서른세 살 젊음의 열정이 용광로처럼 끓어오를 때였다.

"여보, 서교동 집이 아직 그대로 있을까?"

이명숙이 바다를 바라보았다. 저녁이면 왁자지껄하던 소리가 들리는 듯했다.

"글쎄요. 그냥 있으면 좋겠지요? 당신 회복되면 함께 가봐요."

"그래, 그 집이 참 그리워. 그곳이 우리의 시작이었고, 서울국제법연구원의 모태였지."

"저도 그 집이 제일 애착이 가요. 당인리발전소로 석탄을 싣고 가던 화물 기차의 기적 소리도 들렸고, 연구 모임을 하는 저녁이면 어묵 국을 끓여내고, 통행금지 시간이 다가오면 모두들 가방을 들고 철로를 건너 청기와주유소 건너편 정류장을 향해 뛰어들 가고."

백 교수는 다시 바다를 바라보았다. 연희동 집에서 하던 연구 모임을 함께 하던 외교관 후배들이 지금은 장관도 되고 차관도 되면서 우리나라 외교의 중추적인 역할을 하고 있다는 사실에 가슴이 뿌듯했다. 육영수 여사 저격 사건 때 책임이 없다고 발뺌하던 일본의 사과를 받아내기 위해 며칠 밤낮으로 국제법적 근거를 찾던 일, 납치당해 한국에 불시착한 중공 여객기 문제, 재일 동포의 지위와 일본군 위안부 문제에 대해 국제법 논리로 목소리를 높이던 일, 내란 중인 아프가니스탄에 가서 집단 학살 현장을 찾아내 국제사회에 알린 일, 우리나라 컴퓨터를 스위스 유엔인권위에 지원한 일, 일본의 관찬 지도를 찾기 위해 도쿄의 간다 고서점들을 오가던 일, 충경당에서 〈관판실측일본지도〉를 구해 환호하던 일들이 떠올랐다. 그의 얼굴에 희미한 미소가 흘렀다.

"여보, 서울국제법연구원을 외교부 산하 재단으로 한 건 잘한 일인 것 같아."

"예, 맞아요. 그때 그렇게 하셨으니까 아직까지 연구 발표회도 계속되고, 〈서울국제법연구〉도 1년에 두 번씩 꼬박꼬박 나오는 걸 거예요."

"그렇게 되는 데는 당신 내조가 컸어. 정말 고마워."

"무슨 말씀을 그렇게 하세요. 당신이 노력했고, 후배와 제자들이 모두 힘을 합쳤으니까 지금과 같은 번듯한 연구원이 된 거예요."

"당신 말이 맞아. 사직동 연구원은 국제법을 필요로 하는 사람들의 학술 단체니까 내가 없어도 계속 잘 유지될 거야."

"여보, 그래도 당신이 기둥이니까 마음 약한 생각 하지 마세요."

백 교수는 아무런 대답을 하지 않았다. 서울국제법연구원에서 공부하고 석박사 논문을 쓴 제자들이 이제는 어엿한 중견 교수들이 되어 각 대학과 연구소에서 국제법 연구를 계속하는 것으로도 자신의 뜻은 이루어졌다고 생각했다. 그에게 아쉬움이 있다면 이태진 교수와 함께 제기한 외규장각 의궤 반환이 아직 이루어지지 않고 있다는 것이었다. 그러나 그는 그 문제도 서두르지 않고 국제법을 지키지 않은 프랑스의 도덕성을 지적하면 언젠가는 해결될 것이라고 믿었다. 그리고 독도 문제는 하루 이틀에 해결될 문제가 아니라 영원히 갈 문제이기 때문에 어느 제자든 자신이 남긴 자료를 밑거름으로 삼아 더욱 깊게 연구하면 된다고 생각했다.

　그는 파도 소리가 들리는 바다를 바라보았다. 학자의 길을 잘 걸었던 것일까. 우리나라 국제법의 수준을 선진국 수준으로 끌어올리고 한국적 국제법을 위한 초석을 다지겠다던 나의 목표는 얼마나 이루어진 것일까. 아직도 못다 한 일들이 있는데, 생의 마지막은 왜 이렇게 빨리 오는 것일까. 후회 없는 삶을 살기 위해 노력했는데, 왜 이렇게 아쉬움이 많은 것일까. 지금쯤 노을이 내리고 있을까. 붉은 해가 바닷속으로 들어가고 있을까. 그는 오랫동안 수평선 쪽을 바라보았다. 그는 방파제에서 일어났다. 아내가 그의 팔을 잡았다.

　"여보, 이제 서울 집으로 돌아가야 할 때인 것 같아."

　이명숙은 고개를 떨구었다. 남편의 상태가 점점 더 악화되고 있다는 사실을 알고 있었기에 아무 대답도 하지 못하고 눈물만 흘렸다.

2007년 4월 11일, 백충현 교수는 아내와 큰아들 영재, 둘째 아들 영진이 지켜보는 가운데 생을 마감했다. 그의 나이 68세였다.

에필로그

2011년 3월 16일, 한국과 프랑스는 외규장각 의궤 반환을 위한 세부 사항 합의에 서명했다. 박흥신 주 프랑스 대사가 맞교환 원칙을 고집하는 프랑스 측에 "한국으로부터 책 몇 권을 받는 것보다 한국인의 영원한 감사의 뜻을 받으라"고 설득한 것이 주효했다. 반환 형식은 5년 단위 대여 갱신으로 백충현 교수가 마지노선으로 정했던 영구 임대와 큰 차이가 없었다. 이 소식을 접한 이태진 교수는 "사실상 돌려주겠다는 것으로 당연히 받아야 한다"며 환영의 뜻을 밝혔다. 그리고 3월 22일 〈조선일보〉와의 인터뷰에서 그는 반환을 보지 못하고 세상을 떠난 백 교수를 추모했다.

"프랑스와의 지루한 협상 과정에서 백충현 교수의 역할이 컸다.

그는 국가 또는 왕실이 생산한 문건은 법적으로 소유권이 변동될 수 없는 것이라고 했다. 프랑스는 외규장각 도서가 이미 자기네 국가 재산으로 등록되었기 때문에 돌려줄 수 없다고 하지만 한국 왕실 문서를 프랑스 재산으로 등록한 것 자체가 법리적으로 불법이라는 것이었다. 외규장각 도서들이 145년 만에 귀환한다는 보도에 접하여 지난 2007년 타계한 백 교수의 묘소로 달려가 이 사실을 큰 소리로 알리고 싶은 마음이다."

2011년 4월 15일, 정부는 고 백충현 교수를 '외규장각 의궤 반환에 기여한 주요 인사'로 선정했다. 그리고 청와대에서 열린 환수 공로자 오찬에 그의 아내 이명숙을 초청했다. 오찬이 끝난 후 이태진 교수가 이명숙에게 다가와 인사했다.

"이 여사님, 시간이 너무 오래 걸렸네요."

"이 교수님, 그동안 수고 많으셨습니다. 그래도 이제 돌아왔으니 백 교수도 기뻐하실 겁니다."

"사실 저는 반환이 결정되었다는 소식을 들었을 때 백 교수님 목소리를 들었습니다."

이명숙이 무슨 소린가 하고 이태진 교수를 바라보자 이 교수가 조용한 목소리로 대답했다.

"제가 반환 문제가 난항에 부닥쳤을 때마다 백 교수님과 통화를 많이 했잖습니까? 그래서 아직도 백 교수님 목소리가 생생한데, 발표가 나는 순간 백 교수의 전화 음성이 들리는 거예요. '이 선생, 우리 정말 큰 거 한 건 했어요!' 하고."[79]

이명숙은 고개를 들었다. 인왕산 위로 펼쳐진 하늘이 유난히도 푸르렀다.

1938년 3월 22일 함흥에서 출생하여 같은 해에 서울로 이사함.

1950년 서울 창천국민학교를 졸업함.

1954년 서울중학교를 졸업함.

1957년 서울고등학교를 졸업한 후 서울대학교 법대에 입학함.

1961년 서울대학교 법대를 졸업함.

1965년 서울대학교 법대 대학원을 졸업함.

1965~1968년 서울대학교 법학연구소에서 조교로 일함.

1968년 서울대학교 법대에서 전임 강사로 일함.

1970~1971년 하버드대학교 로스쿨에서 석사 과정을 수료한 후 동아시아
　　　　　연구소의 연구원으로 일함.

1976년 서울대학교 법대 교수로 임명됨.

1979~1980년 국제법 학자들의 요람인 네덜란드 소재 라이든대학교의 방
　　　　　문 교수로 있으면서 헤이그 아카데미 프로그램을 수료함.

1982년 외무부(현 외교부)의 자문위원으로 위촉됨.

1984년 국제법 연구를 위한 서울국제법연구원을 창립하고 출범시킴.

1985~1986년 도쿄대학교 방문 교수로 있으면서 일본 국제법학의 현황과
　　　　　일본에 있는 한국 근대사 관련 자료들을 살펴봄.

1991년 병인양요 때 프랑스가 약탈해간 외규장각 도서의 반환을 위한 운동을 시작함.

1992년 일본군 위안부 문제를 본격적으로 거론하기 시작함.

1994~1996년 서울대학교 법과 대학의 학장으로 일함.

1994년 2월 25일 : 문화체육부 자문의 요청에 따라 '외규장각 도서 반환과 관련하여 프랑스 측이 제시한 협정안에 대한 검토 의견'을 작성함.
3월 13일 : '한국-프랑스 사이의 귀중 도서 교환 협정(안)에 대한 분석 의견'을 작성함.
11월 : 외무부 및 문화부 의뢰로 '파리국립도서관 소장 외규장각 도서에 반환 문제에 대한 국제법적 검토'를 작성함.
약 6개월에 걸쳐 학술지 〈서울국제법연구〉 창간을 준비함.

1995~1998년 유엔 아프가니스탄 인권 특별보고관UN Special Rapporteur on Situation of Human Rights in Afghanistan으로 임명되어 일하면서 아프가니스탄의 인권 상황을 살피고 인권 개선을 위해 활약함.

2000~2004년 헤이그중재재판소 재판관으로 일함.

2001년 11월 16~17일 하버드대학교에 있는 4개 연구소가 공동 주최한 국제 학술회의에서 '일본 한국 병합 조약의 효력에 관한 국제법적 고찰'이라는 제목으로 내용을 발표함.

2002~2004년 서울대학교 대학원장으로 일함.

2002년 10월 1일 외규장각 도서를 비롯한 유출 문화재 반환 촉진 및 불법 거래 방지를 위한 유네스코 한국위원회 문화재 반환 국제회의에서 '외규장각 도서 반환 문제에 관한 국제법적 쟁점'에 대한 주제 발표를 함.

2003년 서울대학교 출판부에서 공저 형태로《일본의 한국 병합에 대한 국제법적 고찰, 한국 병합의 불법성 연구》를 출간함.

2003년 서울대학교를 정년퇴직한 후 독도 문제를 집중 연구하기 시작함.
외교통상부 국제법 자문위원장으로 임명됨.

2005년 외교부 자문역으로 독도 문제와 관련한 자료를 확인하고 새롭게
발굴하기 위해 워싱턴과 유럽을 방문함.

2006년 뇌하수체 종양을 제거하는 수술을 받음.

2007년 4월 11일 서거.

2010년 정부에 의해 독도 영유권 수호 유공자로 인정되어 국민훈장인 '동
백장'이 추서됨.

2011년 정부에 의해 '외규장각 의궤 반환에 기여한 주요 인사'로 선정됨.

국제법 학자, 그 사람 백충현

1 김석우 전 차관 증언.

2 정부가 2005년 1월 20일 공개한 재일 교포 문세광의 박정희 대통령 저격 사건과 관련한 외교문서 중 1974년 8월 29일자.

3 〈경향신문〉 1974년 8월 27일자.

4 2016년 4월 27일 김석우 증언.

5 제7광구는 제주도 남쪽과 일본 규슈 서쪽 사이 해역의 대륙붕을 말한다. 석유와 가스 매장량이 '흑해 유전'과 맞먹는 72억 톤에 달할 것으로 추정되는 지역이다. 해당 지역은 지리적으로는 일본에 더 가깝지만 한국 정부는 1969년 2월 국제사법재판소 판결에 나오는 '육지의 자연적 연장론'을 원용해 대륙붕의 외연을 오키나와해구에 이르기까지 넓혔고, 1970년 6월에 영유권을 선포했다. 그 결과 일본과의 공동 개발 협상에서 우위를 점했다. 일본은 협상을 타결시키기 위해 국제사회에서 한국의 당시 경제 수준에서는 타당성이 없다는 이유로 자금 조달을 꺼리던 포항제철 초기 건설 비용 2억 달러를 상업 차관으로 제공했고, 우리나라는 일본과 이곳을 공동으로 개발하는 '한일대륙붕협정'을 맺었다.

6 〈동아일보〉 1974년 8월 31일자 3면.

7 신각수 외, 《진리와 사랑으로 이끄신 참 스승》, 경인문화사, 2008, 150쪽.

8 2005년 1월 20일 공개한 외교문서.

9 권병현, 김석우 증언.

10 영토 분쟁에는 다투는 권리의 내용에 따라 '국경 분쟁'과 '영유권 분쟁'으로 나뉜다. 영유권 분쟁은 동일한 지역에 대하여 2개국이 영유권 주장을 할 때 발생한다.

11 여기 언급된 내용은 1978년까지의 연구 성과로 현재와는 많은 차이가 있다.

12 국립중앙도서관,《독도로 보는 우리 역사》.

13 한국근대사료연구협의회,《독도 연구》, 문광사, 1985, 비매품, 403~439쪽, 백충현,〈국제법상으로 본 독도 분쟁〉.

14 최영희 국사편찬위원장은 1985년 '돌고래 연구' 논문을 '한국근대사자료연구협의회'의 이름으로 출판하려고 했지만 정부에서 허락하지 않았다. 결국 이 자료는 '비매품'으로 인쇄되어 돌고래 연구에 참여했던 교수와 연구자들에게만 배포되었다.

15 공로명의 회고.〈연합뉴스〉2011년 7월 4일자.〈중앙일보〉2016년 2월 20일자.

16 〈경향신문〉1983년 5월 6일자 1면.

17 김석우의 증언.

18 백 교수의 의견은 1983년 5월 9일 서울대학교 정치학과 정종욱 교수와의 대담,〈중앙일보〉1983년 5월 10일자,〈동아일보〉1983년 5월 10일자 기고문에서 확인할 수 있다.

19 〈동아일보〉1983년 5월 10일자 기고문.

20 〈중앙일보〉1983년 5월 10일자.

21 중국은 1986년 서울아시아경기대회와 1988년 서울올림픽에, 우리나라는 1990년 베이징아시아경기대회에 선수단을 파견했다. 한중 수교는 1992년 8월 24일에 이루어졌다.

22 신각수 외, 앞의 책, 170쪽. 안경환 교수 증언.

23 백충현 교수 정년 퇴임 인터뷰. 2004년 8월 3일.

24 한국과 일본은 1991년 1월 10일, 서울에서 5개항으로 된 '재일 한국인 3세 이하 자손의 법적 지위에 관한 한·일 외무 장관 간 합의 각서'를 교환했다. 제2차 세계대전 이전부터 일본에 거주하는 재일 한국인 및 그 자손에 대해 일률적으로 특별 영주권을 부여하는 조항이 포함되었다. 1992년 5월에는 '외국인 등록법'을 개정하여 특별 영주자 및 영주자에 대한 지문 날인을 폐지하였다.

25 이태진,《외규장각 도서를 찾아서》, 지식산업사, 1994.

26 최석우 편집,《한불관계자료 1846~1887》, 한국교회사연구소, 1986,

323~370쪽.

27 이태진,《외규장각 도서를 찾아서》, 240~241쪽.

28 백충현 교수 정년 퇴임 인터뷰.

29 이태진, 앞의 책, 92쪽.

30 유복렬,《돌아온 의궤와 외교관 이야기》, 눌와, 2014, 32쪽.

31 이태진, 앞의 책, 97쪽.

32 이태진, 앞의 책, 98쪽.

33 유복렬, 앞의 책, 32쪽, 242쪽.

34 국외소재문화재단,《우리 품에 돌아온 문화재》, 눌와, 2013, 88쪽.

35 신각수 외, 앞의 책, 83쪽.

36 신각수 외, 앞의 책, 64~82쪽, 〈한국-프랑스 사이의 귀중 도서 교환 협정(안)에 대한 분석 의견〉, 1994년 3월 10일.

37 1992년 1월 12일자 〈동아일보〉, 〈중앙일보〉, 〈한겨레신문〉 신문 인 터뷰 기사 종합.

38 〈동아일보〉 1992년 6월 24일자 참조.

39 〈조선일보〉 1992년 5월 12일자.

40 〈동아일보〉 1992년 5월 12일자.

41 〈KBS 저널〉 1996년 3월호.

42 〈경향신문〉 1996년 2월 11일자.

43 〈한겨레신문〉 1996년 2월 14일자 3면.

44 백충현, 〈영토 분쟁의 해결 방식과 증거〉, 서울대학교 〈법학〉 제23권 4호(1982. 12), 29쪽.

45 사단법인 우리문화가꾸기 편찬,《일본고지도선집해설日本古地圖選集 解說》, 도서출판 (사)우리문화, 2015, 20쪽.

46 신각수 외, 앞의 책, 90쪽. 권병현 증언.

47 신각수 외, 앞의 책, 34쪽.

48 백충현, 〈서울국제법연구〉 창간호 창간사.

49 국가기록원 외교부 자료.

50 〈한겨레신문〉 1994년 3월 18일자.

51 백충현 교수 정년 퇴임 인터뷰.

52 《두산백과》,《민족문화대백과사전》 참조.

53 1995년 4월 27일~5월 5일자 각 일간지 인터뷰 참조.

54 〈동아일보〉, 〈한겨레신문〉 1995년 5월 5일자 종합.

55 〈한국일보〉 1997년 6월 26일자 칼럼 '아침을 열며'.

56 1997년 2월 10일자 유엔인권위원회 보고서.

57 〈서울국제법연구〉 제6권 2호, 1999년, 6쪽.

58 2003년에 세계 문화유산으로 지정.

59 1997년 2월 20일자 유엔인권위원회 제출 보고서.

60 조태열 주 유엔 대한민국 대표부 대사 증언.

61 〈국민일보〉 1997년 10월 1일자.

62 〈한국일보〉 1997년 9월 26일자.

63 백충현·이태진 공저, 《외규장각 도서 무엇이 문제인가?》, 서울대학교 규장각, 1999, 36~45쪽 요약.

64 〈한겨레신문〉 1999년 3월 24일자.

65 유복렬, 앞의 책, 41~48쪽.

66 〈문화일보〉 1999년 5월 6일자.

67 〈중앙일보〉 2000년 10월 20일자.

68 〈세계일보〉 2000년 10월 26일자.

69 백충현·이태진 등 6인 공저, 《일본의 한국 병합에 대한 국제법적 고찰, 한국 병합의 불법성 연구》, 서울대학교 출판부, 2003, 6쪽.

70 신각수 외, 앞의 책, 165쪽. 이근관 교수 증언.

71 〈세계일보〉 2001년 8월 1일자.

72 〈경향신문〉 2003년 11월 13일자.

73 〈한겨레신문〉 2006년 2월 25일자.

74 〈경향신문〉 2004년 9월 9일자.

75 〈한국일보〉 2006년 2월 14일자.

76 〈한겨레신문〉 2006년 2월 25일자

77 신각수 외, 앞의 책, 158~162쪽. 신범철 현 한국국방연구원 국방정책연구실장 증언.

78 컴퓨터에 저장되어 있던 자료임.

79 이태진 교수 인터뷰. 2011년 4월 14일자 〈서울신문〉.

국제법 학자, 그 사람 백충현

인터뷰 및 참고문헌

인터뷰

김석우 전 통일원 차관.

신각수 국립외교원 외교안보연구소 국제법센터 소장. 전 외교통상부 차관.

조태열 주 유엔 대한민국 대표부 대사. 전 외교부 차관.

이태진 서울대학교 명예교수. 전 국사편찬위원장.

최서면 국제한국연구원장.

이근관 서울대학교 교수.

김덕주 국립외교원 외교안보연구소 교수.

장승화 서울대학교 교수.

이명숙 미망인.

참고도서

신각수 외,《진리와 사랑으로 이끄신 참 스승》, 경인문화사, 2008.

백충현·이태진 외,《한국병합의 불법성 연구》, 서울대학교 출판부, 2003.

백충현·이태진 공저,《외규장각 도서 무엇이 문제인가?》, 서울대학교 규
장각, 1999.

이태진,《왕조의 유산-외규장각도서를 찾아서》(증보 신판), 지식산업사,
2010.

유복렬,《돌아온 외규장각 의궤와 외교관 이야기》, 눌와, 2014.

백충현 외,《독도 연구》, 한국근대사자료연구협의회, 1985.

사단법인 우리문화가꾸기 편찬,《일본고지도선집》, 도서출판 (사)우리문
화, 2015.

송병기,《울릉도와 독도, 그 역사적 검증》, 역사공간, 2010.

신용하,《독도의 민족영토사 연구》, 지식산업사, 1996.

이한기, 《국제법강의》, 박영사, 2005.

정인섭, 《신국제법강의》(제6판), 박영사, 2016.

이병조·이중범 공저, 《국제법신강》(제9개정 보완 수정판), 일조각, 2007.

백충현 공저, 《국제법 2》, 한국방송통신대학 출판부, 1984(1989년, 1993년 개정).

백충현 공저, 《구한말 국제관계사료집》(전5권), 서울대학교 법학연구소, 1996.

참고논문

백충현, 〈영토분쟁의 해결방식과 증거〉, 1982.

백충현, 〈독도에 대한 영유권 논의〉, 1986.

백충현, 〈독도 문제 연구의 현단계〉, 1998.

백충현, 〈독도 영유권에 관한 국제법적 논의〉, 1998.

백충현, 〈국제법으로 본 1900년대의 한일 조약들의 문제점〉, 1996.

백충현, 〈한일간의 법적 제문제―1965년 제조약의 시행상의 문제점〉, 1994.

백충현, 〈재일한인에 대한 보상〉, 1991.

백충현, 〈전후보상문제의 국제법적 고찰〉, 1991.

백충현, 〈한국-프랑스간 귀중도서 교환협정(안)에 대한 분석의견〉, 1993.

백충현, 〈파리국립도서관소장 외규장각도서반환문제에 대한 국제법적 검토〉, 1994.

백충현, 〈일본의 한국병합조약의 효력에 관한 국제법적 고찰〉, 2001.